高职高专经济管理专业"十四五"规划教材

财务管理实务
（工作手册式）

主　编　李晓林　李莎莎　梁　盈
副主编　王馨苑　李艳丽　张丁月
参　编　毕竞文　李　慧

华中科技大学出版社
http://www.hustp.com
中国·武汉

图书在版编目(CIP)数据

财务管理实务/李晓林,李莎莎,梁盈主编.—武汉:华中科技大学出版社,2021.8
ISBN 978-7-5680-7431-5

Ⅰ.①财… Ⅱ.①李… ②李… ③梁… Ⅲ.①财务管理 Ⅳ.①F275

中国版本图书馆 CIP 数据核字(2021)第 155506 号

财务管理实务
Caiwu Guanli Shiwu

李晓林 李莎莎 梁盈 主编

策划编辑：聂亚文	
责任编辑：段亚萍	
封面设计：孢　子	
责任监印：朱　玢	
出版发行：华中科技大学出版社(中国•武汉)	电话：(027)81321913
武汉市东湖新技术开发区华工科技园	邮编：430223
录　　排：武汉创易图文工作室	
印　　刷：武汉市籍缘印刷厂	
开　　本：787mm×1092mm　1/16	
印　　张：20.25	
字　　数：541 千字	
版　　次：2021 年 8 月第 1 版第 1 次印刷	
定　　价：49.00 元	

本书若有印装质量问题,请向出版社营销中心调换
全国免费服务热线：400-6679-118　竭诚为您服务
版权所有　侵权必究

前言
PREFACE

　　本书是我国财会领域新式工作手册式教材，基于企业真实场景，展现行业新业态、新水平、新技术，着重培养学生综合职业素养，配套开发微课视频、电子课件等数字资源，适应学生碎片化学习。本书以国家职业标准为依据，以综合职业能力培养为目标，以典型工作任务为载体，以学生为中心，以能力培养为本位，使学生成为能够胜任生产、服务和管理的第一线工作，并且具有综合职业能力的高素质技术应用型人才。

　　本书按照"以学生为中心，以学习成果为导向，促进自主学习"的思路进行教材开发设计，弱化"教学材料"的特征，强化"学习资料"的功能，通过教材引领，并配套开发信息化资源，构建深度学习管理体系。本书以"企业岗位任职要求、职业标准、工作过程或产品"作为教材主体内容。

　　本书由长期从事财务管理教学与科研的骨干教师共同编写，李晓林对全书进行了总纂。李莎莎、梁盈、王馨苑、李艳丽、张丁月参与了本书的编写工作。

　　本书可供职业院校财会类专业使用，也可供企事业单位财务管理人员参考。

　　在本书编写过程中，参考了大量财务管理教材及相关著作，在此对相关作者深表谢意！本书的出版得到了华中科技大学出版社和云南农业职业技术学院的大力支持，在此一并表示感谢。

　　尽管我们在编撰过程中尽了心力，但是由于经验欠缺，水平有限，书中难免存在诸多不足之处，恳请读者和专家批评指正，以便今后修改。

编者

目录
CONTENTS

导言 ··· 1

学习情境 1　财务管理基础概念 ··· 7

学习情境 2　财务管理基础知识 ··· 21
　学习任务 1　货币时间价值 ··· 22
　学习任务 2　风险报酬 ··· 37
　学习任务 3　成本性态分析和本量利分析 ··· 49

学习情境 3　企业筹资管理 ··· 61
　学习任务 1　企业筹资概述 ··· 62
　学习任务 2　资金需求量的预测 ··· 69
　学习任务 3　股权资金的筹集 ··· 78
　学习任务 4　债务资金的筹集 ··· 87
　学习任务 5　资本成本 ··· 101
　学习任务 6　杠杆原理 ··· 111
　学习任务 7　资本结构及决策 ··· 121

学习情境 4　企业项目投资管理 ··· 132
　学习任务 1　项目投资概述 ··· 133
　学习任务 2　项目投资决策指标 ··· 142
　学习任务 3　项目投资决策应用 ··· 153

学习情境 5　企业营运资金管理 ··· 164
　学习任务 1　营运资金管理概述 ··· 165
　学习任务 2　流动资产管理 ··· 173
　学习任务 3　流动负债管理 ··· 190

学习情境 6　企业利润分配管理 ··· 197
　学习任务 1　利润分配概述 ··· 198
　学习任务 2　企业利润分配政策 ··· 205
　学习任务 3　企业利润分配流程 ··· 215

学习情境 7　企业财务预算	223
学习情境 8　企业财务控制	251
学习情境 9　企业财务分析	267
附表 A-1　复利终值系数表	308
附表 A-2　复利现值系数表	310
附表 A-3　年金终值系数表	312
附表 A-4　年金现值系数表	314
参考文献	316

导言

CAIWU GUANLI SHIWU

一、课程性质描述

财务管理实务是财经类专业核心课程。通过本课程的学习,学生应牢固树立资金时间价值、风险价值等观念,能够使用财务管理的基本理论与方法,通过筹资、投资、运营、分配各环节协调各方财务关系,实现企业价值最大化的财务管理目标。

适用专业:会计、财务管理、审计、税务、投资与理财等专业。

开课学期:第四学期。

建议课时:72学时。

二、典型工作任务描述

财务管理是企业管理的重要内容。本教材根据企业财务管理活动主线,以财务管理相关业务操作为主体,致力于培养学生财务管理岗位职业素养与职业能力。

三、课程学习目标

通过本课程的学习,学生应在职业素养和职业能力等方面达到以下要求。

1. 职业素养目标

(1)具有积极向上的价值追求,有较强的集体意识和团队合作精神;

(2)具有信息素养、工匠精神和创新思维;

(3)养成及时交付等良好的行为习惯;

(4)具有一定的审美和人文素养,能够美化图表的表现形态,形成一定的技能应用竞争优势。

2. 职业能力目标

(1)具有分析问题和解决问题的能力。

(2)具有 Excel 基础应用、函数应用、图表绘制、数据分析工具应用的基本能力。

(3)能较熟练地运用有关复利知识,解决有关租金、还款计算等资金时间价值问题。

(4)能够确定企业融资渠道和融资方式,会计算资金成本及判定企业资本结构的优劣。

(5)能利用财务指标分析评价企业项目投资的可行性,利用资金的时间价值评价证券投资的可行性。

(6)能进行债券及股票投资价值的计算与分析,能计算债券及股票投资收益率。

(7)能确定企业最佳现金持有量、应收账款信用政策及存货的经济采购批量等。

(8)能编制财务预算,具备企业财务预算专员岗位的工作能力。

(9)能结合具体企业制定财务控制制度并开展财务控制工作,具备企业财务控制专员岗位的工作能力。

(10)能根据企业的财务目标,合理确定企业的财务管理内容、管理原则、利润分配程序,制定股利政策。

(11)能进行完整、规范的企业财务状况、经营成果的综合分析。

四、学习组织形式与方法

学生划分小组,每个小组就是一个工作小组,在小组划分时应考虑学生个体差异进行合理组合。教师根据实际工作任务设计教学情境,教师的角色是策划、分析、辅导、评估和激励。学生的角色是主体性学习,应主动思考、自己决定、实际动手操作。学生小组组长要引导小组成员制定详细规划,并进行合理有效的分工。

(一)给同学们的一封信

亲爱的同学:

你好!欢迎你学习财务管理实务课程。

与你过去使用的传统教材相比,这是一种全新的学习材料,它能帮助你更好地了解未来的工作及其要求。通过这本工作手册式教材了解并完成企业财务管理中重要的、典型的工作,可以促进你的综合职业能力发展,使你有可能在短时间内成为企业财务管理领域的技术能手!

在正式开始学习之前,请你阅读以下内容,了解即将开始的全新教学模式,做好相应的学习准备。

1. 主动学习

在学习过程中,你将获得与你以往完全不同的学习体验,你会发现这种学习方式与传统课堂讲授为主的教学有着本质的区别——你是学习的主体,自主学习将成为本课程的主旋律。工作能力只有靠你亲自实践才能获得,而不能只依靠教师的知识传授与技能指导。在工作过程中获得的知识最为牢固,而教师在你的学习和工作过程中只能对你进行方法的指导,为你的学习与工作提供帮助。比如说,教师可以给你传授进行财务指标计算的思路,教你如何运用计算公式计算出财务指标等。但在学习中,这些都是外因,你的主动学习与工作才是内因,外因只能通过内因起作用。你想成为财务管理的技术能手,就必须主动、积极、亲自去完成从数据至财务指标至财务分析报告的整个工作过程,通过完成工作任务学会工作。主动学习将伴随你的职业生涯发展,它可以使你快速适应新工艺、新技术。

2. 用好工作手册

首先,你要深刻理解学习情境的每一个学习目标,利用这些目标指导自己的学习并评价自己的学习效果。其次,你要明确学习内容的结构,在引导问题的帮助下,尽量独立地去学习并完成包括填写工作手册内容等整个学习任务;同时你可以在教师和同学的帮助下,通过查阅相关的学习资料,学习重要的工作过程所需知识。再次,你应当积极参与小组讨论,去尝试解决复杂和综合性的问题,进行工作质量的自评和小组互评,并注意规范性和完整性,在多种技能实践活动中形成自己的财务管理思维方式。最后,在完成一个工作任务后,思考是否有更好的方法或更有效率的方式完成工作任务。

3. 团队协作

课程的每个学习情境都是一个完整的工作过程,大部分的工作需要团队协作才能完成,合作学习在这个课程中随时发生。教师会帮助大家划分学习小组,要求各小组成员在组长的带领下,制订可行的学习与工作计划,并能合理安排学习与工作时间,分工协作、相互学习、相互帮助,广泛开展交流,大胆发表你的观点和见解,按时、保质、保量地完成任务。你是小组中的一员,你的参与和努力是团队完成任务的重要保证。

4. 把握好学习过程和学习资源

学习过程是由学习准备、计划与实施和评价反馈所组成的完整过程。你要养成理论与实践紧密结合的习惯,教师引导、同学交流、学习中的观察与独立思考、动手操作和评价反思都是专业学习的重要环节。

学习资源可以参阅每个学习任务结束后所列的相关知识点。此外,你也可以通过图书馆、互联网等途径获得更多的专业技术信息,这将为你的学习与工作提供更多的帮助和技术支持,拓展你的学习视野。

你在职业院校的核心任务是在学习中学会工作,这要通过在工作中学会学习来实现。学会学习和学会工作是我们对你的期待。同时,也希望把你的学习感受反馈给我们,以便我们能更好地为你提供教学服务。

预祝你学习取得成功,早日成为财务管理的技能高手!

(二)给老师的一封信

尊敬的老师:

您好!感谢您选择《财务管理实务》这本工作手册式教材!

《财务管理实务》是针对企业财务管理职业典型工作任务开发的工作手册式教材,是一本强调学生主动学习和有效学习的新教材。它的特点是在学习与工作一体化的情境下,引领学生完成"企业财务管理"这一典型工作任务,经历完整的学习与工作过程,在培养学生专业能力的同时,促进其关键能力的发展,提高职业素养,从而发展学生的综合职业能力。

为对您的教学有所帮助,在教学实施过程中,有如下建议。

1. 教师作用与有效教学

本课程的实施有以下要求:在教学组织和实施方面,需要您去组建教学团队,构建和改善教学环境,以实现工作过程系统化的教学;在指导学生的学习时,请您尽量改善学生的学习环境,为学生提供学习资源,充分调动学生学习的主动性,让学生在小组合作与交流的氛围中,尽可能通过亲自实践来学习,并加强学习过程的质量控制。您的耐心指导和有效的管理将使学生的学习更加有效。

2. 学习目标与学业评价

学习目标反映学生完成学习任务后预期达到的能力和水平,含专业能力与关键能力,既有针对本学习任务的过程和结果的质量要求,也有对今后完成类似工作任务的要求。每个学习目标都要落实到具体的教学活动中。对学生的学业评价要在学习过程中体现,您可以通过学生的自评、组内点评、小组互评及您的检查与评价来实现对学生的综合评价。

3. 学习内容与活动设计

本课程的学习内容是一体化的学习任务。在教学时,教师可以根据当前的实际情况自行设计或者从企业引进一个真实的案例作为教学的载体。重要的是要建立任务完成与知识学习之间的内在联系,将完成工作任务的整个过程分解为一系列可以让学生独立学习和工作的相对完整的教学活动,这些活动可以依据教学情况来设计。在实施时,要充分相信学生并发挥学生的主体作用,与他们共同进行活动过程的质量控制。

4. 教学方法与组织形式

本课程倡导行动导向的教学,通过问题的引导,促进学生进行主动的思考和学习。请您根据学习情境的工作要求,组建学生学习小组。学生在合作中共同完成工作任务。分组时请注意兼顾学生的学习能力、性格和态度,并考虑非正式组织的影响,以自愿为主要原则。

5.其他建议

本工作手册式教材的教学须在工学结合一体化的真实环境或仿真环境里完成。建议您在教学过程中,加强对教学环境的管理,强调必须按照规范性和完整性进行操作,做好教学管理风险防范预案。

预祝这套工作手册式教材使您的教学更为有效!

五、学习情境设计

学习情境设计总表如表 0-1 所示。

表 0-1 学习情境设计总表

序号	学习情境	学习任务简介	学时
1	财务管理基础概念	财务管理工作的职业判断	4
2	财务管理基础知识	资金时间价值的运用,风险报酬率的确定,本量利分析的运用	8
3	企业筹资管理	资金需求量的预测,股票发行价格的确定,公司债券发行价格的确定,融资租赁租金的计算,资本成本的计算,杠杆系数的计算,最优资本结构的决策	14
4	企业项目投资管理	项目投资的认知,现金净流量的计算,财务评价指标的计算和运用,项目投资的决策,债券价值的计算与分析,债券投资收益率的计算,股票价值的计算,股票投资收益率的计算	10
5	企业营运资金管理	最佳现金持有量的确定,现金的日常管理,信用政策的优化,应收账款的日常管理,掌握常见的存货控制方法,利用现金折扣的决策,企业实际借款利率的计算	10
6	企业利润分配管理	企业收益分配及各种股利分配政策的认知,各种股利分配政策对主要财务指标影响程度的定量计算	6
7	企业财务预算	财务预算的认知,现金预算表的编制,预计财务报表的编制	6
8	企业财务控制	财务控制的认知,责任中心各项考核指标的计算,内部转移价格的分析	4
9	企业财务分析	财务指标的计算与分析,杜邦财务分析体系的构建,因素分析法的运用,企业财务分析报告的撰写	10

六、学业评价

学业评价总表如表 0-2 所示。

表0-2　学业评价总表

班级				姓名				学号			
学习情境1		学习情境2		学习情境3		学习情境4		学习情境5		学习情境6	
分值	5%	分值	15%	分值	15%	分值	15%	分值	10%	分值	10%
学习情境7		学习情境8		学习情境9		总评					
分值	5%	分值	10%	分值	15%						

学习情境1
财务管理基础概念

CAIWU GUANLI SHIWU

学习情境描述

假设你是新上任的大华企业财务总监(CFO),该公司是一家经营家用电器产品的大型企业,近年来在全国不断扩大开店的规模,但是,大规模并没有带来大盈利,主要原因是公司的财务管理不能适应公司快速发展的需要。公司董事会希望你利用丰富的专业知识和工作经验,找到公司目前财务管理中存在的问题。你经过充分调研和与相关人员沟通,发现公司主要存在的问题如下:第一,公司在全国各地开店,导致资金需求量快速增加,企业融资成本高;第二,公司利润体系设计不合理,商品利润与通道利润比很高,导致公司长期运行在高危状态;第三,公司的采购缺乏计划性,审批流程不完善,导致一些电器产品库存增加;第四,公司的供应商不断向公司提高供货付款条件,导致预付款增加;第五,公司股东提出年终分红建议,而公司正面临资金紧缺的情况。

请你分析判断,以上问题哪些是公司财务管理的问题?如何解决?

学习目标

(1)通过学习情境,了解财务管理的内容、财务管理的目标,以及财务管理的环境。

(2)理解每个财务活动的具体内容,理解企业在财务活动中必然与各方发生的财务关系,明白财务管理在企业管理中的地位。

(3)掌握财务管理的目标与企业目标的关系,会比较不同财务目标的特点。

(4)能够根据企业的现状,合理确定企业的财务目标。

(5)能够熟练围绕企业财务管理的目标,协调相关利益群体的利益冲突。

(6)能够对企业财务所处的财务环境进行分析,做出有利于公司发展的决策。

任务书

你接到上任以来的第一个工作任务:大华企业计划在西南 A 城市开设一家直营店,根据总经理给你的 2016 年东部 B 城市开设直营店的资料,对比分析目前开设西南直营店的财务管理环境,确定该店的财务管理目标,以及需要开展的财务活动和需要处理的财务关系,最终形成一份开设西南直营店的有关财务管理的分析报告。

任务分组

学生任务分配表如表 1-1 所示。

表 1-1 学生任务分配表

班级		组名		指导老师	
	姓名	学号	姓名	学号	
组长					
组员					

续表

班级		组名		指导老师	
任务分工:					

小提示:

①组队规则:3~5名同学自由组队,选取一名同学做组长,组长负责分配工作,安排工作进度,组织课外讨论,最后做案例呈现,可以得到额外加分。组员需听从组长的安排,大家齐心协力,以小组名义奋斗。

②团队合作是考核评价的重要内容。

获取信息

(1)公司基本资料。

大华集团公司是经营家用电器商品的大型企业,总部在N城市,在多个省市开设了直营店,主营业务为家用电器商品的批发和零售,包括线上线下的销售渠道。

(2)2016年公司在东部B城市开设直营店时,对B城市经济发展状况的调查报告如表1-2所示。

表1-2 B城市经济发展状况的调查表

序号	地区经济发展状况指标	东部B城市指标	增长率
1	生产总值	10 011.29亿元	7.9%
1.1	第三产业	5 479.6亿元	9.2%
1.2	人均GDP	109 407元	
2	财政总收入	2 832.7亿元	
3	消费品零售额	4 104.9亿元	10.5%
4	居民人均可支配收入	35 680元	8.5%
4.1	城镇居民人均可支配收入	43 598元	8.0%
4.2	农村居民人均可支配收入	17 969元	7.4%
4.3	居民人均消费支出	23 256元	9.0%

工作计划

引导问题 1 基于学习情境中给定的信息,结合财务管理的经济环境因素,通过统计信息收集调查西南 A 城市经济发展状况(可自行确定一个西南的城市),调查结果填入表 1-3。

表 1-3　A 城市经济发展状况的调查表

序号	地区经济发展状况相关指标内容	西南 A 城市指标	增长率	A 城市与 B 城市相关指标的对比
1	生产总值			
1.1	第三产业			
1.2	人均 GDP			
2	财政总收入			
3	消费品零售额			
4	居民人均可支配收入			
4.1	城镇居民人均可支配收入			
4.2	农村居民人均可支配收入			
4.3	居民人均消费支出			

引导问题 2 基于学习情境中给定的信息,结合财务管理的内容,分析要在西南 A 城市开直营店涉及的财务活动内容和需要处理的财务关系,分析结论填入表 1-4。

表 1-4　财务管理内容分析表

分析项目		涉及的工作内容
财务活动内容	投资活动	
	资金运营活动	
	筹资活动	
	利润分配活动	
企业财务关系	与当地政府的关系	
	与投资者的关系	
	与债权人的关系	
	与供应商的关系	
	与集团公司总部的关系	
	与企业职工的关系	
	……	

引导问题 3 基于学习情境中给定的信息,结合财务管理的目标,比较不同财务管理目标的主要优势与劣势,分析结论填入表 1-5。

表 1-5　不同财务管理目标的比较

财务目标	优势	劣势
利润最大化目标		
股东财富最大化目标		
企业价值最大化目标		

引导问题 4　基于学习情境中给定的信息，结合财务管理的法律环境，分析我国东部和西南地区税收优惠制度的情况，并填入表 1-6。

表 1-6　财务管理的法律环境分析（税收优惠制度）

主要税收制度	东部	西南
增值税		
所得税		

进行决策

引导问题 5　综合评价西南 A 城市的经济发展水平，并阐述其与东部 B 城市经济发展水平的差距。

_____
_____
_____
_____
_____
_____

引导问题 6　综合评价西南 A 城市的税收优惠政策，并阐述如何利用好税收优惠政策。

_____
_____
_____
_____
_____
_____

引导问题 7　综合评价在西南 A 城市开直营店的发展前景，并阐述应该从哪些方面、采用何种措施加以改善。

_____
_____
_____
_____
_____
_____

工作实施

(1)各组分别阅读、研究给出的信息,即表1-2。
(2)各组自行制订学习计划,分配学习任务,计算、填制表1-3至表1-6,并回答引导问题。
(3)各组统一撰写在西南A城市开直营店的发展前景分析报告。
(4)各组派代表阐述发展前景分析报告。
(5)各组对其他小组的发展前景分析报告进行点评、提问,完成小组互评。
(6)每个同学完成自评。
(7)每个小组完成对本组成员的组内点评。
(8)教师结合大家的完成情况和现场表现进行点评,填写教师综合评价表。
(9)最后,教师运用加权平均方法,完成本学习情境最终的考评。

评价反馈

各组代表展示作品,介绍任务的完成过程。作品展示前应准备阐述材料,最好以PPT的形式进行呈现。每个学习情境的成绩评定将按学生自评、组内点评、小组互评、教师评价四个阶段进行,并按自评占10%、组内点评占20%、小组互评占20%、教师评价占50%计算每个学生的综合评价结果。

(1)学生进行自我评价,并将结果填入表1-7所示的学生自评表中。

表1-7 学生自评表

班级		组名		姓名	
学习情境		财务管理基础概念			
评价项目		评价标准		分值	得分
财务活动		能熟练掌握企业财务活动的四个方面。能准确判断企业的财务管理问题		10	
财务关系		能独立分析财务活动中与各利益相关者的财务关系		10	
财务管理目标		能客观、公正地对不同财务管理目标的优缺点进行分析和评价		10	
财务管理目标协调		能根据已知信息,找出企业相关利益者之间的矛盾并进行协调处理		15	
财务管理环境		能根据已知信息,准确分析企业的财务管理环境		15	
工作态度		态度端正,无无故缺勤、迟到、早退		10	
工作质量		能按计划完成工作任务		10	
团队合作能力		与小组成员、同学之间能合作交流,共同完成工作任务		10	
创新意识		企业财务分析有创新之处		10	
合计				100	

(2)学生以小组为单位,对组内各位成员的表现进行客观公正的评价。以4人小组为例,组长比重占40%,其他两个组员各占30%,总评分加权平均得出,并将点评结果填入表1-8所示

的组内点评表中。

表1-8 组内点评表

班级		组名		姓名	
学习情境		财务管理基础概念			
评价项目	分值	组长点评（40%）	组员点评（30%）	组员点评（30%）	评分
工作态度	20				
工作质量	10				
工作效率	10				
工作完整	15				
工作贡献	15				
团队合作	20				
是否有创新之处	10				
合计	100				

(3)学生以小组为单位,对财务分析的过程和结果进行互评,将互评的结果填入表1-9所示的小组互评表。每个组须经其他两个组点评,最终被评小组互评成绩采用两个小组的平均数。

表1-9 小组互评表

班级		被评小组		
学习情境		财务管理基础概念		
评价项目	分值	得分		
		第1小组	第2小组	平均得分
计划合理	15			
组织有序	10			
团队合作	15			
工作质量	15			
工作效率	10			
工作完整	10			
工作规范	10			
成果展示	15			
合计	100			

(4)教师对学生工作过程与工作结果进行评价,并将评价结果填入表1-10所示的教师综合评价表。组内点评在90分以上的组长,在综合得分基础上乘1.1的系数;组内点评在80～90分的组长,在综合得分基础上乘1.05的系数;组内点评在70～80分的组长,在综合得分基础上乘1.02的系数。每个组的组长采用轮值制,保证每位学生都有当组长的机会。

表 1-10　教师综合评价表

班级		组名		姓名	
学习情境			财务管理基础概念		
评价项目		评价标准		分值	得分
考勤（10%）		无无故迟到、早退、旷课现象		10	
工作过程（60%）	财务活动	能独立、准确地判断财务活动		5	
	财务关系	能正确进行财务关系分析		5	
	财务管理目标	能独立、客观、公正地比较不同财务管理目标的优劣		10	
	财务管理目标协调	能根据已知信息，进行财务管理目标协调		10	
	财务管理环境	能熟练分析影响企业财务管理的环境因素		15	
	工作态度	态度端正、工作认真、主动		5	
	团队合作精神	与小组成员、同学之间能合作交流，共同完成工作任务		5	
	创新意识	在工作中有创新之处		5	
项目成果（30%）	工作完整	能按时完成工作任务		5	
	工作规范	能按照规范要求完成工作任务		5	
	成果展示	能准确表达、汇报分析结果		20	
		合计		100	
综合评价	学生自评（10%）	组内点评（20%）	小组互评（20%）	教师评价（50%）	综合得分

拓展思考题

（1）查阅 2019 年、2020 年"中华人民共和国国民经济和社会发展统计公报"，收集 2019 年、2020 年"文化旅游、卫生健康和体育"的旅游数据并进行对比，分析导致数据变化的因素是什么。

（2）目前社会经济活动倡导合作共赢的理念，即以相关者利益最大化作为企业的财务目标，请分析如何才能做到合作共赢。

（3）为什么说财务管理是企业管理的"中场核心"，财务管理的缺失会造成企业的快速溃败？

学习情境相关知识点

一、认知财务管理

（一）财务管理的概念

财务管理是指企业组织财务活动、协调财务关系的一项综合性管理工作。企业财务管理是指企业在生产经营过程中客观存在的资金运动及其所体现的经济利益关系。前者称为财务活动,后者称为财务关系。

(二)分析企业财务活动

开办企业首先要进行筹资,其次将筹到的资金投入生产经营活动,在生产经营活动中会发生一系列的资金收付,最后将生产经营活动创造的价值进行分配,这就是企业财务活动的四个方面,故企业财务活动包括投资、资金营运、筹资和利润分配等一系列行为。

1. 投资活动

投资是指企业根据项目资金需要投出资金的行为,包括广义的投资和狭义的投资。广义的投资包括对外投资(如投资其他公司的股本、债券或与其他公司联营等)和内部使用资金(如购置固定资产、无形资产、流动资产等);狭义的投资仅指对外投资。财务管理所指的投资通常是广义的投资。

2. 资金营运活动

企业在经营过程中,会发生一系列的资金收付行为。首先,企业需要采购材料或商品,以便从事生产或销售活动,同时要支付人工工资和其他营业费用;其次,将产品或商品进行销售后,取得收入,收回资金;最后,当企业资金不能满足企业生产经营需要时,企业还会采取借款的方式来筹集资金。在以上经营活动中产生的财务活动,就是资金营运活动。

3. 筹资活动

筹资指企业为满足投资和资金营运的需要,筹集和集中所需资金的过程。筹资活动是为了解决如何取得企业所需资金的问题,包括筹资渠道、筹资规模、筹资方式、合理的筹资结构、较低的筹资成本和较小的风险等。

4. 利润分配活动

企业通过投资和资金营运活动,可取得相应的收入,并实现资金的增值。企业取得的各种收入补偿成本、缴纳流转税后,余下的部分是企业的营业利润,营业利润与投资净收益、营业外收支净额、补贴收入等构成企业的利润总额。利润总额首先按规定缴纳企业所得税,之后在企业的留存和投资者之间进行分配,这就是利润分配活动。

(三)弄清企业财务关系

伴随着经营活动而发生的筹资、投资、资金营运和利润分配等一系列财务活动,企业必然与各方面有着广泛的财务关系。这些财务关系主要包括以下几个方面:

(1)企业与政府之间的财务关系:指政府作为管理者行使行政管理职能,并通过收缴各种税收形成的企业与政府之间的财务关系。

(2)企业与投资者的财务关系:指投资者向企业投入资金、企业向投资者支付投资报酬所形成的经济关系。

(3)企业与债权人之间的财务关系:指企业向债权人借入资金,并按规定支付利息和归还本金所形成的财务关系。

(4)企业与债务人之间的财务关系:指企业以其资金购买债券、提供借款或商业信用等形式出借给其他单位所形成的经济关系,体现的是债权与债务的关系。

(5)企业与供货商、客户之间的关系:指企业购买供应商的产品或接受其劳务,以及向客户销售产品或提供服务过程中形成的经济关系。

（6）企业内部各单位之间的财务关系：指企业内部各单位之间因经营活动产生的经济关系。这种在企业内部形成的资金结算关系，体现的是一种利益关系。

（7）企业与职工之间的财务关系：主要指企业向职工支付劳动报酬过程中所形成的经济利益关系。

二、财务管理的目标

企业是以盈利为目的的经济组织，其出发点与归宿点都是获取利润。企业财务管理的目标与企业管理的目标是一致的，而且服务于企业管理的目标。

（一）企业财务管理的目标

企业财务管理的目标是指在特定理财环境中，通过组织财务活动和处理财务关系所要达到的目的，主要有以下几种代表形式。

1. 利润最大化目标

利润是衡量企业经营成果和财务管理水平的重要指标，是企业经营活动追求的目标。企业获取利润越多，企业的财富增长越快，这一观点起源于亚当·斯密的"经济人"假说。因此，在企业投资预期收益确定的情况下，财务管理行为将朝着有利于企业利润最大化的方向发展。这是因为：

第一，利润最大化目标与企业管理目标一致；

第二，利润最大化目标是企业长期利益与目前利益的有机结合；

第三，利润最大化目标符合企业所有者利益与其他利益关系人的共同利益；

第四，利润最大化目标有利于企业采取措施实现企业的理财目标。

但以利润最大化作为企业的财务管理目标在实践中存在以下问题：

第一，利润是指企业一定时期实现的税后净利润，它没有考虑资金的时间价值。

第二，没有反映创造的利润与投入的资本之间的关系；

第三，没有考虑风险的因素，高额利润的获得往往要承担过大的风险；

第四，片面追求利润最大化，可能会导致企业短期行为，与企业发展的战略目标相背离。

2. 每股收益最大化目标

每股收益是指企业实现的利润与投入资本或股本的比值，该指标反映投资者投入资本获取回报的能力。投资者进行投资决策时需要考虑的一个重要标准就是每股收益。以每股收益最大化作为财务管理的目标，可以在不同资本规模的企业或同一企业不同时期之间进行比较，揭示其盈利水平。但也存在以下问题：

第一，仍没有考虑资金的时间价值；

第二，仍没有考虑风险的因素；

第三，也没有避免企业的短期行为；

第四，也会导致与企业的发展战略目标相背离。

3. 企业价值最大化目标

企业价值是指企业所能创造的预计未来现金流量的现值，不单纯表现为企业的利润，而是指企业全部资产的市场总价值。以企业价值最大化作为企业财务管理的目标，反映了企业潜在的或预期的获利能力和成长能力，具有以下优点：

第一,该目标考虑了资金的时间价值和投资的风险价值;
第二,该目标反映了对企业资产保值增值的要求;
第三,该目标避免了企业追求利润上的短期化行为,克服了管理上的片面性;
第四,该目标有利于社会资源的合理配置。
其主要缺点是:企业价值的确定比较困难。

股东作为企业的所有者在企业中承担着最大的义务和风险,债权人、职工、客户、供应商和政府也为企业承担了相当的风险。在确定企业的财务管理目标时,一定要考虑以上相关利益群体的利益。而企业价值最大化,就是在考虑企业相关利益者利益下的所有者或股东权益的最大化。本书以企业价值最大化作为企业财务管理的目标。

(二)企业财务管理目标的协调

企业财务管理目标是企业价值最大化,要根据这一目标来协调财务关系中的各利益群体之间的利益冲突,需要把握的基本原则是:力求企业相关利益者的利益分配均衡,也就是减少因各相关利益群体之间的利益冲突所导致的企业总体收益和价值的下降,使利益分配在数量上和时间上达到动态的协调平衡。为此,应切实可行地处理好以下几方面的关系。

1. 所有者与经营者的矛盾与协调

所有者为企业提供了经济资源,是企业的所有权人,将企业的价值最大化作为财务管理的目标,就是直接反映了企业所有者的利益,这就要求经营者千方百计去完成这一目标。而企业的经营者是受所有者的委托,代表他们直接从事生产经营,经营者的目标主要是在避免投资风险的情况下,增加自己的报酬。所有者与经营者之间的主要矛盾,就是经营者希望在提高企业价值和股东财富的同时,能更多地增加享受成本;而所有者、股东则希望以较小的享受成本支出带来更高的企业价值或股东财富。

为解决这一矛盾,应采取经营者的报酬与绩效挂钩的办法,并辅助以一定的监督措施,主要有:

(1)解聘:如果经营者不能使企业的价值达到最大,就意味着经营者被解聘。

(2)接收:如果经营者经营决策失误或经营不力,其公司就面临被接收或吞并,也意味着经营者被解聘。

(3)激励:即将经营者的报酬和绩效挂钩,以使经营者采取使企业价值最大化的措施。一般采用两种方式:一是股票选择权,即允许经营者以固定价格购买一定数量的公司股票;二是绩效股,即用每股利润、资产报酬率来评价经营者的业绩,视业绩大小给予经营者数量不等的股票作为报酬。

2. 所有者和债权人的矛盾与协调

所有者与债权人都为企业提供资金,但他们的财务目标完全不同,甚至会发生矛盾。债权人把资金借给企业,是为了到期收回本金并获得约定的利息;而企业借款是为了扩大经营规模,获取高额报酬,这就会使企业改变原来的借款用途,将资金投入风险大的项目。高风险高报酬,风险项目一旦成功,带来的超额利润由所有者独享;而一旦投资失败,债权人则要与所有者共同承担损失,使债权人风险与收益不对等。债权人为防止其利益被损害,除了寻求立法保护,如破产时优先接管、优先于所有者分配剩余财产等外,通常采用以下措施来协调与所有者的矛盾。

(1)附限制性条款的借款。就是在借款合同中加入某些限制性条款,如规定资金的用途、借款的担保和借款的信用条件等。

(2)收回借款和停止借款。一旦债权人发现借款企业有侵蚀其债权价值的意图时,立刻拒绝合作,收回借款并不再提供新的借款。

3.企业目标与社会责任的矛盾与协调

企业的目标与社会的目标在许多方面是一致的。企业追求自己的目标时,自然也会使社会受益。如企业为获取最大化的价值,必须要生产满足社会需要的产品、不断扩大规模,同时需要增加员工,解决社会的就业问题;再如,企业增加收入,也会带来税收的增加。

但所有者只是少数人,他们在谋求自己利益的时候,有时会损害他人的利益,发生与社会责任相矛盾的情况。如企业为了获利,会想尽一切办法减少成本,这就会造成产品的质量下降、造成环境污染、损害其他企业的利益;再如,有些企业会采取一些不正当的竞争办法,损害其他企业的利益等。

要协调好企业目标与社会责任之间的矛盾,需要政府完善法律法规,同时也需要企业遵守社会道德规范,还需要社会公众和消费者的舆论监督。

三、财务管理的环境

财务管理的环境又称理财环境,是对企业财务活动和财务管理产生影响作用的企业内外各种因素的统称,包括内部财务环境和外部财务环境。

(一)内部财务环境

内部财务环境是指对企业财务活动产生影响作用的企业内部各种条件和因素。内部财务环境也称为微观环境,包括企业组织形式、企业文化、财务管理能力、经营管理以及人员素质等。

(二)外部财务环境

外部财务环境是指存在于企业外部并影响财务管理工作和决策的各种条件和因素,各个环境变量的变化对经济体系中的所有企业均产生影响。外部财务环境包括技术环境、宏观环境(包括经济、法律、金融等方面)。

1.技术环境

技术环境是指财务管理得以实现的技术手段和技术条件,它决定着财务管理的效率和效果。会计信息系统是财务管理技术环境中的一项重要内容。在企业内部,会计信息主要是供管理层决策使用;而在企业外部,会计信息则主要是为企业的投资者、债权人等提供服务。

2.经济环境

经济环境是指影响企业财务管理的各种经济因素,包括经济体制、经济周期、经济发展水平和宏观经济政策等。

(1)经济体制。经济体制指资源配置的具体方式或制度模式,除整个国民经济的管理体制外,还包括各行各业如农业、工业、商业、交通运输等各自的管理体制,不同企业的管理体制也属于经济体制的范围。经济体制的不同,体现在社会制度的不同,而社会制度的不同决定了经济体制的不同。

(2)经济周期。市场经济条件下,经济的运行与发展带有一定的波动性,大体要经历复苏、繁荣、衰退和萧条几个阶段的循环,这种循环就是经济周期。经济繁荣时,企业的经营与理财困难较少,做财务决策也要容易些;而处于经济萧条时期,企业筹资、经营与理财都较困难。

(3)经济发展水平。社会经济发展水平提高,对企业扩大规模、调整投资、打开市场及拓宽财务活动的领域带来机遇。同时,由于高速发展中的资金短缺将长期存在,又给企业财务管理带来严峻的挑战。企业的财务人员要积极探索与经济发展水平相适应的财务管理模式。

(4)宏观经济政策。国家的宏观经济政策对企业的财务管理活动有很大的影响。首先,国家对经济行业进行调节,会出台相应的财税政策,从而影响企业的财务决策。其次,宏观经济政策会影响企业市场政策,从而影响企业的财务预算管理和经营目标等。再次,宏观经济政策影响企业的投资规划和目标。最后,宏观经济政策影响企业的融资规划和发展战略。

(5)通货膨胀水平。通货膨胀对企业财务活动的影响是多方面的。主要表现在:引起资金占用的大量增加,从而增加企业的资金需求量;引起企业利润虚增,造成企业资金由于利润分配而流失;引起利率上升,加大企业筹资成本;引起有价证券价格下降,增加企业的筹资难度;引起资金供应紧张,增加企业的筹资困难。

为了减轻通货膨胀对企业造成的不利影响,企业应当采取措施予以防范。在通货膨胀初期,货币面临着贬值的风险,企业可进行投资避免风险,实现资本保值;与客户应签订长期购货合同,以减少物价上涨造成的损失;取得长期负债,保持资本成本的稳定。在通货膨胀持续期,企业可采用比较严格的信用条件,减少企业债权;调整财务政策,防止和减少企业资本流失等。

3. 法律环境

法律环境是指对企业财务活动产生影响的各种法律因素。市场经济是法制经济,需要建立一个完整的法律体系来维护市场秩序。法律环境主要包括企业组织形式、公司治理的规定、相关的会计制度和税收法规。

(1)企业组织形式与公司治理。企业的组织形式可分为独资企业、合伙企业和公司。公司治理是指有关公司控制权和剩余索取权分配的一套法律、制度以及文化的安排。它涉及所有者、董事会和高级执行人员等之间的权力分配和制衡关系。

(2)企业会计制度与财务法规。在我国,约束企业财务活动最全面、系统的法规是《企业财务通则》《企业会计准则》。

(3)税法。税法是由国家机关制定的,调整税收征纳关系及其管理关系的法律规范的总称。企业按照税法的规定缴纳相关的税金,包括所得税(企业所得税、个人所得税)、流转税(增值税、消费税等)、资源税、财产税和行为税。

4. 金融环境

金融环境是指一个国家在一定的金融体制和制度下,影响经济主体活动的各种要素的集合。企业从事投资和经营活动需要大量资金,而资金除了自有资金外,主要从金融机构和金融市场取得。金融环境影响企业的筹资、投资和资金运营活动,是对企业影响最大的环境因素。金融环境主要包括金融机构、金融工具、金融市场和利率四个方面。

(1)金融机构。社会资金从资金供应者手中转移到资金需求者手中,大多要通过金融机构。金融机构包括银行和非银行金融机构。我国的银行包括中央银行、商业银行和国家政策性银行;非银行金融机构主要包括保险公司、证券机构、财务公司、信托投资公司和金融租赁公司等。

(2)金融工具。金融工具是指能够证明债权债务关系或所有权关系并据以进行货币交易的合法凭证,它对于交易双方所应承担的义务与享有的权利均具有法律效力。金融工具一般具有期限性、流动性、风险性和收益性四个特征。

(3)金融市场。金融市场是指资金供应者和资金需求者双方通过金融工具进行交易的场所,即实现货币借贷和资金融通、办理各种票据和进行有价证券交易活动的市场。金融市场按组织方式的不同可划分为两个部分:一是有组织的、集中的场内交易市场,即证券交易所,它是证券市场的主体和核心;二是非组织化的、分散的场外交易市场,它是证券交易所的必要补充。

(4)利率。利率也称利息率,是利息占本金的百分比指标。从资金的借贷关系看,利率是一定时期内运用资金资源的交易价格。利率主要由资金的供给与需求来决定。但除了这两个因素外,经济周期、通货膨胀、国家货币政策和财政政策、国际政治经济关系、国家对利率的管制程度等,对利率的变动均有不同程度的影响。资金的利率通常由三个部分组成:纯利率、通货膨胀补偿率、风险收益率。

此外,科技环境、社会文化环境、人口因素、自然环境、政治环境等各种因素也是影响企业财务管理的外部环境的重要因素。例如人口总数、人口的地理分布影响着企业的地址和规模选择。

学习情境2
财务管理基础知识

CAIWU GUANLI SHIWU

学习任务 1　货币时间价值

学习情境描述

假设你是新上任的蔚莱公司的财务总监(CFO)，公司现在面临各种项目投资决策的问题，一些项目上一任 CFO 已经给出了决策方案，请你利用货币时间价值基础知识，分析上一任 CFO 给出的决策是否合理。对于没有执行方案的决策，你需要根据货币时间价值基础知识，通过计算分析给董事会提供决策依据。

学习目标

(1)了解并掌握货币时间价值的含义。
(2)掌握单利和复利的含义和计算方法。
(3)能够熟练将实际利率与名义利率进行换算。
(4)掌握货币时间价值的计算方法。
(5)能够熟练计算复利终值、复利现值、年金终值和年金现值。
(6)学会使用 Excel 计算年金。
(7)掌握贷款的常见还款方式，能熟练计算还款本息。

任务书

你接到了上任以来的第一个理财决策任务：近期公司面临扩大生产、闲置资金理财、目标储蓄理财等决策，你需要利用货币时间价值理论来判断和评价方案是否合理，并深刻理解货币时间价值的含义、计算技术及其在财务管理中的应用。

任务分组

学生任务分配表如表 2-1 所示。

表 2-1　学生任务分配表

班级		组名		指导老师	
	姓名	学号	姓名	学号
组长					
组员					

续表

班级		组名		指导老师	
任务分工：					

小提示：
①组队规则：3～4名同学自由组队，选取一名同学做组长，组长负责组织课外讨论、督促每位同学按时完成任务，最后做案例呈现，可以得到额外加分。
②最后的展示可以由一人或多人完成，团队合作是考核评价的重要内容。
③这部分的每一项任务最后每位同学都必须完全独立掌握。

获取信息

蔚莱是一家成立十余年的非上市家族型公司，公司的主营业务为现代中药及中药饮片的研发、生产与销售，辅之医疗器械、保健用品、软饮料、少量西药产品及医药流通等业务。公司原有的CFO为公司创始人家族亲戚，非财务专业大专毕业，账务实务经验丰富，但缺乏宏观的财务分析知识和能力。近期CFO退休，公司决心聘请专业的财务人员担任CFO，并即刻对公司目前面临的一些财务问题做出决策。所有案例需要用到的复利终现值系数和年金终现值系数可在本书附表中获取。

工作计划

引导问题1 公司账面上有150万元闲散资金，公司董事会讨论过这笔款项不作其他用途，以便及时用作其他周转。过去的5年来，之前的CFO对该笔款项的处理是活期存放于银行，银行存款利率为4%，单利计算利息。经过你的财务预测，3年内公司都不需要动用这一笔款项，并且你了解到，存放该笔款项的银行有定期的理财产品，年化收益率为4%，每满一年可赎回。请你分别计算两种不同方案3年后获取的本息和，并对是否应该更换这150万元闲散资金的处理方式做出决策。

假设储蓄现值为P，年利率为i，储蓄期限为n，n期后的本利和为F。

复利本息和计算公式：
$$F = P \cdot (F/P, i, n)$$

单利本息和计算公式：
$$F = P + P \cdot i \cdot n$$

将计算结果填入表2-2。

表 2-2　单利、复利终值

	单利计息	复利计息
3 年后本息和金额/万元		

比较两个方案 3 年后的本息和,做出你的选择。

结论：

引导问题 2　假设公司计划在 6 年后投资新厂房用于拓展业务,生产新型 HPV 疫苗,投资厂房预计需要 3 000 万元,之前的 CFO 认为,公司每年的净利润都在 2 500 万元左右,到时候肯定有足够的资金用于投产新项目,没必要从现在就开始计划,等到 6 年以后再来想办法。今年公司的收益超额完成,达到了 3 000 万元,在你的提议下,董事会决议从今年的收益中拿出一部分购买大额国债,6 年后的本利和用于投产新的厂房。假设国债利率为 6%,每年复利两次,要从今年的收益中划取多少购买国债,才能在 6 年后获得足够的资金 F 进行厂房投资？

第一步：明确这是货币时间价值计算中有关复利现值的问题。假设要从今年的收益中划取 P 购买国债，公式：

$$F = P \cdot (F/P, i, n)$$

第二步：明确公式中的 F,i 和 n,待求 P。

引导问题 3　公司现有的保健品业务体量有限,跟不上近两年来的市场需求,经公司管理层决定,当年引入一条新的保健品生产线,扩大供给。生产线供应厂家给出了 3 个付款方案：

方案①：厂家提供融资租赁服务,可以即刻开始使用厂家组装好的生产线,从第五年年初开始,连续 6 年于每年年初支付租金 560 万元。

方案②：厂家提供融资租赁服务,可以即刻开始使用厂家组装好的生产线,从当年年初开始,连续 6 年于每年年初支付租金 400 万元。

方案③：现在一次性付款 1 800 万元,但由于公司资金有限,只能借入 1 800 万元支付,并分 5 年偿还贷款本金及利息,每年年末偿还利息 200 万元,本金于第五年年末同当年利息一并偿还。

刚离任的 CFO 给出的报告中显示,方案①共需支付资金 560×6 万元＝3 360 万元,方案②共需支付资金 400×6 万元＝2 400 万元,方案③共需支付资金 (200×5＋1 800) 万元＝2 800 万元,方案②支付金额最少,应选取方案②。假设银行存款利率为 10%,你认为上任 CFO 的决策过程准确吗？如果不准确,应该采取哪一种付款方案？

第一步：明确解答思路,支付方案决策的目标是使支付的代价最小,分别算出三种方案支付的款项现值进行比较即可。

方案①为递延年金现值的计算,递延期 m、总期数 n 的递延年金现值为:
$$P = A \cdot (P/A,10\%,n-m) \cdot (P/F,10\%,m) = A \cdot [(P/A,10\%,n)-(P/A,10\%,m)]$$
方案②为预付年金现值的计算:
$$P = A \cdot [(P/A,i,n-1)+1] = A \cdot (P/A,i,n) \cdot (1+i)$$
方案③为普通年金现值和复利现值之和的计算:
$$P = A \cdot (P/A,10\%,5) + 借款本金 \cdot (P/F,10\%,5)$$

第二步:将计算结果填入表2-3,比较三个方案支付金额现值,做出决策。

表 2-3 年金现值计算表

	方案①	方案②	方案③
支付金额现值/万元			

结论:
_____
_____
_____

引导问题 4 公司近年来许多药品的研发受到了当地中医学院的大力支持,为了感谢该校,并期望与该校建立长期的友好合作关系,公司打算出资设立"锦绣奖学金",用于奖励该校的优秀学生。奖学金每年发放一次,大一到大四每个年级选取1名同学进行奖励,每人奖励金额为 10 000 元。奖学金的基金保存在中国银行当地支行购买理财产品,该产品的理财收益为年化利率 4%。请你计算,现在需要一次性投入多少资金作为奖学金基金,才能保证每年都可以奖励该校的优秀学生?

明确这是一个永续年金现值的计算问题,计算公式为:
$$P = A/i$$

计算过程和结论:
_____
_____
_____

引导问题 5 东南亚某岛国有一种特殊的价格便宜的植物,该植物经过加工后可以高效提炼出降压药的核心原料,公司计划前往该岛国投产一个工厂提炼该原料。由于项目的未知性,公司管理层决议派出一批核心成员长期驻守该项目。预测投产后当年就能有收益,每年可为公司创造 300 万元的收益,该项目的投资额为 1 000 万元,投资报酬率为 6%。请利用财务知识,预测派出的该批人员最短多久可以返回国内。

明确解答思路,这是一个已知 A,P,i,并利用插值法推算 n 的问题。公式:
$$P = A \cdot (P/A,i,n)$$

计算过程和结论:

进行决策

引导问题 6 综合评价该公司目前有关于上述情境的财务决策是否合理,如果不合理,请阐述你认为不合理的原因。

引导问题 7 现在你已经了解了货币时间价值理论,并能够进行应用了,请谈一谈货币时间价值理论在公司财务决策中可以应用在哪些方面。

引导问题 8 公司有几名管理人员近期需要购买房产,但他们对于银行的贷款政策非常迷糊,不太明白,于是向你咨询。除了公司财务管理,货币时间价值理论与居民生活也息息相关,其中,房贷的还款方式的选择就要基于货币时间价值的计算。众所周知,钱存在银行,存一天就有一天的利息,存的钱越多、时间越长,得到的利息就越多;同样,贷款使用银行的钱,每贷一天就要付一天的贷款利息,在银行的贷款金额越大,贷款时间越长,付出的利息也就越多。在贷款利率不变的前提下,贷款需要付多少利息,是由贷款金额的多少和贷款时间的长短决定的,而不是由采用哪种还款方式决定的。选择不同的还款方式,可以迎合不同收入、不同年龄、不同消费观念的人群的用款需要,根据不同的情况选择不同的还款方式,可以节省部分贷款利息。

(1)还款方式。

目前,大部分银行提供以下两种还款方式:

①贷款期限在1年(含)以内的,实行按期付息、一次还本的还款方式;

②贷款期限在 1 年以上的,实行分期按月等额本金还款和等额本息还款两种还款方式。

等额本金还款方式,是指每期还款金额中的贷款本金都相同,偿还的利息逐渐减少,贷款本息合计逐月降低。这种还款方式前期还款压力较大,适合收入较高或想提前还款的人群。

等额本息还款方式,是指每次还款金额中的贷款本金都不相同,前期还款本金金额较少,贷款利息较多,如果贷款利率不变,每月偿还贷款本息合计相等,这种还款方式由于贷款本金归还速度相对较慢,贷款时间较长,还款总利息相较同期限的等额本金还款方式高。

(2)还款方式的选择。

还款人可根据自己的还款能力来选择还款方式,若还款能力较强,可采取按期付息、一次还本的还款方式;若还款方式相对较弱,可采取等额本金和等额本息两种还款方式。

(3)实例分析。

①等额本金还款方式的计算。月还本金相同,期数为贷款期数,以月为单位:

$$月还本金 = 本金总额/n$$

当月利息(第 n 期) = 剩余本金 × 月利率 = [本金总额 − 月还本金 × $(n-1)$] × 月利率

$$当月还款额 = 月还本金 + 当月利息$$

举例:贷款总额为 100 万元,期限 20 年,年利率为 6%,请分别计算第 1 个月、第 30 个月和第 102 个月的还款总额。

②等额本息还款方式的计算。每次还款金额中的贷款本金都不相同,每月偿还贷款本息合计相等,可以理解为银行的投资行为,即银行将钱借给按揭买房者,获取利息的投资回报,这样,每个月的等额还款金额就是年金,借出去的钱就是现值,即:

$$A = P/(P/A, i, n)$$

举例:贷款总额为 100 万元,期限 20 年,年利率为 6%,请计算每月的还款本息和。

(4)还款方式选择分析:请根据以下情境分别为贷款人选择合适的还款方式,并说明理由。

①借款人贷款期内养老、看病、孩子读书等负担比较重,但收入基本稳定。

②借款人贷款期内生活负担较轻,预计将来收入稳定且还款能力较强。

工作实施

(1)各组分别阅读、研究给出的每一个情境。
(2)各组自行制订学习计划,分配学习任务,计算、填制表 2-2 和表 2-3 并回答引导问题。
(3)各组派代表阐述每一项任务决策,要求展示完整的计算、逻辑分析。
(4)各组对其他小组的财务分析报告进行点评、提问,完成小组互评。
(5)每个同学完成自评。
(6)每个小组完成对本组成员的组内点评。
(7)教师结合大家的完成情况和现场表现进行点评,填写教师综合评价表。
(8)最后,教师运用加权平均方法,完成本学习情境最终的考评。

评价反馈

各组代表展示作品,介绍任务的完成过程。作品展示前应准备阐述材料,最好以 PPT 的形式进行呈现。每个学习情境的成绩评定将按学生自评、组内点评、小组互评、教师评价四个阶段进行,并按自评占 10%、组内点评占 20%、小组互评占 20%、教师评价占 50% 计算每个学生的综合评价结果。

(1)学生进行自我评价,并将结果填入表 2-4 所示的学生自评表中。

表 2-4 学生自评表

班级		组名		姓名	
学习情境		货币时间价值			
评价项目		评价标准		分值	得分
理解货币时间价值		掌握货币时间价值的概念并能独立描述		10	
单利和复利的计算		能独立、正确计算单利和复利		10	
名义利率和实际利率		能独立换算名义利率和实际利率		10	
货币时间价值的判断		能独立在真实场景中判断出是计算现值还是终值		10	
货币时间价值的计算		能独立计算复利终现值、年金终现值		20	
工作态度		态度端正、无无故缺勤、迟到、早退		10	
工作质量		能按计划完成工作任务		10	
团队合作能力		与小组成员、同学之间能合作交流,共同完成工作任务		10	
创新意识		决策分析思路有创新之处		10	
合计				100	

(2)学生以小组为单位,对组内各位成员的表现进行客观公正的评价。以 4 人小组为例,组长比重占 40%,其他两个组员各占 30%,总评分加权平均得出,并将点评结果填入表 2-5 所示的组内点评表。

表 2-5 组内点评表

班级		组名		姓名	
学习情境		货币时间价值			
评价项目	分值	组长点评（40%）	组员点评（30%）	组员点评（30%）	评分
工作态度	20				
工作质量	10				
工作效率	10				
工作完整	15				
工作贡献	15				
团队合作	20				
是否有创新之处	10				
合计	100				

(3)学生以小组为单位,对货币时间价值计算的过程和结果进行互评,将互评的结果填入表 2-6 所示的小组互评表。每个组须经其他两个组点评,最终被评小组互评成绩采用两个小组的平均数。

表 2-6 小组互评表

班级		被评小组		
学习情境		货币时间价值		
评价项目	分值	得分		
		第 1 小组	第 2 小组	平均得分
计划合理	15			
组织有序	10			
团队合作	15			
工作质量	15			
工作效率	10			
工作完整	10			
工作规范	10			
成果展示	15			
合计	100			

(4)教师对学生工作过程与工作结果进行评价,并将评价结果填入表 2-7 所示的教师综合评价表。组内点评在 90 分以上的组长,在综合得分基础上乘 1.1 的系数;组内点评在 80～90

分的组长,在综合得分基础上乘 1.05 的系数;组内点评在 70～80 分的组长,在综合得分基础上乘 1.02 的系数。每个组的组长采用轮值制,保证每位学生都有当组长的机会。

表 2-7 教师综合评价表

班级			组名		姓名		
	学习情境			货币时间价值			
	评价项目		评价标准			分值	得分
	考勤(10%)		无无故迟到、早退、旷课现象			10	
工作过程(60%)	单利和复利的计算		能独立、准确地计算单利、复利			5	
	名义利率和实际利率		能独立将名义利率和实际利率进行换算			5	
	货币时间价值的判断		能将真实案例还原到基础知识,明确是计算终值还是现值			10	
	货币时间价值的计算		能独立计算货币时间价值(复利终现值、年金终现值)			10	
	能够结合货币时间价值的计算进行决策		能独立利用货币时间价值的计算结果进行决策			15	
	工作态度		态度端正、工作认真、主动			5	
	团队合作精神		与小组成员、同学之间能合作交流,共同完成工作任务			5	
	创新意识		在工作中有创新之处			5	
项目成果(30%)	工作完整		能按时完成工作任务			5	
	工作规范		能按照规范要求计算			5	
	成果展示		能准确表达、汇报各项案例的决策结果			20	
			合计			100	
综合评价	学生自评(10%)	组内点评(20%)		小组互评(20%)	教师评价(50%)	综合得分	

拓展思考题

(1)什么是计息频率?请简述计息频率对复利现值和复利终值的影响。

(2)请调查目前当地房贷政策的首付比例是多少,限制二套房和二手房交易的宏观政策有哪些。

(3)在等额本息还款方式中,如何运用 Excel 函数公式计算每月等额还款额?假设贷款 20 万元,期限 10 年,商业住房贷款的基准利率为 5%,请用 Excel 函数公式计算每月等额还款额。

(4)分别在通货膨胀、通货紧缩的情况下,分析按揭贷款和一次性贷款哪一种比较划算。

学习情境相关知识点

一、货币时间价值

1. 货币时间价值的含义

货币时间价值又称资金时间价值,它是指在没有风险和没有通货膨胀的情况下,货币经历一定时间的投资和再投资所增加的价值。通俗来说,在市场经济条件下,等量货币资金在不同时间点上的价值不相等,今天的 100 元比将来的 100 元价值更大。这是因为如果今天将 100 元存入银行,若银行存款年利率为 5%,1 年后可以得到 105 元,这 100 元经过 1 年时间的投资增加了 5 元,随着时间的推移,货币就发生了增值,这就是货币的时间价值,表现为资金周转使用后所产生的价值的增量。

2. 货币时间价值的表示方式

货币时间价值可以用绝对数和相对数形式来表示,在实务中,人们习惯用相对数字表示货币的时间价值,即用增加的价值占投入货币的百分数来表示。用相对数表示的货币时间价值也称为纯粹利率(简称纯利率),纯利率是指在没有通胀、无风险的情况下资金市场的平均利率。需要注意的是,银行存款利率、贷款利率、债券利率和股票的股利率虽然都是投资报酬率,但绝对不能够把它们直接视为货币的时间价值,因为真实的市场经济中,通胀和风险都是恒定存在的。但为了方便我们计算,本书中很多时候用国债利率和银行存款利率来代替货币的时间价值。

由于货币随时间的延续而增值,不同时间单位货币的价值不相等,所以不同时间的货币不宜直接进行比较,需要把它们换算到相同的时间点进行比较才有意义。

二、货币时间价值计算中的几组相关概念

1. 终值和现值

终值又称将来值或未来值,是指现在一定数额的资金折合成未来某个时间点货币量的价值,用于解决现在拥有的一定数额资金,在未来某个时间点上将会是多少数额资金的问题;

现值又称折现值,是指未来某一时期一定数额的资金折合成现在货币的价值,用于解决将来某一时间点上一定数额的资金,相当于现在多少数额资金的问题。

2. 单利和复利

在计算利息的时候,有单利和复利两种方式。单利指只有初始本金计算利息,当期利息不计入下期本金,计息基础始终为原始投入的本金。复利不仅初始本金计算利息,本金产生的利息也要计算利息,即所谓的"利滚利"。

3. 年金

年金指间隔期相等的系列等额收付款项。例如,间隔期固定、金额相等的分期付款赊购、分期偿还贷款、发放养老金、分期支付工程款以及每年相同的销售收入等。年金包括普通年金、预付年金、递延年金、永续年金等形式。普通年金是年金的最基本形式,它是指从第 1 期起,在一定时期内每期期末等额收付的系列款项,又称为后付年金。在年金中,间隔期间可以不是一年,例如每季末等额支付的债务利息也是年金。

4.名义利率和实际利率

利率表示每一期货币时间价值的大小,一般用 i 来表示,可表示年利率、季利率、月利率等,若无特殊说明,一般来说给出的利率均为年利率。

复利的计息期不一定总是一年,在实际运用中,计息周期可以短于一年,可能是季度、月或日。当利息在一年内要进行多次复利时,给出的年利率叫名义利率,实际利率称有效年利率,用以下公式进行换算得出:

$$实际利率 = (1+r/M)^M - 1$$

式中:M——年内复利的次数;

r——名义利率。

5.通货膨胀下的实际利率

在通货膨胀情况下,央行或其他提供资金借贷的机构所公布的利率是未调整通货膨胀因素的名义利率,即名义利率中包含通货膨胀率。实际利率是指剔除通货膨胀率后储户或投资者得到利息回报的真实利率。

假设本金为 100 元,实际利率为 5%,通货膨胀率为 2%,则:

如果不考虑通货膨胀因素,一年后的本利和为 100×(1+5%)元=105 元。

如果考虑通货膨胀因素,由于通货膨胀导致货币贬值,因此,一年后的本利和=105×(1+2%),年利息=105×(1+2%)−100=100×(1+5%)×(1+2%)−100=100×[(1+5%)×(1+2%)−1],即名义利率=(1+5%)×(1+2%)−1,1+名义利率=(1+5%)×(1+2%)。

用公式表示名义利率和实际利率之间的关系为:

$$1+名义利率 = (1+实际利率) \times (1+通货膨胀率)$$

实际利率的计算公式为:

$$实际利率 = (1+名义利率)/(1+通货膨胀率) - 1$$

公示表明,通货膨胀率越大,实际利率越小,当通货膨胀率>名义利率时,实际利率为负数。

三、货币时间价值的计算

由于资金具有时间价值,所以对一定量的资金必须赋予相应的时间,才能表达其确切的量的概念。为了便于分析和比较,需要把不同时点发生的金额换算成同一时点的金额。

在社会经济的运行中,人们通常都会将赚取的收益再进行投资,企业的资金使用也是如此,因此财务估值中一般都按照复利的方式计算货币的时间价值。为了计算方便,我们规定如下的符号表示:I 为利息;F 为终值;P 为现值;A 为年金;i 为利率(折现率);n 为计算利息的期数(见图 2-1)。

```
0     1     2   ...  n-2   n-1    n
P                                  F
```

图 2-1 时间轴

1.单利的计算

按单利的含义,单利方式下的利息计算公式为:

$$I = P \cdot i \cdot n$$

例 2-1 公司有一张带息期票,面额为 1 200 元,票面利率为 4%,出票日期为 1 月 1 日,12

月31日到期,则到期利息为:
$$I = 1\,200 \times 4\% \times 1\, 元 = 48\, 元$$
带息票据到期,出票人应付的票据终值为1 248元。

2. 名义利率与实际利率的计算

复利的计息期间不一定是一年。例如:某些债券半年就计息一次,有些抵押贷款每月计息一次,股利有时每季度支付一次,银行之间拆借资金均每日计息一次。因此,当利率在一年内复利多次时,每年计算多次的终值会大于每年计息一次的终值,也就是说,实际利率会大于名义利率。对于一年内复利多次的情况,可采用两种方法计算货币时间价值。

第一种方法是将名义利率先换算成实际利率,然后按照实际利率计算货币时间价值,换算公式如下:
$$实际利率 = (1 + r/M)^M - 1$$
式中:M——年内复利的次数;
r——名义利率。

第二种方法是不计算实际利率,而是将利率换算为每期利率,即r/M,期数相应变为$M \times n$,然后直接计算出货币时间价值。

3. 复利终值和现值的计算

(1)复利终值的计算。复利终值是指一定量的本金在若干期后,包括本金和利息在内的未来价值,又称本利和。例如,公司将一笔资金P存入银行,年利率为i,如果每年计息一次,则n年后本利和就是复利终值。

1年后的终值为:
$$F_1 = P + P \times i = P \times (1+i)$$
2年后的终值为:
$$F_2 = P \times (1+i) \times (1+i) = P \times (1+i)^2$$
3年后的终值为:
$$F_3 = P \times (1+i) \times (1+i) \times (1+i) = P \times (1+i)^3$$
以此类推,到第n年的本利和为:
$$F_n = P \times (1+i)^n$$
上式中$(1+i)^n$通常被称为复利终值系数,用符号$(F/P, i, n)$表示,即:
$$F = P \times (F/P, i, n)$$

为了便于计算,本书后附有"复利终值系数表"(见附表A-1)。该表的第一行是利率i,第一列是计息期数n,相应的$(F/P, i, n)$值在其纵横相交处。通过该表可以查出,$(F/P, 5\%, 3)$ = 1.157 6。表明在利率为5%的情况下,现在的1元和3年后的1.157 6元在经济上是等效的。

例2-2 公司将100 000元在年初投资一项目,年报酬率为6%,则第三年末的本利和为:
$$F = P \times (1+i)^n = 100\,000 \times (F/P, 6\%, 3) = 100\,000 \times 1.191\, 元 = 119\,100\, 元$$
若该投资项目,每半年计息一次,则第三年末的本利和为:
$$F = P \times (1+i)^n = 100\,000 \times (F/P, 3\%, 6) = 100\,000 \times 1.194\,1\, 元 = 119\,410\, 元$$
$$实际利率 = (1 + r/M)^M - 1 = (1 + 6\%/2)^2 - 1 = 6.09\%$$

(2)复利现值的计算。复利现值是复利终值的对称概念,指未来某一时点的一定量资金,折算到现在的价值。或者说是为取得将来一定本利和,现在所需要的本金。由终值求现值叫贴

现。贴现时所用的利息率叫贴现率。计算公式为:

$$P=F\cdot\frac{1}{(1+i)^n}$$

上式中,$1/(1+i)^n$ 称为复利现值系数,用符号$(P/F,i,n)$来表示,为了便于计算,本书编制了"复利现值系数表"(见附表 A-2)。

例 2-3 公司拟在 5 年后获得本利和 100 000 元,假设年投资报酬率为 5%,现在应该投入多少元钱?

$$P=F\cdot\frac{1}{(1+i)^n}=100\ 000\times(P/F,5\%,5)=100\ 000\times0.783\ 5\ \text{元}=78\ 350\ \text{元}$$

需要说明的是,在复利终值、复利现值的计算中,现值可以泛指资金在某个特定时间段的"前一时点"(而不一定真的是"现在")的价值,终值可以泛指资金在该时间段的"后一时点"的价值;可以按照要求将该时间段划分为若干个计息期,使用相应的利息率和复利计息方法,将某个时点的资金计算得出该笔资金相当于其他时点的价值是多少。

4. 年金的计算

(1)普通年金终值的计算。普通年金终值是指其最后一次支付时的本利和,它是每次支付的复利终值之和。普通年金终值时间轴如图 2-2 所示。

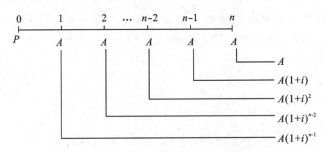

图 2-2 普通年金终值时间轴

由图 2-2 可以看出,年金终值的计算公式为:

$$F=A+A(1+i)+A(1+i)^2+A(1+i)^3+\cdots+A(1+i)^{n-1} \quad \text{①}$$

等式两边同时乘以$(1+i)$,则有:

$$F(1+i)=A(1+i)+A(1+i)^2+A(1+i)^3+\cdots+A(1+i)^{n-1}+A(1+i)^n \quad \text{②}$$

公式②-公式①:

$$F\cdot(1+i)-F=A\cdot(1+i)^n-A$$

$$F\cdot i=A\cdot[(1+i)^n-1]$$

$$F=A\cdot\frac{(1+i)^n-1}{i}$$

上式中的$\frac{(1+i)^n-1}{i}$为普通年金为 1 元,利率为 i,经过 n 期的年金终值,称为"年金终值系数",用符号$(F/A,i,n)$表示,可以查阅本书附表 A-3"年金终值系数表"。上式也可以写作:

$$F=A\cdot(F/A,i,n)$$

例 2-4 公司在今后的 6 年中,每年年底投资 100 000 元,年投资报酬率为 8%,求第 6 年年底的年金终值为多少。

$$F = A \cdot \frac{(1+i)^n - 1}{i} = 100\,000 \times 7.335\,9 \text{ 元} = 733\,590 \text{ 元}$$

(2)普通年金现值的计算。普通年金现值指普通年金中各期等额收付金额在第1期期初(0时点)的复利现值之和。普通年金现值时间轴如图2-3所示。

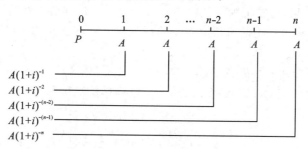

图2-3 普通年金现值时间轴

由图2-3可知,年金现值的计算公式为:

$$P = A \cdot (1+i)^{-1} + A \cdot (1+i)^{-2} + \cdots + A(1+i)^{-(n-2)} + A(1+i)^{-(n-1)} + A(1+i)^{-n}$$

整理后可得:

$$P = A \cdot \frac{1 - (1+i)^{-n}}{i}$$

上式中的 $\frac{1-(1+i)^{-n}}{i}$ ——是普通年金为1元,利率为 i ,经过 n 期的普通年金现值,或称为"年金现值系数",用符号 $(P/A,i,n)$ 来表示。在实务工作中,普通年金现值系数可以查阅"年金现值系数表"(附表A-4)。上式也可以写作:

$$P = A \cdot (P/A, i, n)$$

例2-5 公司年初一次性投资一笔钱,准备在以后10年中每年末得到10 000元,如果年投资报酬率为10%,年初应一次性投资多少?

$$P = A \cdot \frac{1-(1+i)^{-n}}{i} = A(P/A, 10\%, 10) = 10\,000 \times 6.144\,6 \text{ 元} = 61\,446 \text{ 元}$$

(3)预付年金终值的计算。预付年金又叫作即付年金或先付年金,是指其最后一期期末时的本利和,是各期收付款项的复利终值之和。预付年金时间轴如图2-4所示。

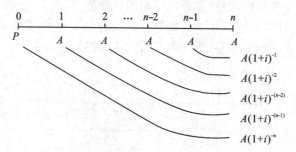

图2-4 预付年金时间轴

n 期预付年金与 n 期普通年金的付款次数相同,但由于付款期数相差1年,因此 n 期预付

年金终值比 n 期普通年金的终值多计算一期利息,即在 n 期普通年金终值的基础上乘以 $(1+i)$ 就是 n 期预付年金的终值。其计算公式为:

$$F = A \cdot \left[\frac{(1+i)^n - 1}{i} \cdot (1+i)\right]$$

上式中括号内的内容为"预付年金终值系数",它是在普通年金终值系数的基础上,期数加 1、系数减 1 所得的结果,通常记为 $[(F/A,i,n+1)-1]$。这样通过查阅"年金终值系数表"可以得到 $(n+1)$ 期的值,再减去 1 便可得出对应的预付年金终值系数的数值,这时可以用如下公式计算预付年金终值:

$$F = A \cdot [(F/A, i, n+1) - 1] = A \cdot (F/A, i, n) \cdot (1+i)$$

例 2-6 公司每年年初存入银行 10 000 元,银行存款年利率为 4%,问第 10 年年末的本利和应为多少?

$$F = A \cdot \left[\frac{(1+i)^n - 1}{i} \cdot (1+i)\right] = A(F/A, i, n)(1+i)$$
$$= 10\,000 \times 12.006 \times 1.04 \text{ 元} = 124\,862.4 \text{ 元}$$

(4)预付年金现值的计算。如前所述,n 期普通年金与 n 期预付年金的付款次数相同,但前者是在年末付款,后者是在年初付款,在计算年金现值的时候,后者比前者少折现一期。因此,在 n 期普通年金现值的基础上乘以 $(1+i)$ 便可以计算出 n 期预付年金的现值,其计算公式为:

$$P = A \cdot \left[\frac{1 - (1+i)^{-n}}{i} \cdot (1+i)\right]$$

上式中括号内的内容为"预付年金现值系数",它是在普通年金现值系数的基础上,期数减 1、系数加 1 所得的结果,通常记为 $[(P/A,i,n-1)+1]$。这样,通过查阅"年金现值系数表"得到 $(n-1)$ 期的值,然后加 1,便可得到对应的预付年金现值系数的值,这时可用如下的公式计算预付年金的现值:

$$P = A \cdot [(P/A, i, n-1) + 1] = A \cdot (P/A, i, n) \times (1+i)$$

例 2-7 公司需用一台设备,该设备现价为 70 000 元,可用 10 年,如果租用则需在每年年初支付租金 9 000 元,当年利率为 10% 时,问该公司应该购买还是租用?

若租用,则各期租金现值之和:

$$P = A \cdot \left[\frac{1 - (1+i)^{-n}}{i}\right] \cdot (1+i) = 9\,000 \times (P/A, 10\%, 10)(1 + 10\%)$$
$$= 9\,000 \times 6.145 \times 1.1 \text{ 元} = 60\,835.5 \text{ 元}$$

因租用现值之和小于设备的买价,该公司应租用该设备。

(5)递延年金终值的计算。递延年金是指第一次支付发生在第二期或第二期以后的年金。它是普通年金的特殊形式,所有不是从第一期开始的年金都是递延年金。递延年金时间轴如图 2-5 所示。

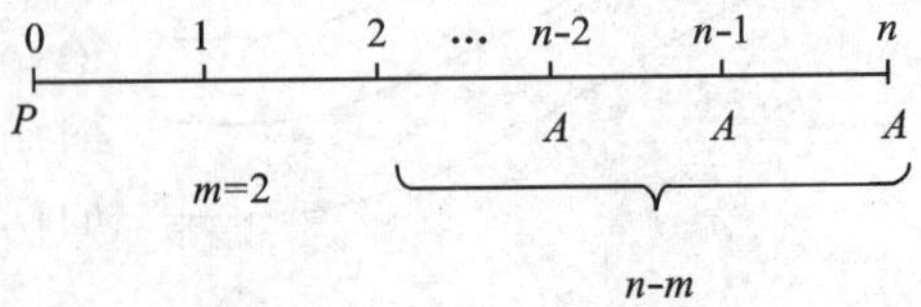

图 2-5 递延年金时间轴

如图 2-5 所示,总的期数为 n 期,递延了 m 期,从第 $m+1$ 期每年末发生了年金 A。递延

年金的终值和递延期 m 有关,其计算方法与普通年金终值相同,计算公式为:
$$F=A\cdot(F/A,i,n-m)$$

(6)递延年金现值的计算。递延年金现值的计算方法有两种。

第一种方法,假设递延期为 $m(m<n)$,可先求出 m 期后的 $n-m$ 期普通年金的现值,然后再将此现值折算到第一期初的现值,其计算公式为:
$$P=A\cdot(P/A,i,n-m)(P/F,i,m)$$

第二种方法,先求出 n 期普通年金的现值,然后扣除实际并未收付款的 m 期普通年金现值,其计算公式为:
$$P=A\cdot[(P/A,i,n)-(P/A,i,m)]$$

例 2-8 公司向银行借入一笔款项,银行贷款的年利息率为 8%,银行规定前 10 年不用还本付息,但从第 11 年到第 20 年每年年末偿还本息 10 000 元,问这笔款项的现值应为多少?

$$\begin{aligned}P&=A\cdot(P/A,i,n-m)\cdot(P/F,i,m)\\&=10\ 000\times(P/A,8\%,10)\times(P/F,8\%,10)\\&=10\ 000\times6.710\times0.463\ 2\ 元\\&=31\ 080.72\ 元\end{aligned}$$

(7)永续年金现值的计算。永续年金是指无限期定额支付的年金。现实中的存本取息,可视为永续年金的一个例子。永续年金没有终止的时间,也就没有终值。永续年金的现值可以通过普通年金的现值计算公式导出:
$$P=A\cdot\left[\frac{1-(1+i)^{-n}}{i}\right]$$

当 n 趋于 ∞ 时,$(1+i)^{-n}$ 的极限为零,上式趋于 A/i,故上式可写成:
$$P=A/i$$

例 2-9 公司拟建立一个永久性的奖学金,每年计划颁发 10 万元奖学金,若利率为 5%,现在应存入多少钱?
$$P=100\ 000/5\%\ 元=2\ 000\ 000\ 元$$

学习任务 2　风险报酬

你是莎莎公司的财务总监 CFO,2019 至 2020 年以来股票资本市场利好,上证指数更是在 2021 年初突破了 3600 点,你敏锐地预测到,2021 年股市还将持续走高,除了目前要投资的实业项目之外,公司还计划投资股票市场,请通过计算评估实业项目和不同股票的风险,给出你的实业及股票投资方案。

(1)通过学习情境,了解资产的收益和风险。
(2)区分和掌握收益和风险的种类。

(3)能够准确判断投资者对于风险的偏好。

(4)能够通过概率和统计的方法,计算衡量不同项目的风险大小。

(5)掌握风险报酬的概念及含义,能够计算不同项目的期望收益率大小。

(6)能够结合投资者的风险偏好、投资项目的风险大小及期望收益率的大小做出投资选择。

任务书

公司计划利用目前的生产线投资开发新的面霜产品,根据市场调研,有三种功效的面霜今年来较为火爆,公司计划选取一种产品进行投资开发。此外,在过去的 2019 至 2020 年股票资本市场利好,你预测 2021 年股市还将持续走高,公司刚好有一笔闲散资金,经董事会决议准备用于进行股票投资,请给出你的投资方案,并总结公司在进行资产及股票投资时要结合哪些因素综合做出选择。

任务分组

学生任务分配表如表 2-8 所示。

表 2-8　学生任务分配表

班级		组名		指导老师	
	姓名	学号	姓名	学号	
组长					
组员					

任务分工:

小提示:

①组队规则:3～4 名同学自由组队,选取一名同学当组长,组长组织进行工作分配、课外讨论,最后做案例呈现,可以得到额外加分。

②团队合作是考核评价的重要内容。

获取信息

1. 莎莎公司基本信息

莎莎公司创立于2010年，主营业务为研发并销售国产护肤品，创立至今，公司的经营理念是稳中求进，公司股东及管理层均为风险厌恶者，非常谨慎，从不做出激进的决策，当收益与风险面临冲突的时候，公司一贯选择风险最小的决策方案。

2. 莎莎公司产品投资计划

公司现有的护肤精华产品多为创立初期的配方，较为老旧，已经跟不上近年来美妆护肤市场爆发增长的多样化需求，经管理层及股东决议，公司决定投产一款新型精华产品，经研发部、市场部和财务部的预测，可供选择的三种产品投产后在不同经济环境下的预计年报酬率如表2-9所示。

表2-9 产品投资预计收益率表

未来经济状况	发生概率	不同产品预期年收益率		
		寡肽抗衰精华	A醇抗氧化精华	VC美白精华
繁荣	0.3	30%	40%	50%
一般	0.5	15%	15%	15%
衰退	0.2	0	-15%	-20%

3. 莎莎公司股票投资计划

公司长期通过华美证券管理公司进行债券的发行或购买，为了选取合适的股票进行投资，你和其他管理人员咨询了证券管理公司的专业投资顾问，并备选两只股票准备进行投资，两只股票在不同经济状况下的收益率如表2-10所示。

表2-10 股票投资预计收益率表

未来经济状况	发生概率	股票预期年收益率	
		沃木生物（A股）	恒力新能源（A股）
繁荣	0.3	40%	70%
一般	0.5	20%	20%
衰退	0.2	0	-30%

另外，通过证券咨询公司编制的相应报告可以查询到沃木生物2020年的β值为0.2，恒力新能源2020年的β值为0.6，市场无风险收益率为5%。

工作计划

引导问题1 基于学习情境中给定的莎莎公司基本信息及产品投资预计收益率表，结合风险衡量的相关知识点，分别计算出投资三种产品的期望值、标准差以及标准离差率，填入表2-11至表2-13，并决策应该选取哪一种产品进行投资。

（1）计算期望值。公式：

$$E = \sum_{i=1}^{n} X_i P_i$$

表 2-11　产品投资期望值计算表

	寡肽抗衰精华	A 醇抗氧化精华	VC 美白精华
期望值			

（2）计算标准差。公式：

$$\sigma=\sqrt{\sum_{i=1}^{n}(X_i-E)^2 P_i}$$

表 2-12　产品投资标准差计算表

	寡肽抗衰精华	A 醇抗氧化精华	VC 美白精华
标准差			

（3）计算标准离差率。公式：

$$V=\frac{\sigma}{E}\times 100\%$$

表 2-13　产品投资标准离差率计算表

	寡肽抗衰精华	A 醇抗氧化精华	VC 美白精华
标准离差率			

（4）综合评价三个产品的收益回报、风险大小并做出决策。

_____
_____
_____
_____
_____
_____
_____

引导问题 2　基于学习情境中给定的莎莎公司基本信息及股票投资预计收益率表，结合风险衡量的相关知识点，分别计算出投资两只股票的期望值、标准差、标准离差率以及风险报酬率，填入表 2-14 至表 2-17，并决策应该选取哪一只股票进行投资。

（1）计算期望值。公式：

$$E=\sum_{i=1}^{n}X_i P_i$$

表 2-14　股票投资期望值计算表

	沃木生物（A 股）	恒力新能源（A 股）
期望值		

（2）计算标准差。公式：

$$\sigma=\sqrt{\sum_{i=1}^{n}(X_i-E)^2 P_i}$$

表 2-15　股票投资标准差计算表

	沃木生物（A 股）	恒力新能源（A 股）
标准差		

（3）计算标准离差率。公式：

$$V = \frac{\sigma}{E} \times 100\%$$

表 2-16　股票投资标准离差率计算表

	沃木生物（A 股）	恒力新能源（A 股）
标准离差率		

（4）计算风险报酬率。公式：

$$R = R_F + \beta \cdot V$$

表 2-17　股票投资风险报酬率计算表

	沃木生物（A 股）	恒力新能源（A 股）
风险报酬率		

（5）综合评价两只股票投资的收益回报、风险大小并做出决策。

进行决策

引导问题 3　进行项目或证券投资时，收益率是否是唯一的决策指标？投资者会考虑哪些因素进行选择？

工作实施

(1)各组分别阅读、研究给出的公司产品及股票投资资料。
(2)各组自行制订学习计划,分配学习任务,计算、填制表 2-11 至表 2-17 并回答引导问题。
(3)各组决策完毕后,每人都必须独立计算、填写分析过程及决策结果。
(4)各组派代表阐述决策分析。
(5)各组对其他小组的决策分析报告进行点评、提问,完成小组互评。
(6)每个同学完成自评。
(7)每个小组完成对本组成员的组内点评。
(8)教师结合大家的完成情况和现场表现进行点评,填写教师综合评价表。
(9)最后,教师运用加权平均方法,完成本学习情境最终的考评。

评价反馈

各组代表展示作品,介绍任务的完成过程。作品展示前应准备阐述材料,最好以 PPT 的形式进行呈现。每个学习情境的成绩评定将按学生自评、组内点评、小组互评、教师评价四个阶段进行,并按自评占 10%、组内点评占 20%、小组互评占 20%、教师评价占 50%计算每个学生的综合评价结果。

(1)学生进行自我评价,并将结果填入表 2-18 所示的学生自评表中。

表 2-18 学生自评表

班级		组名		姓名	
学习情境		风险报酬			
评价项目	评价标准			分值	得分
资产收益与收益率	掌握资产收益及收益率的概念及分类			10	
资产的风险	掌握资产风险的概念及分类			10	
风险的衡量	能够用概率及统计的方法计算项目风险大小			20	
风险报酬	能根据已知信息计算股票投资的风险报酬			10	
做出决策	能结合投资者的风险偏好做出投资决策			10	
工作态度	态度端正,无无故缺勤、迟到、早退			10	
工作质量	能按计划完成工作任务			10	
团队合作能力	与小组成员、同学之间能合作交流,共同完成工作任务			10	
创新意识	投资决策思考有创新之处			10	
合计				100	

(2)学生以小组为单位,对组内各位成员的表现进行客观公正的评价。以 4 人小组为例,组长比重占 40%,其他两个组员各占 30%,总评分加权平均得出,并将点评结果填入表 2-19 所示的组内点评表。

表 2-19　组内点评表

班级		组名		姓名			
学习情境		风险报酬					
评价项目	分值	组长点评（40%）	组员点评（30%）	组员点评（30%）	评分		
工作态度	20						
工作质量	10						
工作效率	10						
工作完整	15						
工作贡献	15						
团队合作	20						
是否有创新之处	10						
合计	100						

(3) 学生以小组为单位，对决策分析的过程和结果进行互评，将互评的结果填入表 2-20 所示的小组互评表。每个组须经其他两个组点评，最终被评小组互评成绩，采用两个小组的平均数。

表 2-20　小组互评表

班级		被评小组			
学习情境		风险报酬			
评价项目	分值	得分			
		第1小组	第2小组	平均得分	
计划合理	15				
组织有序	10				
团队合作	15				
工作质量	15				
工作效率	10				
工作完整	10				
工作规范	10				
成果展示	15				
合计	100				

(4) 教师对学生工作过程与工作结果进行评价，并将评价结果填入表 2-21 所示的教师综合评价表。组内点评在 90 分以上的组长，在综合得分基础上乘 1.1 的系数；组内点评在 80～90 分的组长，在综合得分基础上乘 1.05 的系数；组内点评在 70～80 分的组长，在综合得分基础上乘 1.02 的系数。每个组的组长采用轮值制，保证每位学生都有当组长的机会。

表 2-21 教师综合评价表

班级			组名		姓名		
	学习情境			风险报酬			
	评价项目		评价标准			分值	得分
	考勤（10%）		无无故迟到、早退、旷课现象			10	
工作过程（60%）	资产的收益及收益率		掌握概念及分类			5	
	资产的风险		掌握概念及分类			5	
	风险的衡量		能独立进行计算			20	
	做出决策		能根据已知信息，结合风险偏好，做出投资决策			15	
	工作态度		态度端正、工作认真、主动			5	
	团队合作精神		与小组成员、同学之间能合作交流，共同完成工作任务			5	
	创新意识		在工作中有创新之处			5	
项目成果（30%）	工作完整		能按时完成工作任务			5	
	工作规范		能按照规范要求计算			5	
	决策分享		能用PPT完整地展示决策过程			10	
	成果展示		能准确表达决策结果			10	
			合计			100	
综合评价	学生自评（10%）		组内点评（20%）	小组互评（20%）	教师评价（50%）	综合得分	

拓展思考题

(1) 通过概率及统计方法计算分析出的风险大小是否绝对准确？

(2) 请查找上市公司阿里巴巴的资料，并分组进行讨论，分析阿里巴巴在未来一年面临的系统风险和非系统风险。

学习情境相关知识点

一、资产收益与收益率

1. 资产收益的含义

资产收益指资产的价值在一定时期的增值，用资产的收益额、资产的收益率或报酬率表示。通常情况下，我们用年收益率的方式来表示资产的收益。

2. 收益的类型

(1) 名义收益率，一般被认为是票面利率，比如债券的票面利率、借款协议中的利率、优先股的股利率等。按惯例,一般给定的收益率是年利率。

(2)预期收益率,又称为期望收益率,是指在不确定的条件下,预测的某资产未来可能实现的收益率。

(3)实际收益率,表示已经实现或者确定可以实现的资产收益率,即已实现或确定可以实现的利息(股息)率与资本利得收益率之和。当存在通货膨胀时,还应当扣除通货膨胀率的影响,剩余的才是真实的收益率。

(4)必要收益率,又称最低报酬率或最低要求的收益率,表示投资者对某资产合理要求的最低收益率。必要收益率由无风险收益率和风险收益率两部分构成,前者通常用国债的利率近似地代替。后者指某资产持有者因承担该资产的风险而要求的超过无风险收益率的额外收益,它的大小取决于以下两个因素:一是风险的大小;二是投资者对风险的偏好。综上所述:

必要收益率＝无风险收益率＋风险收益率
＝纯粹利率(资金的时间价值)＋通货膨胀补偿率＋风险收益率

二、风险的概念与分类

(一)风险的含义

风险是指收益的不确定性。虽然风险的存在可能意味着收益的增加,但人们考虑更多的则是损失发生的可能性。从财务管理的角度看,风险是企业在各项财务活动过程中,由于各种难以预料或无法控制的因素作用,使企业的实际收益与预计收益发生背离,从而蒙受经济损失的可能性。

风险是指决策者面临的这样一种状态,即能够事先知道事件最终呈现的可能状态,并且可以根据经验知识或历史数据比较准确地预知每种可能状态出现的可能性的大小,即知道整个事件发生的概率分布。然而在不确定性状态下,决策者是不能预知事件发生最终结果的可能状态以及相应的可能性大小即概率分布的。

风险与损失是有密切联系的,损失是事件发生最终结果不利状态的代表,无论我们对风险怎样进行定义,都离不开损失这一因素,否则,如果未来结果不会造成任何损失或不会出现不利状态,无论事件的不确定性有多大,该事件都不会构成风险事件。但风险只是损失的可能,或者说是潜在的损失,并不等于损失本身。可以说,损失是一个事后概念,而风险是一个事前概念。在事件发生以前,风险就已经产生或存在,而损失并没有发生,只是潜在的可能性。一旦损失实际发生,风险就不复存在了,因为不确定性已经转化为确定性。

(二)风险的分类

(1)从公司本身来看,风险分为经营风险和财务风险。经营风险是指生产经营的不确定性带来的风险。比如由于产品生产方向不对,产品更新时期掌握不好,产品质量不合格,新产品、新技术开发试验不成功,生产组织不合理等因素带来的生产方面的风险;由于出现新的竞争对手,消费者偏好发生变化,销售决策失误,产品广告推销不力以及货款回收不及时等因素带来的销售方面的风险。财务风险又叫筹资风险,是指因举债而给企业带来的风险。企业只要举债就存在财务风险,因为借入资金须还本付息,一旦无力清偿到期债务,企业便会陷入财务困境甚至破产。由于息税前资金利润率和借入资金利息率差额具有不确定性,而引起自有资金利润率的高低变化,这种风险即为筹资风险(财务风险),这种风险的大小受借入资金对自有资金比例的影响,借入资金比例大,风险程度就会随之增大;借入资金比例小,风险程度也随之减少。

(2)风险从个别投资主体的角度可分为市场风险和公司特有风险。市场风险指那些对所有公司产生影响的因素引起的风险,如战争、通货膨胀、经济衰退、利率变动等。这类风险涉及所有的投资对象,不能通过多角化投资来分散投资风险,因此又称不可分散风险或系统风险。例如,在经济衰退时,无论投资哪种股票,都要承担价格下跌的风险。公司特有风险是指发生于个别公司的特有事件造成的风险。如工人罢工、新产品开发失败、某投资项目决策失误、市场销售下降、诉讼失败等。这类风险仅影响与之相关的公司,而不会影响所有的公司,即发生于一家公司的不利事件可以被其他公司的有利事件所抵消,即可以通过多角化投资来分散风险。所以公司特有风险又叫可分散风险或非系统风险。

此外,还可从影响企业财务风险的主要因素出发,将风险划分为经济波动风险、价格风险、质量风险、汇率风险、政策风险等。理智的投资者都会选择充分的有效投资组合进行投资,此时,非系统风险可以被忽略,但投资者仍旧会承担系统风险,并期望获得相应的风险补偿。

(三)投资者的风险偏好

投资者的风险偏好不同,意味着风险承受能力不同,风险价值也将不同。一般来说,投资者对待风险的态度有以下三种:

(1)风险厌恶。投资者不喜欢风险,通常会选择风险最低的项目。

(2)风险中性。投资者对风险持有无所谓的态度,他们不关心风险大小,只关心预期收益率的高低,根据收益率来选择是否投资。

(3)风险偏好。投资者喜欢冒险,他们有着较高的风险承受能力,一般追求较高风险的投资项目,以期获得更高的可能的收益。

在证券市场中,投资者分为普通投资者和专业投资者。普通投资者风险承受能力等级由低到高划分为:C1——保守型(含风险承受能力最低类别的投资者)、C2——相对保守型、C3——稳健型、C4——相对积极型和C5——积极型。

三、风险的衡量

衡量风险的大小需要使用概率和统计方法,具体步骤如下。

第一步:确定概率分布。在经济活动中,某一事件在相同的条件下可能发生也可能不发生,这类事件称为随机事件。概率是用来表示随机事件发生可能性大小的数值。通常,把必然发生的事件的概率定为1,把不可能发生的事件的概率定为0,而一般随机事件的概率是介于0与1之间的一个数。概率越大就表示该事件发生的可能性越大。随机事件所有可能结果出现的概率之和等于1。

第二步:计算期望值。期望值是一个概率分布中的所有可能结果,以各自相应的概率为权数计算的加权平均值。期望值通常用符号E表示。计算公式如下:

$$E = \sum_{i=1}^{n} X_i P_i$$

式中:E——期望值;

X_i——第i种可能结果的估计收益值;

P_i——第i种可能结果的概率;

n——可能结果的个数。

第三步：计算平方差和标准差。平方差即方差（σ^2）和标准差（σ）都是反映不同风险条件下的随机变量和期望值之间离散程度的指标。平方差和标准差越大，随机变量与期望值之间的离散程度越大，说明随机变量的波动幅度越大，风险也就越大；平方差和标准差越小，说明分散程度越小，其风险也越小。实务中，常常以标准差从绝对量的角度来衡量风险的大小。平方差和标准差的计算公式如下：

$$\sigma^2 = \sum_{i=1}^{n}(X_i - E)^2 P_i$$

$$\sigma = \sqrt{\sum_{i=1}^{n}(X_i - E)^2 P_i}$$

第四步：计算标准离差率。标准差只能从绝对量的角度衡量风险的大小，不能用于比较不同方案的风险程度，在这种情况下，可以通过标准离差率进行衡量。标准离差率越高，表明风险程度越大；反之则反。标准离差率（V）是指标准差与期望值的比率。计算公式如下：

$$V = \frac{\sigma}{E} \times 100\%$$

例 2-10 某公司计划投资股票，有股票1、股票2两只股票可供选择，投资收益率及其概率资料如表2-22所示。

表 2-22 两只股票投资收益率及其概率分布

股票1		股票2	
收益率	出现概率 P_i	收益率	出现概率 P_i
-3%	0.1	2%	0.1
3%	0.3	4%	0.3
7%	0.4	10%	0.4
10%	0.2	20%	0.2

①计算股票1、股票2预期收益率的期望值。

$E_1 = 0.1 \times (-3\%) + 0.3 \times 3\% + 0.4 \times 7\% + 0.2 \times 10\% = 5.4\%$

$E_2 = 0.1 \times 2\% + 0.3 \times 4\% + 0.4 \times 10\% + 0.2 \times 20\% = 9.4\%$

②计算股票1、股票2的标准差。

$\sigma_1^2 = (-3\% - 5.4\%)^2 \times 0.1 + (3\% - 5.4\%)^2 \times 0.3 + (7\% - 5.4\%)^2 \times 0.4$
$\quad + (10\% - 5.4\%)^2 \times 0.2 = 0.001\,404$

$\sigma_1 = \sqrt{0.001\,404} = 3.7\%$

$\sigma_2^2 = (2\% - 9.4\%)^2 \times 0.1 + (4\% - 9.4\%)^2 \times 0.3 + (10\% - 9.4\%)^2 \times 0.4$
$\quad + (20\% - 9.4\%)^2 \times 0.2 = 0.003\,684$

$\sigma_2 = \sqrt{0.003\,684} = 6.1\%$

由于股票1、股票2的期望收益率分别为5.4%和9.4%，它们的标准差分别为3.7%和6.1%，不能直接比较出风险程度的大小，故继续计算标准离差率。

③计算股票1、股票2的标准离差率。

$$V_1 = \frac{\sigma_1}{E_1} = \frac{3.7\%}{5.4\%} = 68.5\%$$

$$V_2 = \frac{\sigma_2}{E_2} = \frac{6.1\%}{9.4\%} = 64.9\%$$

由于股票 1 的标准离差率大于股票 2，所以投资股票 1 的风险大于股票 2。

通过上述方法将决策方案的风险加以量化后，决策者便可据此做出决策。对于多方案择优，决策者的行动准则应是选择低风险、高收益的方案，即选择标准差最低、期望收益率最高的方案。然而高收益往往伴有高风险，低收益方案其风险程度往往也较低，究竟选择何种方案，不仅要权衡期望收益与风险，还要考虑决策者对风险的态度，综合做出决定。对风险比较反感的人可能会选择期望收益较低同时风险也较低的方案，喜欢冒险的人则可能选择风险虽高但同时收益也高的方案。一般的投资者和企业管理者都对风险比较反感，在期望收益相同的情况下，选择风险小的方案。

四、证券资产组合的风险报酬

在证券资产投资组合中，风险报酬是指投资者由于冒风险进行投资而获得的超过资金时间价值的额外收益，又称作投资风险收益或投资风险价值，可以用风险报酬额或风险报酬率来反映。风险报酬额是一个绝对数，表示投资所获得的超过资金时间价值的额外收益；风险报酬率是一个相对数，可以用风险报酬额与投资额相比求得，表示投资获得超额收益的能力。

通常来说，风险越大，投资者要求的报酬率就越高，假设投资者期望的最低收益率为 R，其计算公式如下：

$$期望收益率 = 无风险收益率 + 风险收益率$$

即：

$$R = R_F + \beta \cdot V$$

式中：R——期望收益率；

R_F——无风险收益率；

β——风险报酬系数；

V——标准离差率。

不同资产的系统风险不同，β 系数指的是风险报酬系数，它是度量一项资产的系统风险的重要指标。β 系数告诉我们相对于市场组合而言特定资产的系统风险是多少。市场组合是指由市场上所有资产组成的组合，其收益率是市场的平均收益率，实务中通常用股票价格指数收益率的平均值来代替。由于包含了所有的资产，市场组合中的非系统风险已经被消除，所以市场组合的风险就是市场风险或系统风险，市场组合相对于它自己的 β 系数是 1。

如果一项资产的 β 系数为 0.5，表明其收益率的变化与市场收益率变化同向，波动幅度是市场组合的一半；如果一项资产的 β 系数为 2，表明这种资产收益率波动幅度为一般市场波动幅度的 2 倍。极个别的资产的 β 系数为负数，当市场平均收益率增加时，这类资产的收益率却在减少。比如西方个别收账公司和个别再保险公司的 β 系数是接近于零的负数。总之，某一资产 β 值的大小反映了该资产收益率波动与整个市场报酬率波动之间的相关性及程度。

在实务中，并不需要企业财务人员或投资者自己去计算证券的 β 系数，它是一个经验数据，可以根据对历史资料的分析、统计回归、专家评议获得，一些证券咨询机构会定期公布大量交易过的证券的 β 系数。

各公司的 β 系数（2020 年）如表 2-23 所示。

表 2-23 各公司的 β 系数（2020 年）

公司名称	β 系数
苹果 Apple Inc.	1.27
波音 The Boeing Company	1.63
可口可乐 The Coca-Cola Company	0.62
微软 Microsoft Corporation	0.82
特斯拉 Tesla Inc.	2.09

资料来源：根据雅虎财经网上资料整理。

由表 2-23 可以看出，不同公司之间的 β 系数有所不同。即便是同一家公司，在不同计算期，其 β 系数也会有所差异。我国也有一些证券咨询机构定期计算和编制各上市公司的 β 系数，可以通过中国证券市场数据库等查询。

学习任务 3 成本性态分析和本量利分析

学习情境描述

你是公司的成本会计，日常的重要工作就是定期对公司的各项成本进行分析，提供分析数据供董事会进行各种经营性决策。

学习目标

(1)掌握固定成本和变动成本的定义、特征和习性。
(2)能够准确区分固定成本和变动成本。
(3)掌握本量利分析的基本原理、思路和相关指标的计算。
(4)能用本量利分析模型对企业进行盈亏平衡分析。
(5)能用本量利分析模型确定企业目标利润。
(6)能用本量利分析模型进行边际贡献分析、安全边际分析。

任务书

你接到公司的安排，需要计算公司目前的保本点、利润、边际贡献、安全边际等指标，报告董事会以便掌握公司的经营状况，为下一步是否扩大生产和生产设备自购还是租赁提供决策依据。

任务分组

学生任务分配表如表2-24所示。

表2-24 学生任务分配表

班级			组名		指导老师	
	姓名		学号	姓名		学号
组长						
组员						

任务分工：

小提示：

①组队规则：3~4名同学自由组队，选取一名同学当组长，组长组织进行工作分配、课外讨论，最后做案例呈现，可以得到额外加分。

②团队合作是考核评价的重要内容。

获取信息

（1）大华企业是一家制造公司，只生产工业酒精这一种产品。2020年设计全年生产能力25万吨。企业固定成本3 000万元，单位变动成本800元/吨，产品销售单价1 200元/吨。总变动成本与产量呈线性关系。

（2）若2021年企业计划生产30万吨，则会突破企业生产能力，需要增加固定成本300万元；材料费和人工费每吨可分别下降30元、20元。

（3）2021年企业经营管理层计划生产20万吨。

（4）公司董事会给经营管理人员下达2021年目标利润6 000万元。

（5）大华企业因市场需求量增加，拟投资一条新的工业酒精生产线，预计增加固定成本1 500万元，生产线使用寿命10年，设计生产能力18万吨，单位变动成本为750元/吨。企业也可采用租赁生产线的方案，年租金与产量挂钩，每吨为200 000元。租赁和购置的生产设备运行费相同。新生产线预计生产12万吨。（不考虑货币时间价值）

工作计划

引导问题1 基于学习情境中给定的企业信息，结合成本习性的相关知识，2021年企业若计划生产 28 万吨,分析企业成本变化情况,填入表 2-25。

表 2-25 2021 年固定成本和变动成本分析

成本类型	分析	若计划生产 28 万吨成本情况
固定成本		
变动成本		

引导问题 2 基于学习情境中给定的企业信息,结合本量利分析的相关知识,2021 年企业若计划生产 20 万吨,分析企业单位边际贡献、边际贡献总额和利润情况,填入表 2-26。

表 2-26 2021 年单位边际贡献、边际贡献总额和利润计算

指标	计算过程及结果
单位边际贡献	
边际贡献总额	
利润	

引导问题 3 基于学习情境中给定的企业信息,结合盈亏平衡分析的相关知识,分析企业盈亏平衡情况,填入表 2-27。

表 2-27 2021 年盈亏平衡点计算

指标	计算过程及结果
盈亏平衡点的业务量	
盈亏平衡点的销售额	

引导问题 4 基于学习情境中给定的企业信息,结合目标利润分析的相关知识,分析 2021 年企业为达到计划目标利润的销售情况,填入表 2-28。

表 2-28 2021 年目标利润销售量和销售额计算

指标	计算过程及结果
实现目标利润的销售量	
实现目标利润的销售额	

进行决策

引导问题 5 基于学习情境中给定的企业信息,结合本量利分析的相关知识,分析 2021 年企业扩大生产,是采用购置还是租赁生产线,计算与分析结果填入表 2-29。

第一步:假设企业扩大生产后每年新增生产量 X 吨。
第二步:自购生产线的年总成本=年固定总成本+单位变动成本×每年新增生产量 X。
第三步:租赁生产线的年总成本=年固定总成本+单位变动成本×每年新增生产量 X。
第四步:令自购生产线的年总成本=租赁生产线的年总成本,求出每年新增生产量 X。
第五步:画盈亏平衡图,对年计划增加产量后的设备是自购还是租赁做出决策。

表 2-29　生产线自购还是租赁的决策分析

指标	一年的成本	决策
自购生产线		
租赁生产线		
盈亏平衡分析		

工作实施

(1) 各组分别阅读、研究给出的每一项案例。
(2) 各组自行制订学习计划,分配学习任务,计算、填制表 2-25 至表 2-29。
(3) 各组派代表阐述每一项任务决策,要求展示完整的计算、逻辑分析。
(4) 各组对其他小组的财务分析报告进行点评、提问,完成小组互评。
(5) 每个同学完成自评。
(6) 每个小组完成对本组成员的组内点评。
(7) 教师结合大家的完成情况和现场表现进行点评,填写教师综合评价表。
(8) 最后,教师运用加权平均方法,完成本学习情境最终的考评。

评价反馈

各组代表展示作品,介绍任务的完成过程。作品展示前应准备阐述材料,最好以 PPT 的形式对每一项任务进行呈现。每个学习情境的成绩评定将按学生自评、组内点评、小组互评、教师评价四个阶段进行,并按自评占 10%、组内点评占 20%、小组互评占 20%、教师评价占 50% 计算每个学生的综合评价结果。

(1) 学生进行自我评价,并将结果填入表 2-30 所示的学生自评表中。

表 2-30　学生自评表

班级		组名		姓名	
学习情境		成本性态分析和本量利分析			
评价项目		评价标准		分值	得分
成本性态分析		掌握总成本、固定成本、变动成本的概念和习性		10	
本量利分析		掌握本量利分析的原理,能熟练计算相关指标		15	
盈亏平衡分析		掌握盈亏平衡分析的原理,能熟练计算相关指标		15	
目标利润分析		掌握目标利润分析的原理,能熟练计算相关指标		10	
设备购入还是租赁的决策		能运用本量利分析计算技术进行设备购入还是租赁的决策分析		10	
工作态度		态度端正,无无故缺勤、迟到、早退		10	
工作质量		能按计划完成工作任务		10	
团队合作能力		与小组成员、同学之间能合作交流,共同完成工作任务		10	
创新意识		决策分析思路有创新之处		10	
合计				100	

(2)学生以小组为单位,对组内各位成员的表现进行客观公正的评价。以 4 人小组为例,组长比重占 40%,其他两个组员各占 30%,总评分加权平均得出,并将点评结果填入表 2-31 所示的组内点评表。

表 2-31 组内点评表

班级		组名		姓名		
学习情境		成本性态分析和本量利分析				
评价项目	分值	组长点评(40%)	组员点评(30%)	组员点评(30%)	评分	
工作态度	20					
工作质量	10					
工作效率	10					
工作完整	15					
工作贡献	15					
团队合作	20					
是否有创新之处	10					
合计	100					

(3)学生以小组为单位,对本量利、盈亏平衡、目标利润分析指标计算和运用的过程和结果进行互评,将互评的结果填入表 2-32 所示的小组互评表。每个组须经其他两个组点评,最终被评小组互评成绩采用两个小组的平均数。

表 2-32 小组互评表

班级		被评小组			
学习情境		成本性态分析和本量利分析			
评价项目	分值	得分			
		第 1 小组	第 2 小组	平均得分	
计划合理	15				
组织有序	10				
团队合作	15				
工作质量	15				
工作效率	10				
工作完整	10				
工作规范	10				
成果展示	15				
合计	100				

(4)教师对学生工作过程与工作结果进行评价,并将评价结果填入表 2-33 所示的教师综合评价表。组内点评在 90 分以上的组长,在综合得分基础上乘 1.1 的系数;组内点评在 80~90

分的组长,在综合得分基础上乘 1.05 的系数;组内点评在 70～80 分的组长,在综合得分基础上乘 1.02 的系数。每个组的组长采用轮值制,保证每位学生都有当组长的机会。

表 2-33 教师综合评价表

班级		组名		姓名	
	学习情境		成本性态分析和本量利分析		
	评价项目		评价标准	分值	得分
	考勤(10%)		无无故迟到、早退、旷课现象	10	
工作过程(60%)	成本性态分析		能独立、准确地判断和计算固定成本、变动成本	5	
	本量利分析		能独立进行本量利分析,计算相关指标	5	
	盈亏平衡分析		能独立进行盈亏平衡分析,计算相关指标	10	
	目标利润分析		能独立进行目标利润分析,计算相关指标	10	
	设备购入还是租赁的决策		能独立进行设备购入还是租赁的决策分析	15	
	工作态度		态度端正、工作认真、主动	5	
	团队合作精神		与小组成员、同学之间能合作交流,共同完成工作任务	5	
	创新意识		在工作中有创新之处	5	
项目成果(30%)	工作完整		能按时完成工作任务	5	
	工作规范		能按照规范要求计算	5	
	成果展示		能准确表达、汇报各项案例的计算与决策结果	20	
	合计			100	
综合评价	学生自评(10%)	组内点评(20%)	小组互评(20%)	教师评价(50%)	综合得分

拓展思考题

(1)思考本量利分析法在经营决策中的运用案例。
(2)思考盈亏平衡分析法在日常工作中的运用情况。

学习情境相关知识点

一、成本性态分析

成本性态分析又称成本习性分析,是指分析成本与业务量之间的依存关系,找出二者之间的规律,以便更好地辅助企业进行经营决策、投资决策、预算编制、业绩考评以及成本控制等工作。按照成本性态不同,通常可以把成本区分为固定成本、变动成本和混合成本三类。

(一)固定成本

固定成本指在一定期间、一定业务量范围内总额能保持相对稳定的成本。例如,固定折旧费用、房屋租金、行政管理人员工资、财产保险费、广告费、职工培训费、科研开发费等。固定成本的基本特征是:固定成本总额不因业务量的变动而变动,但单位固定成本(单位业务量负担的固定成本)会与业务量的增减呈反向变动。固定成本习性模型如图2-6所示。

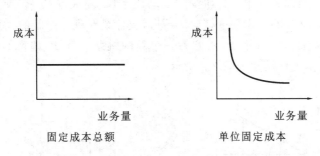

图2-6 固定成本习性模型

一定期间的固定成本的稳定性是有条件的。例如,制衣厂的场地房租一般不受业务量变动的影响,属于固定成本。但是,当业务量增加到一定程度,需要再扩大场地进行生产,房租成本也会发生变动。能够使固定成本保持稳定的特定业务量范围,称为相关范围。

(二)变动成本

变动成本指在一定的业务量范围内,其总额会随业务量的变动而成正比例变动的成本。如直接材料、直接人工、按销售量支付的销售佣金、装运费、包装费,以及按业务量计提的固定设备折旧费等,其总额会随着业务量的增减成正比例地增减。其基本特征是:变动成本总额随着业务量的变动成正比例变动,但单位变动成本(单位业务量负担的变动成本)不变。变动成本习性模型如图2-7所示。

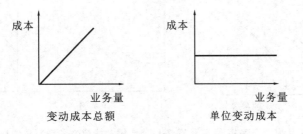

图2-7 变动成本习性模型

单位变动成本的稳定性是有条件的,即业务量变动的范围是有限的。如原材料消耗通常会与业务量成正比,属于变动成本,如果业务量很低,不能发挥材料的效力,或者业务量过高,使废品率上升,单位产品的材料成本也会上升。

如果把成本分为固定成本和变动成本两大类,在相关范围内,业务量增加时总固定成本不变,只有变动成本随业务量增加而增加,那么,总成本的增加额是由变动成本增加引起的。

(三)混合成本

在现实经济生活中,大多数成本与业务量之间的关系处于固定成本和变动成本之间,兼有固定成本和变动成本两种性质,这就是混合成本。混合成本可进一步细分为半变动成本、半固定成本、延期变动成本和曲线变动成本。

(1)半变动成本。半变动成本是指在有一定初始量的基础上,随着业务量的变化而成正比例变动的成本。例如热处理的电炉设备,每班需要预热,因预热而耗电的费用,属于固定成本性质;而预热后进行热处理的耗电费用,随着业务量的增加而逐步增加,又属变动成本性质。半变动成本的成本习性模型如图2-8所示。

(2)半固定成本。半固定成本也称阶梯式变动成本,这类成本在一定业务范围内的发生额是固定的,但当业务量增长到一定限度,其发生额就突然跳跃到一个新的水平,然后在业务量增长的一定限度内,发生额又保持不变,直到另一个新的跳跃。例如,超市的收银员工资成本项目。半固定成本的成本习性模型如图2-9所示。

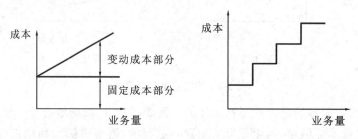

图2-8 半变动成本习性模型　　图2-9 半固定成本习性模型

(3)延期变动成本。延期变动成本在一定的业务量范围内有一个固定不变的基数,当业务量增长超出了这个范围,成本就与业务量的增长成正比例变动。最常见的此类成本就是手机上网费。延期变动成本习性模型如图2-10所示。

(4)曲线变动成本。曲线变动成本通常有一个不变的初始值,相当于固定成本,在这个初始值的基础上,随着业务量的增加,成本也逐步变化,但它与业务量的关系是非线性的。递增曲线成本和递减曲线成本的成本习性模型如图2-11所示。

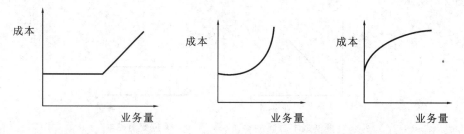

图2-10 延期变动成本习性模型　　图2-11 递增曲线成本和递减曲线成本习性模型

(四)混合成本的分解

混合成本的类型很多,情况也比较复杂,本教材选择简单的方程式来描述混合成本。用 y 表示混合成本总额,x 为业务量,a 为混合成本中的固定部分,b 为单位变动成本,那么我们可以建立起业务量和混合成本总额之间的联系 $y=a+bx$。只要确定了 a 和 b,便可以方便地计算出在相关范围内任何业务量 x 下的总成本 y。混合成本的分解主要有高低点法、回归分析法、账户分析法、技术测定法和合同确认法等。

(五)总成本模型

将混合成本按照一定的方法区分为固定成本和变动成本之后,根据成本性态,企业的总成本公式就可以表示为：

$$总成本 = 固定成本总额 + 变动成本总额$$
$$= 固定成本总额 + 单位变动成本 \times 业务量$$

这个公式在变动成本计算、本量利分析、正确制定经营决策和评价各部门工作业绩等方面具有不可或缺的重要作用。

二、本量利分析法

1. 本量利分析的含义

利润是企业某一时期内经营成果的一个重要衡量指标，而企业利润的高低取决于成本和收入的多少。本量利分析，简称 CVP 分析（cost volume profit analysis），是成本、业务量和利润三者依存关系分析的简称，是指在成本习性分析的基础上，运用数学模型和图式，对成本、利润、业务量与单价等因素之间的依存关系进行具体的分析，研究其变动的规律性，以便为企业进行经营决策和目标控制提供有效信息的一种方法。

2. 本量利分析的基本假设

运用本量利分析是建立在一些基本假设上的，具体为：总成本由固定成本和变动成本组成；营业收入与业务量成完全线性关系；产销平衡；产品产销结构稳定。

3. 本量利分析的基本原理

(1) 本量利分析基本关系式。本量利分析所考虑的相关因素主要包括销售量 Q、单价 P、销售收入 S、单位变动成本 V、固定成本 F、营业利润 R 等。这些因素之间的关系可以用下列基本公式来反映：

$$利润 = 销售收入 - 总成本 = 销售收入 - (变动成本 + 固定成本)$$
$$= 销售量 \times 单价 - 销售量 \times 单位变动成本 - 固定成本$$
$$= 销售量 \times (单价 - 单位变动成本) - 固定成本$$

即：

$$R = (P - V) \times Q - F$$

这个方程式是最基本、最重要的方程式，只要给定其中四个变量，就可以求出另一个变量的值。

(2) 边际贡献，指销售收入减去变动成本后的余额，即：

$$边际贡献总额 = 营业收入 - 变动成本总额$$
$$= (单价 - 单位变动成本) \times 销售量 = (P - V) \times Q$$
$$单位边际贡献 = 单价 - 单位变动成本 = P - V$$

例 2-11 公司生产销售甲产品，2020 年销售量 20 000 件，单价 160 元，全年固定成本总额 60 万元，单位变动成本 60 元，则：

$$单位边际贡献 = P - V = (160 - 60)元 = 100 元$$
$$边际贡献总额 = (P - V) \times Q = 100 \times 20\ 000 元 = 200 万元$$
$$利润 = (P - V) \times Q - F = (200 - 60)万元 = 140 万元$$

三、盈亏平衡分析

盈亏平衡分析（也称保本分析），是指分析、测定盈亏平衡点，以及有关因素变动对盈亏平衡点的影响等。盈亏平衡分析的原理是,通过计算企业在利润为零时处于盈亏平衡的业务量,分析项目对市场需求变化的适应能力。盈亏平衡分析通常包括单一产品的盈亏平衡分析和产品组合的盈亏平衡分析,本教材主要介绍单一产品的盈亏平衡分析。

1. 盈亏平衡点

盈亏平衡点又称保本点,指企业达到盈亏平衡的业务量,即企业一定时期的总收入等于总成本,企业利润为零时的业务量。

根据本量利分析基本关系式可得,单一产品的盈亏平衡点有两种表现形式:一种是以实物量来表现,称为盈亏平衡点的业务量(保本销售量);另一种是以货币单位表示,称为盈亏平衡点的销售额(保本销售额)。根据本量利分析基本关系式:

$$利润=销售量×单价-销售量×单位变动成本-固定成本$$

当利润为零时,销售量就是盈亏平衡点的业务量,此时的销售额即为盈亏平衡点的销售额,即:

$$盈亏平衡点的业务量=固定成本/(单价-单位变动成本)$$
$$=固定成本/单位边际贡献$$
$$=F/(P-V)$$

$$盈亏平衡点的销售额=盈亏平衡点的业务量×单价$$
$$=固定成本/(1-变动成本率)$$
$$=固定成本/边际贡献率$$

企业经营管理者总是希望企业的盈亏平衡点越低越好,盈亏平衡点越低,企业的经营风险就越小。从盈亏平衡点的计算公式可以看出,降低盈亏平衡点的途径主要有三个:一是降低固定成本总额;二是降低单位变动成本;三是提高销售单价。

例 2-12 公司生产销售甲产品,2020 年销售量 20 000 件,单价 160 元,全年固定成本总额 60 万元,单位变动成本 60 元,则:

$$盈亏平衡点的业务量=F/(P-V)=600\ 000/100\ 件=6\ 000\ 件$$
$$盈亏平衡点的销售额=6\ 000×160\ 元=96\ 万元$$

2. 本量利关系图

在进行本量利分析时,不仅可以通过数据计算出达到盈亏平衡状态时的销售量与销售额,还可以通过绘制本量利关系图的方法进行分析,且可以一目了然地观察到相关因素变动对利润的影响,从而有助于管理者进行各种短期经营决策。本量利关系图有传统式、边际贡献式和利量式三种形式。传统式本量利关系图如图 2-12 所示。

通过传统式本量利关系图我们可以知道:

第一,固定成本线与横轴之间的区域为固定成本值,它不因产量增减而变动;总成本线与固定成本线之间的区域为变动成本,与产量成正比例变化。

第二,销售收入线与总成本线的交点是盈亏平衡点,该点对应的横坐标为盈亏平衡点的业务量,纵坐标为盈亏平衡点的销售额。

第三,在盈亏平衡点以上的销售收入线与总成本线相夹的区域为盈利区,盈亏平衡点以下的销售收入线与总成本线相夹的区域为亏损区。

四、目标利润分析

企业的经营目的是尽可能地追求利润最大化。目标利润分析是在本量利分析方法的基础上,计算为达到目标利润所需达到的业务量、收入和成本的一种利润规划方法。计算公式为:

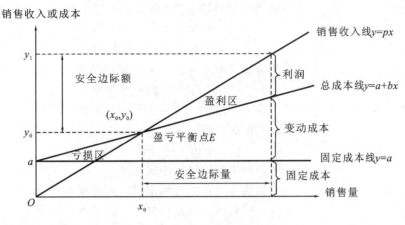

图 2-12 传统式本量利关系图

目标利润＝销售量×(单价－单位变动成本)－固定成本

实现目标利润业务量＝(固定成本＋目标利润)/(单价－单位变动成本)

实现目标利润销售额＝(固定成本＋目标利润)/边际贡献率

或:

实现目标利润销售额＝实现目标利润业务量×单价

上述公式中的目标利润一般是指息税前利润。其实,从税后利润来进行目标利润的规划和分析,更符合企业营运的需要。如果企业预测的目标利润是税后利润,则上述公式应做如下调整:

税后利润＝(息税前利润－利息)×(1－所得税税率)

$$实现目标利润的销售量 = \frac{固定成本 + \dfrac{税后目标利润}{1-所得税税率} + 利息}{单位边际贡献}$$

$$实现目标利润的销售额 = \frac{固定成本 + \dfrac{税后目标利润}{1-所得税税率} + 利息}{边际贡献率}$$

如果企业在经营中根据实际情况规划了目标利润,为了保证目标利润的实现,需要对其他因素做出相应调整。通常情况下,在其他因素不变时,要实现目标利润,销售数量或销售单价应当提高,而固定成本和单位变动成本应当尽可能下降。

例 2-13 公司生产和销售单一产品甲,2020 年销售量 20 000 件,产品的单价为 160 元,单位变动成本 60 元,固定成本为 600 000 元。如果将目标利润定为 160 000 元,则有:

实现目标利润的销售量＝(600 000＋160 000)/(160－60)件＝7 600 件

实现目标利润的销售额＝7 600×160 元＝1 216 000 元

五、边际分析

1. 边际贡献

边际贡献又称为边际利润、贡献毛益等。边际贡献分析主要包括边际贡献和边际贡献率两个指标。边际贡献总额是产品的销售收入扣除变动成本总额后给企业带来的贡献,计算公式如下:

边际贡献总额＝销售收入－变动成本总额
　　　　　＝销售量×单位边际贡献
　　　　　＝销售收入×边际贡献率
单位边际贡献＝单价－单位变动成本
　　　　　＝单价×边际贡献率

边际贡献率，是指边际贡献在销售收入中所占的百分比，计算公式如下：
边际贡献率＝边际贡献总额/销售收入
　　　　　＝单位边际贡献/单价
利润＝边际贡献总额－固定成本
　　＝销售量×单位边际贡献－固定成本
　　＝销售收入×边际贡献率－固定成本

边际贡献与营业利润有着密切的关系；边际贡献首先用于补偿企业的固定成本，只有当边际贡献总额大于固定成本时才能为企业提供利润，否则企业将亏损。

例 2-14 公司生产和销售单一产品甲，2020 年销售量 20 000 件，产品的单价为 160 元，单位变动成本 60 元，固定成本为 600 000 元，则有：

单位边际贡献＝单价－单位变动成本＝(160－60)元＝100 元
边际贡献总额＝产销量×单位边际贡献＝20 000×100 元＝2 000 000 元
边际贡献率＝100/160×100%＝62.5%
利润＝销售收入×边际贡献率－固定成本
　　＝(20 000×160×62.5%－600 000)元＝1 400 000 元

2. 安全边际分析

安全边际分析指通过分析正常销售额超过盈亏平衡点销售额的差额，衡量企业在盈亏平衡的前提下，能够承受因销售额下降带来的不利影响的程度和企业抵御营运风险的能力，通常利用安全边际和安全边际率两个指标来表示，具体公式如下：

安全边际＝实际销售量或预期销售量－盈亏平衡点的业务量
安全边际率＝安全边际/实际销售量或预期销售量

安全边际主要用于衡量企业承受营运风险的能力，也可以用于盈利预测。预期销售量或实际销售量与盈亏平衡点的业务量差距越大，安全边际或安全边际率的数值越大，则企业发生亏损的可能性越小，抵御营运风险的能力越强，盈利能力越大；反之则相反。

通常采用安全边际率这一指标来评价企业经营是否安全。表 2-34 所示为安全边际率与评价企业经营安全程度的一般性标准，该标准可以作为企业评价经营安全与否的参考。

表 2-34　西方国家企业经营安全程度评价标准

安全边际率	40%以上	30%～40%	20%～30%	10%～20%	10%以下
经营安全程度	很安全	安全	较安全	值得注意	危险

例 2-15 公司生产和销售单一产品甲，2020 年销售量 20 000 件，产品的单价为 160 元，单位变动成本 60 元，固定成本为 600 000 元，则有：

安全边际＝(20 000－6 000)件＝14 000 件
安全边际率＝14 000/20 000×100%＝70%

学习情境3
企业筹资管理

CAIWU GUANLI SHIWU

学习任务 1　企业筹资概述

学习情境描述

大华电器公司是以生产风热牌热水器为主的民营企业。近年来,由于公司市场竞争激烈,公司不能及时收回货款,导致资金紧张、产量下降,危及公司发展。财务人员根据目前情况及新的发展计划提出了三种筹资方式解决企业资金问题:一是银行贷款,二是发行债券,三是利用民间资本。

面对可能的三种筹资渠道,假设你是公司财务负责人,你会如何选择?

学习目标

(1)通过学习情境,了解筹资的含义、内容、目的和类型,掌握筹资渠道、方式以及筹资的要求。

(2)能够熟练掌握筹资的类型,以及不同类型资金的特点。

(3)能够熟练掌握筹资的渠道与方式,以及两者之间的关系。

(4)能够对影响筹资活动的各种因素进行分析。

任务书

你接到上任以来有关企业资金筹措的任务:企业要扩大生产,扩建一条生产线,预计一期建设资金 200 万元,你需要调查企业留存资金、企业资金结构等方面的情况,对影响筹资活动的各种因素进行分析,做出筹资渠道和方式的选择。

任务分组

学生任务分配表如表 3-1 所示。

表 3-1　学生任务分配表

班级		组名		指导老师	
	姓名		学号	姓名	学号
组长					
组员					

续表

班级		组名		指导老师	

任务分工：

小提示：

①组队规则：3～5名同学自由组队，选取一名同学做组长，组长负责分配工作，安排工作进度，组织课外讨论，最后做案例呈现，可以得到额外加分。组员需听从组长的安排，大家齐心协力，以小组名义奋斗。

②团队合作是考核评价的重要内容。

(1)大华企业2020年12月31日负债和所有者权益情况如表3-2所示。

表3-2　负债和所有者权益情况表

负债和所有者权益	金额/万元
预收账款	50
应付账款	50
短期借款	200
长期借款	500
实收资本	100
留用利润	200

(2)大华企业2021年新建生产线一期资金总需求200万元，2021年2月1日需要100万元用于支付购买设备预付款，2021年4月需要100万元流动资金。

引导问题1　通过网络调查目前银行的短期、长期贷款利率情况，填写在表3-3中。

表3-3　银行短期和长期贷款利率

银行名称	1年期贷款利率	3年期贷款利率	5年期贷款利率
…			

引导问题 2　基于学习情境中给定的信息,结合筹资渠道内容,分析大华企业 2020 年 12 月 31 日负债与所有者权益的资金来源渠道,分析结论填入表 3-4。

表 3-4　筹资渠道和方式分析表

负债与所有者权益项目	金额	筹资渠道
…		

进行决策

引导问题 3　基于学习情境中给定的信息,分析企业可采用的筹资渠道和时间安排。分析结论填入表 3-5。

表 3-5　筹资渠道和时间安排

筹资渠道	筹资时间	筹资金额

工作实施

(1)各组分别阅读、研究给出的信息。
(2)各组自行制订学习计划,分配学习任务,调查、分析、计算、填制表 3-3 至表 3-5。
(3)各组派代表阐述每一项任务决策,要求展示完整的分析过程。
(4)各组对其他小组的分析报告进行点评、提问,完成小组互评。
(5)每个同学完成自评。
(6)每个小组完成对本组成员的组内点评。
(7)教师结合大家的完成情况和现场表现进行点评,填写教师综合评价表。
(8)最后,教师运用加权平均方法,完成本学习情境最终的考评。

评价反馈

各组代表介绍任务的完成过程。每个学习情境的成绩评定将按学生自评、组内点评、小组互评、教师评价四个阶段进行,并按自评占 10%、组内点评占 20%、小组互评占 20%、教师评价占 50% 计算每个学生的综合评价结果。

(1)学生进行自我评价,并将结果填入表 3-6 所示的学生自评表中。

表 3-6 学生自评表

班级		组名		姓名	
学习情境		企业筹资概述			
评价项目		评价标准		分值	得分
筹资含义		能熟练掌握筹资的含义		10	
筹资类型		能客观、公正地对不同筹资类型进行分析		15	
筹资渠道和方式		能根据企业情况选择筹资渠道和方式		20	
筹资的要求		能对影响企业筹资的因素进行分析		15	
工作态度		态度端正，无无故缺勤、迟到、早退		10	
工作质量		能按计划完成工作任务		10	
团队合作能力		与小组成员、同学之间能合作交流，共同完成工作任务		10	
创新意识		学习和合作中有创新之处		10	
		合计		100	

(2)学生以小组为单位，对组内各位成员的表现进行客观公正的评价。以4人小组为例，组长比重占40%，其他两个组员各占30%，总评分加权平均得出，并将点评结果填入表3-7所示的组内点评表。

表 3-7 组内点评表

班级		组名		姓名		
学习情境		企业筹资概述				
评价项目	分值	组长点评（40%）	组员点评（30%）	组员点评（30%）	评分	
工作态度	20					
工作质量	10					
工作效率	10					
工作完整	15					
工作贡献	15					
团队合作	20					
是否有创新之处	10					
合计	100					

(3)学生以小组为单位，对财务分析的过程和结果进行互评，将互评的结果填入表3-8所示的小组互评表。每个组须经其他两个组点评，最终被评小组互评成绩采用两个小组的平均数。

表 3-8　小组互评表

班级		被评小组		
学习情境		企业筹资概述		
评价项目	分值	得分		
		第1小组	第2小组	平均得分
计划合理	15			
组织有序	10			
团队合作	15			
工作质量	15			
工作效率	10			
工作完整	10			
工作规范	10			
成果展示	15			
合计	100			

（4）教师对学生工作过程与工作结果进行评价，并将评价结果填入表3-9所示的教师综合评价表。组内点评在90分以上的组长，在综合得分基础上乘1.1的系数；组内点评在80～90分的组长，在综合得分基础上乘1.05的系数；组内点评在70～80分的组长，在综合得分基础上乘1.02的系数。每个组的组长采用轮值制，保证每位学生都有当组长的机会。

表 3-9　教师综合评价表

班级		组名		姓名	
学习情境		企业筹资概述			
	评价项目	评价标准		分值	得分
	考勤（10%）	无无故迟到、早退、旷课现象		10	
工作过程（60%）	筹资含义	能熟练掌握筹资的含义		10	
	筹资类型	能对不同筹资类型进行分析		10	
	筹资渠道和方式	能根据企业情况选择筹资渠道和方式		15	
	筹资的要求	能对影响企业筹资的因素进行分析		10	
	工作态度	态度端正、工作认真、主动		5	
	团队合作精神	与小组成员、同学之间能合作交流，共同完成工作任务		5	
	创新意识	在工作中有创新之处		5	
项目成果（30%）	工作完整	能按时完成工作任务		15	
	工作规范	能按照规范要求完成工作任务		15	
合计				100	
综合评价	学生自评（10%）	组内点评（20%）	小组互评（20%）	教师评价（50%）	综合得分

拓展思考题

(1)请简单分析中小企业融资难的原因。
(2)请简单分析民间资本如何才能流入实体经济。

学习情境相关知识点

一、筹资概述

筹资指企业为满足其经营活动、投资活动、资本结构管理和其他需要,运用一定的筹资方式,通过一定的筹资渠道,筹措和获取所需资金的一种财务行为。筹资的目的是为企业经营的维持和发展提供资金保障,但每次具体的筹资行为,又有特定的动机,具体有以下几个方面。

(1)建立企业的需要。按照《中华人民共和国公司法》(以下简称《公司法》)规定,建立企业必须有法定的资本金。

(2)企业发展的需要。企业扩大生产经营规模,对资金的需求会不断增多。

(3)偿还债务的需要。企业通过适度负债经营企业,需要定期和不定期偿还到期债务。

(4)调整资本结构的需要。企业为降低资本成本,控制财务风险,需不断调整资本结构。

二、筹资的类型

企业采用不同方式所筹集的资金,按照不同的分类标准可分为不同的筹资类别。

1.股权筹资、债务筹资及衍生工具筹资

按企业所取得资金的权益特性不同,分为股权筹资、债务筹资及衍生工具筹资。

股权资本是股东投入的、企业依法长期拥有、能够自主调配运用的资本。股权资本通过吸收直接投资、发行股票、内部积累等方式取得,一般不用偿还本金,形成企业的永久性资本,财务风险小,但资本成本相对较高。债务资本是企业按合同向债权人取得的,在规定期限内需要清偿的债务。债务筹资通过向金融机构借款、发行债券、融资租赁等方式取得。因债权人对企业的经营不承担责任,债务资金有较大的财务风险,但资本成本相对较低。衍生工具筹资,包括兼具股权与债务筹资性质的混合融资和其他衍生工具融资。我国上市公司目前最常见的混合融资方式是可转换债券融资,最常见的其他衍生工具融资方式是认股权证融资。

2.直接筹资与间接筹资

按是否借助于金融机构为媒介来获取社会资金,分为直接筹资和间接筹资。

直接筹资是企业直接与资金供应者协商融通资金的筹资活动。直接筹资不需要通过金融机构来筹措资金,是企业直接从社会取得资金的方式。直接筹资方式主要有发行股票、发行债券、吸收直接投资等。间接筹资是企业借助于银行和非银行金融机构而筹集资金。在间接筹资方式下,银行等金融机构发挥中介作用,预先集聚资金,然后提供给企业。

3.内部筹资与外部筹资

按资金的来源范围不同,分为内部筹资和外部筹资。

内部筹资是通过利润留存而形成的筹资来源。内部筹资数额大小主要取决于企业可供分配利润和利润分配政策。外部筹资是企业向外部筹措资金,如发行股票、债券,取得商业信用、

银行借款等。

4. 长期筹资与短期筹资

按所筹集资金的使用期限不同,分为长期筹资和短期筹资。

长期筹资是筹集使用期限在1年以上的资金,通过吸收直接投资、发行股票、发行债券、长期借款、融资租赁等方式筹资。短期筹资是筹集使用期限在1年以内的资金,利用商业信用、短期借款等方式筹集。

三、筹资的渠道与方式

1. 筹资渠道

企业筹资活动需要通过一定的渠道并采用一定的方式来完成。筹资渠道是指客观存在的筹措资金的来源方向与渠道。认识和了解各种筹资渠道及特点,有助于企业充分拓宽和正确利用筹资渠道。现阶段,我国企业可以利用的筹资渠道主要包括:

(1) 国家财政资金,指国家或地方政府以财政拨款的形式投入企业的资金,国有独资企业的资金基本全部由国家投资形成。

(2) 银行信贷资金,指企业向商业银行贷款或向各专业银行借入的各种资金,这是我国目前企业最为重要的资金来源。

(3) 非银行金融机构资金,指企业向非银行金融机构如信托投资公司、保险公司、租赁公司、证券公司等进行融资而筹集的资金。

(4) 其他企业资金,指企业吸收的其他单位或非营利组织在生产经营过程形成的暂时闲置的资金;另外,企业通过供应商先供货、后付款的结算模式,也可形成对供应商企业资金的短期占用。

(5) 居民个人资金,企业职工和居民个人的结余资金,作为"游离"于银行及非银行金融机构之外的个人资金,可以对企业进行投资,形成了民间资金的来源渠道。

(6) 企业自留资金,指企业内部形成的资金,包括从税后利润中提取的盈余公积和未分配利润。这些资金的主要特征是,无须通过一定的方式去筹集,而是直接由企业内部自动生成或转移。

(7) 外商资金,指外国投资者以及我国香港、澳门和台湾地区投资者投入的资金。随着经济全球化的发展,利用外商投资资金已成为企业筹资的一个新的重要来源。

2. 筹资方式

筹资方式是指企业在筹集资金时所采用的具体筹资形式。目前,我国企业的筹资方式主要有以下几种:吸收直接投资、发行股票、向银行借款、发行公司债券、利用商业信用、融资租赁等。企业应根据自身的特点,考虑资金获得的可能性、资金成本、资金使用期限及风险等因素,选择合适的筹资方式,并进行有效的组合,以降低资金成本,提高筹资效益。

四、筹资的要求

企业筹资是一项重要而复杂的工作,经济有效是它的基本要求。为了达到这个要求,必须对影响筹资活动的各种因素进行分析,以保证资金能够合理、合法并及时有效地筹集,力求提高筹资效益。具体要求如下:

1. 合理确定资金需求量,提高筹资效果

无论通过什么渠道、采用什么方式筹资,都应首先确定资金的需求量。资金不足会影响企

业生产经营和发展;资金过剩又会造成浪费,影响资金使用的效果。因此,在实际的工作中,企业要认真分析自身的生产经营状况和企业发展的规模与速度,采用科学的方法预测确定未来资金的需求量。

2. 适时取得资金,保证资金投放需要

同等数量的资金,不同时间具有不同价值。企业应合理安排筹资和投资,使筹资和投资在时间上相互衔接。既要避免过早筹资形成资金的闲置,又要防止取得资金时间滞后造成的影响。

3. 认真选择筹资渠道和方式,力求降低资金成本

企业筹资渠道和方式多种多样,不同渠道和方式筹资的难易程度、资本成本和风险各不相同。在筹资中必须认真研究各种筹资渠道和方式,进行分析、对比后选择最经济可行的方案,努力降低筹资的成本。

4. 合理确定资金结构,正确安排举债经营

举债经营可以给企业带来一定的好处,因为借款利息可以在所得税前列入成本费用。但是,举债的多少必须与自有资金和偿还能力相适应,若负债过多,会发生较大的财务风险。因此,在融资时,必须使企业的自有资金与借入资金保持合理的结构。

学习任务 2　资金需求量的预测

学习情境描述

大华电器公司是以生产风热牌热水器为主的民营企业。公司董事会决定通过融资来扩大企业生产能力,计划新建设一条生产线。公司营销团队对增加的生产能力开拓了销售渠道。财务人员需要根据企业目前资产负债表情况、近年的生产销售情况和企业的发展计划,提出资金需求量计划,供公司领导决策。

假设你是公司财务负责人,你会如何预测扩大生产增加的资金量?

学习目标

(1)通过学习情境,了解资金需求量的概念、定性与定量预测方法的特点。
(2)能够熟练运用销售百分比法预测资金需求量。
(3)能够熟练运用回归分析法预测资金需求量。

任务书

你接到上任以来有关资金需求量预测的任务:2021 年企业扩大生产量到 80 万件,你需要收集统计近 5 年的数据,进行扩产后的资金需求量预测。

任务分组

学生任务分配表如表 3-10 所示。

表 3-10　学生任务分配表

班级		组名		指导老师	
	姓名		学号	姓名	学号
组长					
组员					

任务分工：

小提示：

①组队规则：3~5 名同学自由组队，选取一名同学做组长，组长负责分配工作，安排工作进度，组织课外讨论，最后做案例呈现，可以得到额外加分。组员需听从组长的安排，大家齐心协力，以小组名义奋斗。

②团队合作是考核评价的重要内容。

获取信息

(1) 大华企业 2020 年 12 月 31 日的资产负债表如表 3-11 所示。

表 3-11　2020 年 12 月 31 日资产负债表

资产	金额/万元	负债与所有者权益	金额/万元
货币资金	200	预收账款	50
应收账款	240	应付账款	50
存货	400	短期借款	200
预付账款	40	长期借款	500
固定资产净值	220	实收资本	100
		留用利润	200
资产总额	1 100	负债与所有者权益总额	1 100

(2) 2021 年企业要扩大生产量到 80 万件。

(3) 企业 2020 年的销售收入为 600 万元，税后的净利润为 60 万元，销售净利率为 10%，已经按 20% 的比例发放普通股股利 12 万元。目前企业尚有剩余生产能力，即增加收入不需要进行固定资产方面的投资。假定销售净利率仍保持上年的水平,预计2021年销售收入将提高到880万元,年末普通股股利发放的比例将增加至30%,预测2021年需要增加资金的数量(计算过程以万元为单位,保留小数点后两位)。

(4)大华企业2016—2020年资金需求量和生产力数据如表3-12所示。

表3-12 产销量和资金变化情况(一)

年份	产销量 x/万件	资金占有量 y/万元
2016	20	3 000
2017	24	3 600
2018	35	4 200
2019	40	5 400
2020	60	7 000

引导问题1 基于学习情境中给定的信息,利用销售百分比法,分析大华公司2021年的预计资产负债表。分析结论填入表3-13。

表3-13 2021年12月31日预计资产负债表

资产			负债与所有者权益		
项目	销售百分比	预计数/万元	项目	销售百分比	预计数/万元
货币资金			预收账款		
应收账款			应付账款		
存货			短期借款		
预付账款			长期借款		
固定资产净值			实收资本		
			留用利润		
			追加资金		
资产总额			负债与所有者权益总额		

引导问题2 基于学习情境中给定的信息,根据表3-12编制表3-14,利用回归分析法,分析大华企业2021年的产销量和资金变化情况。

表3-14 产销量和资金变化情况(二)

年份	产销量 x/万件	资金占有量 y/万元	xy	x^2
2016	20	3 000		
2017	24	3 600		
2018	35	4 200		
2019	40	5 400		

续表

年份	产销量 x/万件	资金占有量 y/万元	xy	x^2
2020	60	7 000		
n = 5	$\sum x =$	$\sum y =$	$\sum xy =$	$\sum x^2 =$

进行决策

引导问题 3 基于学习情境中给定的信息,结合资金需求量计算方法——销售百分比法,分析大华企业 2021 年增加的资金需求量。如果通过企业内部筹集和外部筹集两种方式筹集,各是多少？将结论填入表 3-15。

表 3-15　2021 年资金需求量来源

筹资渠道	筹资金额	决策依据
内部筹集		
外部筹集		

引导问题 4 基于学习情境中给定的信息,结合资金需求量计算方法——回归分析法,先计算 $y=a+bx$ 中的参数,再分析确定大华企业 2021 年增加的资金需求量,填入表 3-16。

表 3-16　2021 年资金需求量

年份	预计销售量 x	预计资金需求量 y
2021	80 万件	
其中：$y=a+bx$	$a =$	$b =$

工作实施

(1)各组分别阅读、研究给出的信息。
(2)各组自行制订学习计划,分配学习任务,调查、分析、计算、填制表 3-13 至表 3-16。
(3)小组间进行互评。
(4)每个同学完成自评。
(5)每个小组完成对本组成员的组内点评。
(6)教师结合大家的完成情况和现场表现进行点评,填写教师综合评价表。
(7)最后,教师运用加权平均方法,完成本学习情境最终的考评。

评价反馈

各组代表介绍任务的完成过程。每个学习情境的成绩评定将按学生自评、组内点评、小组互评、教师评价四个阶段进行,并按自评占 10%、组内点评占 20%、小组互评占 20%、教师评价占 50% 计算每个学生的综合评价结果。

(1)学生进行自我评价,并将结果填入表 3-17 所示的学生自评表中。

表 3-17 学生自评表

班级		组名		姓名	
学习情境		资金需求量的预测			
评价项目	评价标准			分值	得分
资金需求量预测方法——销售百分比法	根据资产负债表和预计销售量,能用销售百分比法预测资金需求量			30	
资金需求量预测方法——回归分析法	根据历年销售量、资金变化情况和预计销售量,能用回归分析法预测资金需求量			30	
工作态度	态度端正,无无故缺勤、迟到、早退			10	
工作质量	能按计划完成工作任务			10	
团队合作能力	与小组成员、同学之间能合作交流,共同完成工作任务			10	
创新意识	分析和计算工作有创新之处			10	
合计				100	

(2)学生以小组为单位,对组内各位成员的表现进行客观公正的评价。以 4 人小组为例,组长比重占 40%,其他两个组员各占 30%,总评分加权平均得出,并将点评结果填入表 3-18 所示的组内点评表。

表 3-18 组内点评表

班级		组名		姓名	
学习情境		资金需求量的预测			
评价项目	分值	组长点评(40%)	组员点评(30%)	组员点评(30%)	评分
工作态度	20				
工作质量	10				
工作效率	10				
工作完整	15				
工作贡献	15				
团队合作	20				
是否有创新之处	10				
合计	100				

(3)学生以小组为单位,对资金需求量分析、计算的过程和结果进行互评,将互评的结果填入表 3-19 所示的小组互评表。每个组须经其他两个组点评,最终被评小组互评成绩采用两个小组的平均数。

表 3-19　小组互评表

班级		被评小组		
学习情境		资金需求量的预测		
评价项目	分值	得分		
		第 1 小组	第 2 小组	平均得分
计划合理	15			
组织有序	10			
团队合作	15			
工作质量	15			
工作效率	10			
工作完整	10			
工作规范	10			
成果展示	15			
合计	100			

(4)教师对学生工作过程与工作结果进行评价,并将评价结果填入表 3-20 所示的教师综合评价表。组内点评在 90 分以上的组长,在综合得分基础上乘 1.1 的系数;组内点评在 80~90 分的组长,在综合得分基础上乘 1.05 的系数;组内点评在 70~80 分的组长,在综合得分基础上乘 1.02 的系数。每个组的组长采用轮值制,保证每位学生都有当组长的机会。

表 3-20　教师综合评价表

班级		组名		姓名	
学习情境		资金需求量的预测			
	评价项目	评价标准		分值	得分
	考勤(10%)	无无故迟到、早退、旷课现象		10	
工作过程(60%)	销售百分比法	根据资产负债表和预计销售量,能用销售百分比法预测资金需求量		20	
	回归分析法	根据历年销售量、资金变化情况和预计销售量,能用回归分析法预测资金需求量		25	
	工作态度	态度端正、工作认真、主动		5	
	团队合作精神	与小组成员、同学之间能合作交流,共同完成工作任务		5	
	创新意识	在工作中有创新之处		5	
项目成果(30%)	工作完整	能按时完成工作任务		5	
	工作规范	能按照规范要求计算		5	
	成果展示	能准确计算预测资金需求量		20	
		合计		100	
综合评价	学生自评(10%)	组内点评(20%)	小组互评(20%)	教师评价(50%)	综合得分

拓展思考题

(1)请分析定量预测与定性预测的优缺点和适用情境。

(2)将资产负债表中的项目分为敏感项目和非敏感项目的依据是什么?

学习情境相关知识点

企业合理筹集资金的前提是科学地预测资金的需求量。因此,企业在筹资之前应当采用一定的方式预测资金需要的数量,要既能保证满足生产经营的需要,又不会有太多的闲置。资金需求量常用预测方法如下。

一、定性预测法

定性预测法指利用直观的资料,依靠经验,凭借个人的主观分析和判断能力,预测未来资金需求量的方法。其预测的过程是:首先由熟悉财务情况和生产经营情况的专家,根据过去所积累的经验进行分析判断,提出预测的初步意见;然后通过召开座谈会或发出各种表格等形式,对上述预测的初步意见进行修正补充。这样,经过一次或几次以后,得出了预测的最终结果。定性预测法结果的正确性和可行性较差,一般仅仅作为预测的辅助方法。

二、定量预测法

定量预测法指以历史资料为依据,采用数学模型对未来时期资金需求量进行预测的方法。这种预测方法结果科学而准确,有较高的可行性,但是计算较为复杂,要求相对较高。定量预测法常用的方法有销售百分比法和线性回归分析法。

1. 销售百分比法

销售百分比法是根据资产负债表中各个项目与销售收入总额之间的依存关系,按照计划期销售额的增长情况预测资金需求量的一种方法。使用这一方法的前提是必须假设报表项目与销售指标的比率已知且固定不变,其计算的步骤如下。

(1)分析基期资产负债表各个项目与销售收入总额之间的依存关系,并计算各敏感项目的销售百分比。在资产负债表中,有一些项目会因销售额的增长而相应地增加,通常将这些项目称为敏感项目,包括货币资金、应收账款、存货、应付账款、预收账款和其他应收款等。而其他如固定资产净值、长期股权投资、实收资本等项目,一般不会随销售额的增长而增加,因此将其称为非敏感项目。

(2)计算预测期各项目预计数并填入预计资产负债表,确定需要增加的资金额。某敏感项目预计数 = 预计销售额×某项目销售百分比。

(3)确定对外界的资金需求量。

例3-1 大华企业2020年12月31日的资产负债表如表3-21所示。

表 3-21　2020 年 12 月 31 日资产负债表

单位:元

资产	金额	负债与所有者权益	金额
货币资金	100 000	预收账款	120 000
应收账款	240 000	应付账款	200 000
存货	500 000	短期借款	800 000
预付账款	40 000	长期借款	500 000
固定资产净值	2 240 000	实收资本	1 000 000
累计折旧	120 000	留用利润	380 000
资产总额	3 000 000	负债与所有者权益总额	3 000 000

该企业 2020 年的销售收入为 2 000 000 元,税后的净利为 200 000 元,销售净利率为 10%,已经按 50% 的比例发放普通股股利 100 000 元。目前企业尚有剩余生产能力,即增加收入不需要进行固定资产方面的投资。假定销售净利率仍保持上年的水平,预计 2021 年销售收入将提高到 2 400 000 元,年末普通股股利发放的比例将增加至 70%,预测 2021 年需要增加资金的数量。

第一步:根据 2020 年的资产负债表编制 2021 年预计资产负债表,如表 3-22 所示。

第二步:确定需要增加的资金。首先,可根据预计资产负债表直接确认需要追加的资金额。表中预计的资产总额为 3 176 000 元,而负债与所有者权益为 3 064 000 元,资金占用大于资金来源,则需要增加资金 112 000 元。其次,也可以分析测算需追加的资金额。表 3-22 中销售收入每增加 100 元,需增加 44 元的资金占用,但同时自动产生了 16 元的资金来源。因此,每增加 100 元的销售收入,必须取得 28 元的资金来源。在本例中,销售收入从 2 000 000 元增加到 2 400 000 元,增加 400 000 元,按照 28% 的比例可以预测算出增加 112 000 元的资金需求。

表 3-22　2021 年 12 月 31 日预计资产负债表

单位:元

资产			负债与所有者权益		
项目	销售百分比	预计数	项目	销售百分比	预计数
货币资金	5%	120 000	预收账款	6%	144 000
应收账款	12%	288 000	应付账款	10%	240 000
存货	25%	600 000	短期借款		800 000
预付账款	2%	48 000	长期借款		500 000
固定资产净值		2 240 000	实收资本		1 000 000
累计折旧		120 000	留用利润		380 000
			追加资金		112 000
资产总额	44%	3 176 000	负债与所有者权益总额	16%	3 176 000

第三步:确定对外界的资金需求量。

上述 112 000 元的资金需求量可以通过企业内部筹集和外部筹集两种方式解决。2021 年预计净利润为 240 000 元,如果公司的利润分配给投资者的比例为 70%,则将有 30% 的利润即 72 000 元被留存下来。从 112 000 元中减去 72 000 元的留存收益,则还有 40 000 元的资金必须从外界筹集。

此外,也可以根据上述资料采用公式求出对外界资金的需求量。

对外筹集资金额 = (44% × 400 000 − 16% × 400 000 − 10% × 30% × 2 400 000)元
= 40 000 元

2. 回归分析法

回归分析法就是应用最小平方法的原理,对过去若干期间的产销量及资金总量(即资金占有量)的历史资料进行分析,按 $y=a+bx$ 的公式来确定反映产销量(x)和资金总量(y)之间关系的回归直线,并据以预测计划期间资金需求量的一种方法。该方法是在资金变动与产量变动关系的基础上,将企业资金划分为不变资金和变动资金,然后结合预计的产销量来预计资金需求量。其基本模型为:

资金总量 = 不变资金 + 变动资金
= 不变资金 + 单位产销量所需的变动资金 × 产销量

即:

$$y = a + bx$$

根据历史资料求出 a 和 b 并代入上式,建立预测模型,只要测定出产销量 x,就可以预测出资金占有量 y。a 和 b 的计算公式是:

$$a = \frac{\sum y - b \sum x}{n}$$

$$b = \frac{n \sum xy - \sum x \sum y}{n \sum x^2 - (\sum x)^2}$$

例 3-2 大华企业产品甲的产销量和资金变化情况如表 3-23 所示。

表 3-23 产销量和资金变化情况(一)

年份	产销量 x/万件	资金占有量 y/万元
2016	15	2 000
2017	25	2 200
2018	40	2 500
2019	35	2 400
2020	55	2 800

预计 2021 年产品甲产销量为 60 万件,试计算 2021 年产品甲的资金需求量。

第一步:根据表 3-23 编制表 3-24。

表3-24 产销量和资金变化情况(二)

年份	产销量 x/万件	资金占有量 y/万元	xy	x^2
2016	15	2 000	30 000	225
2017	25	2 200	55 000	625
2018	40	2 500	100 000	1 600
2019	35	2 400	84 000	1 225
2020	55	2 800	154 000	3 025
$n=5$	$\sum x = 170$	$\sum y = 11\,900$	$\sum xy = 423\,000$	$\sum x^2 = 6\,700$

第二步：把表 3-24 的资料代入公式，解得：$a = 1\,700$，$b = 20$。

第三步：$y = a + bx = 20x + 1\,700$。

第四步：将 2021 年预计产销量 60 万件代入上式，得出：

$$y = (1\,700 + 20 \times 60)\text{万元} = 2\,900\text{万元}$$

即 2021 年预计产销量为 60 万件，企业资金需求量预计为 2 900 万元。

学习任务 3　股权资金的筹集

大华电器公司是以生产风热牌热水器为主的民营企业。公司 2021 年计划扩大海外市场，面向东南亚发展中国家进行出口，预测有 5 000 万元的资金缺口，需要进行筹资。

假设你是公司财务负责人，请你提出可行的股权筹资方案备选。

学习目标

(1) 通过学习情境，了解股权筹资的含义、三种基本形式。

(2) 熟练掌握吸收直接投资的种类、方式及筹资的特点。

(3) 熟练掌握普通股的种类，股票发行、上市和筹资的特点。

(4) 熟练掌握留存收益的性质、筹资途径和特点。

(5) 能根据企业情况对股权筹资方式选择进行决策。

任务书

作为公司财务负责人，请你根据企业情况提出可行的股权筹资方案。

学生任务分配表如表 3-25 所示。

表 3-25　学生任务分配表

班级		组名		指导老师	
	姓名	学号		姓名	学号
组长					
组员					

任务分工：

小提示：

①组队规则：3～5 名同学自由组队，选取一名同学做组长，组长负责分配工作，安排工作进度，组织课外讨论，最后做案例呈现，可以得到额外加分。组员需听从组长的安排，大家齐心协力，以小组名义奋斗。

②团队合作是考核评价的重要内容。

1.公司基本情况

大华公司为非国有企业，主营业务是生产风热牌热水器，成立于 2012 年，近五年来除了 2018 年，其他年份均盈利。公司自成立以来无重大违法行为，每年依法经会计师事务所审计的会计报告无虚假记载。

2.公司意向筹资计划

大华企业计划发行普通股进行筹资，并希望通过股票上市提升企业形象。此外，大华企业上年度留存收益 200 万元，企业高管决定用数据来说服股东将资金用于企业生产。

3.其他潜在筹资机会

宏发公司在东南亚有闲置厂房，想利用此厂房入股大华公司，该厂房账面原值 1 000 万元，累计折旧 400 万元。

引导问题 1　基于以上信息，结合股权筹资的内容，分析大华企业意向及潜在的筹资方式分别属于哪一种股权筹资方式，并写出每种筹资方式的特点。

引导问题 2 基于以上给定的信息,结合直接投资方式中的实物出资,论证是否接受宏发公司用厂房投资,厂房投资的价值应该怎么计算。

进行决策

引导问题 3 基于以上给定的信息,结合发行股票内容,分析大华企业是否符合上市发行股票的条件。

引导问题 4 基于以上给定的信息,结合留存收益的内容和特点,分析高管该如何建议股东将留存收益资金投入企业扩建,编写简单的建议书。

工作实施

(1)各组分别阅读、研究给出的信息。
(2)各组自行制订学习计划,分配学习任务,回答引导问题。
(3)各个小组进行互评。
(4)每个同学完成自评。
(5)每个小组完成对本组成员的组内点评。
(6)教师结合大家的完成情况和现场表现进行点评,填写教师综合评价表。
(7)最后,教师运用加权平均方法,完成本学习情境最终的考评。

评价反馈

各组代表介绍任务的完成过程。每个学习情境的成绩评定将按学生自评、组内点评、小组互评、教师评价四个阶段进行,并按自评占10%、组内点评占20%、小组互评占20%、教师评价占50%计算每个学生的综合评价结果。

(1)学生进行自我评价,并将结果填入表3-26所示的学生自评表中。

表3-26 学生自评表

班级		组名		姓名	
学习情境		股权资金的筹集			
评价项目	评价标准			分值	得分
吸收直接投资	熟练掌握吸收直接投资的种类、出资方式及特点			20	
发行普通股	熟练掌握股票的种类、股东的权利、发行股票的相关规定、股票上市条件、普通股筹资的特点			25	
利用留存收益	熟练掌握留存收益的性质、筹资途径和特点			15	
工作态度	态度端正,无无故缺勤、迟到、早退			10	
工作质量	能按计划完成工作任务			10	
团队合作能力	与小组成员、同学之间能合作交流,共同完成工作任务			10	
创新意识	工作中有创新之处			10	
合计				100	

(2)学生以小组为单位,对组内各位成员的表现进行客观公正的评价。以4人小组为例,组长比重占40%,其他两个组员各占30%,总评分加权平均得出,并将点评结果填入表3-27所示的组内点评表。

表3-27 组内点评表

班级		组名		姓名		
学习情境		股权资金的筹集				
评价项目	分值	组长点评(40%)	组员点评(30%)	组员点评(30%)	评分	
工作态度	20					
工作质量	10					
工作效率	10					
工作完整	15					
工作贡献	15					
团队合作	20					
是否有创新之处	10					
合计	100					

(3)学生以小组为单位,对股权资金的筹集学习、分析过程和结果进行互评,将互评的结果

填入表 3-28 所示的小组互评表。每个组须经其他两个组点评,最终被评小组互评成绩采用两个小组的平均数。

表 3-28 小组互评表

班级		被评小组			
学习情境		股权资金的筹集			
评价项目	分值	得分			
		第 1 小组	第 2 小组	平均得分	
计划合理	15				
组织有序	10				
团队合作	15				
工作质量	15				
工作效率	10				
工作完整	10				
工作规范	10				
成果展示	15				
合计	100				

(4)教师对学生工作过程与工作结果进行评价,并将评价结果填入表 3-29 所示的教师综合评价表。组内点评在 90 分以上的组长,在综合得分基础上乘 1.1 的系数;组内点评在 80~90 分的组长,在综合得分基础上乘 1.05 的系数;组内点评在 70~80 分的组长,在综合得分基础上乘 1.02 的系数。每个组的组长采用轮值制,保证每位学生都有当组长的机会。

表 3-29 教师综合评价表

班级		组名		姓名		
学习情境		股权资金的筹集				
	评价项目	评价标准		分值	得分	
	考勤(10%)	无无故迟到、早退、旷课现象		10		
工作过程(60%)	吸收直接投资	熟练掌握吸收直接投资的种类、出资方式及特点		15		
	发行普通股	熟练掌握股票的种类、股东的权利、发行股票的相关规定、股票上市条件、普通股筹资的特点		15		
	利用留存收益	熟练掌握留存收益的性质、筹资途径和特点		15		
	工作态度	态度端正、工作认真、主动		5		
	团队合作精神	与小组成员、同学之间能合作交流,共同完成工作任务		5		
	创新意识	在工作中有创新之处		5		

续表

班级		组名		姓名		
学习情境			股权资金的筹集			
	评价项目		评价标准		分值	得分
项目成果（30%）	工作完整		能按时完成工作任务		5	
	工作规范		能按照规范要求完成工作任务		5	
	成果展示		能准确表达和展示股权筹资的分析结果		20	
			合计		100	
综合评价	学生自评（10%）	组内点评（20%）		小组互评（20%）	教师评价（50%）	综合得分

拓展思考题

（1）请分析网贷公司吸收个人投资存在的问题。

（2）请分析利用技术入股的特点。

学习情境相关知识点

股权筹资形成企业的股权资金，是企业最基本的筹资方式，包括吸收直接投资、发行普通股股票和利用留存收益三种基本形式。

一、吸收直接投资

1. 吸收直接投资含义

吸收直接投资指企业按照"共同投资、共同经营、共担风险、共享收益"的原则，直接吸收国家、法人、个人和外商投入资金的一种筹资方式，是非股份制企业筹集权益资本的基本方式。

2. 吸收直接投资的种类

（1）吸收国家投资：指有权代表国家投资的政府部门或机构，以国有资产投入公司。

（2）吸收法人投资：指法人单位以其依法可支配的资产投入公司。

（3）合资经营：指两个及以上的不同国家的投资者共创企业、共同经营、共担风险、共负盈亏、共享利益的投资方式。

（4）吸收社会公众投资：指社会个人或本公司职工以个人合法财产投入公司。

3. 吸收直接投资的出资方式

（1）以货币资产出资：指投资者以货币资金进行投资，是吸收直接投资中最重要的出资方式。

（2）以实物资产出资：指投资者以房屋、建筑物、设备等固定资产和材料、燃料、商品产品等流动资产进行投资。

（3）以土地使用权出资：指投资者以依法取得的土地使用权进行投资。

（4）以工业产权出资：指投资者以专有技术、商标权、专利权、非专利技术等无形资产进行投资,即把技术转化为资本。

(5)以特定债权出资:指企业依法发行的可转换债券以及按照国家有关规定可以转作股权的债权。

4.吸收直接投资的程序

(1)确定筹资数量:资金的需求量根据企业的生产经营规模和供销条件等来核定,筹资数量与资金需求量应当相适应。

(2)寻找投资单位:企业通过广泛收集、掌握和了解相关投资者的资信、财力和投资意向等情况,寻找最合适的合作伙伴。

(3)协商和签署投资协议:与投资伙伴进行具体协商,确定出资数额、方式和时间,签署投资协议,明确双方的权利和责任。

(4)取得所筹集的资金:签署投资协议后,企业应按规定或计划取得资金。

5.吸收直接投资的筹资特点

(1)尽快形成生产能力:不仅可以取得一部分货币资金,而且能够直接获得所需的先进设备和技术,尽快形成生产经营能力。

(2)便于信息沟通:投资者比较单一,公司与投资者易于沟通。

(3)资本成本较高:相对于股票筹资方式来说,吸收直接投资的资本成本较高,但筹资费用较低。

(4)公司控制权集中:投资额较大的投资者控制权增大,可能会损害其他投资者的利益。

(5)不易进行产权交易:没有证券为媒介,不利于产权交易和产权转让。

二、发行股票

股票是股份有限公司为筹措股权资本而发行的有价证券,是公司签发的证明股东持有公司股份的凭证。股票作为一种所有权凭证,代表着对发行公司净资产的所有权。

1.股票的特征与分类

(1)股票的特点:永久性、流通性、不确定性和参与性。

(2)股东的权利:股东最基本的权利是按投入公司的股份额,依法享有公司收益获取权、公司重大决策参与权和选择公司管理者的权利,并以其所持股份为限对公司承担责任。

第一,公司管理权。股东对公司有重大决策参与权、经营者选择权、财务监控权、经营建议和质询权、股东大会召集权等。

第二,收益分享权。股东有权通过股利方式获取公司的税后利润。

第三,股份转让权。股东有权将其所持有的股票出售或转让。

第四,优先认股权。原有股东拥有优先认购本公司增发股票的权利。

第五,剩余财产要求权。当公司解散、清算时,股东有对清偿债务、清偿优先股股东以后的剩余财产索取的权利。

(3)股票的种类。

第一,按股东权利和义务,分为普通股股票(简称普通股)和优先股股票(简称优先股)。普通股是公司发行的代表着股东享有平等的权利、义务,不加特别限制的、股利不固定的股票。优先股是公司发行的相对于普通股具有一定优先权的股票。其优先权利主要表现在股利分配优先权和分配剩余财产优先权上。

第二,按票面是否记名,分为记名股票和无记名股票。记名股票是在股票票面上记载有股东姓名或将名称记入公司股东名册的股票;无记名股票不登记股东名称,只记载股票数量、编号及发行日期。

第三,按发行对象和上市地点,分为 A 股、B 股、H 股、N 股和 S 股等。A 股是人民币普通股,由我国境内公司发行,在境内上市交易,它以人民币标明票面价值,并以人民币认购和交易。B、H、N 股是人民币特种股票,即以人民币标明票面价值,但是以外币认购和交易的股票,专供外国和香港、澳门、台湾的投资者买卖。其中 B 股在深圳、上海上市;H 股在香港上市;N 股在纽约上市。

2. 股份有限公司的设立、股票的发行与上市

(1)股份有限公司的设立:应有 2 人以上 200 人以下为发起人,其中须有半数以上的发起人在中国境内有住所。可采取发起设立或募集设立两种方式,前者指由发起人认购公司应发行的全部股份;后者指发起人只认购公司应发行股份的一部分(不得少于公司股份总数的 35%),其余股份向社会或者特定对象公开募集。

(2)股份有限公司首次发行股票的一般程序:

第一,发起人认足股份、交付股资。发起设立方式的发起人交付全部股资后,选举董事会、监事会。募集设立方式下,发起人认足其应认购的股份并交付股资。

第二,提出公开募集股份申请。发起人向社会公开募集股份时,须向国务院证券监督管理部门递交募股申请,并报送批准设立公司的公司章程、招股说明书等相关文件。

第三,公告招股说明书,签订承销协议。公开募集股份申请经国家批准后,应公告招股说明书,包括公司章程、发起人认购的股份数、本次每股票面价值和发行价格、募集资金的用途等。同时与证券公司等证券承销机构签订承销协议。

第四,招认股份,缴纳股款。发行股票的公司或其承销机构一般用广告或书面通知办法招募股份。认股者应在规定的期限内向代收股款的银行缴纳股款,同时交付认股书。

第五,召开创立大会,选举董事会、监事会。发行股份的股款募足后,发起人应在规定期限内(法定 30 天内)主持召开创立大会,通过公司章程选举董事会和监事会成员。

第六,办理公司设立登记,交割股票。经创立大会选举的董事会应在大会结束 30 天内,办理申请公司设立的登记事项。登记成立后,即向股东正式交付股票。

3. 股票的发行方式

(1)公开间接发行股票:指股份公司通过中介机构向社会公众公开发行股票。

(2)非公开直接发行股票:指股份公司只向少数特定对象直接发行股票,不需要中介机构承销。

4. 股票的上市交易

股票上市是指股份有限公司发行的股票经批准在证券交易所进行挂牌交易。

(1)股票上市的目的:公司申请股票上市,主要目的有:通过资本大众化分散风险,便于筹措资金,促进股权流通和转让,确定公司价值和提高公司知名度。同时,市场行情也能够为公司收购兼并等资本运作提供询价基础。但股票上市对公司也有不利方面:上市成本较高、手续复杂严格;负担较高的信息披露成本,可能会暴露公司的商业机密;股价有时会偏离公司的实际情

况,影响公司声誉;可能会分散公司的控制权,造成管理上的困难。

(2)股票上市的条件:公司公开发行的股票进入证券交易所交易,必须受到严格的条件限制,符合《中华人民共和国证券法》(以下简称《证券法》)的相关规定。

5. 股票上市的暂停、终止与特别处理

当上市公司出现经营情况恶化、存在重大违法违规行为或其他原因导致不符合上市条件时,就可能被暂停或终止上市。

6. 发行普通股股票的筹资特点

(1)两权分离,有利于公司自主经营管理。公司通过对外发行股票筹资,公司的所有权与经营权相分离,有利于公司自主管理、自主经营。由于股东众多,股东控制权分散。

(2)资本成本较高。股票投资的风险性、收益不确定性,增加了股票筹资的资本成本。

(3)增强公司的社会声誉,促进股权流通和转让。股东的大众化为公司带来了广泛的社会影响,特别是上市公司。普通股筹资以股票作为媒介,便于股权的流通和转让,吸收新的投资者。但流通性强的股票交易,也容易在资本市场上被恶意收购。

(4)不易及时形成生产能力。普通股筹资吸收的一般都是货币资金,还需要通过购置和建造形成生产经营能力,相对吸收直接投资方式来说,不易及时形成生产能力。

三、利用留存收益

1. 留存收益概述

从性质上看,企业通过合法有效的经营所实现的税后净利润,都属于企业的所有者。企业将本年度的利润部分甚至全部留存下来的原因主要包括:第一,收益的确认和计量是建立在权责发生制基础上的,企业有利润,但不一定有相应的现金净流量增加,因此不一定有足够的现金将利润全部或部分分派给所有者。第二,法律法规从保护债权人利益和要求企业可持续发展等角度出发,也限制企业将利润全部分配出去。我国《公司法》规定企业每年的税后利润,必须提取10%的法定盈余公积金。第三,企业基于自身的扩大再生产和筹资需求,也会将一部分利润留存下来。

2. 留存收益的筹资途径

(1)盈余公积金:指有指定用途的留存净利润,其提取基数是抵减年初累计亏损后的本年度净利润。盈余公积金主要用于企业未来的经营发展,经投资者审议后也可以用于转增股本(实收资本)和弥补以前年度经营亏损。

(2)未分配利润:指未限定用途的留存净利润。未分配利润有两层含义:第一,这部分净利润本年没有分配给股东和投资者;第二,这部分净利润未指定用途,可以用于企业未来经营发展、转增股本(实收资本)、弥补以前年度经营亏损、以后年度利润分配。

3. 利用留存收益的筹资特点

(1)不用发生筹资费用。与普通股筹资相比较,留存收益筹资不需要发生筹资费用,资本成本较低。

(2)维持公司的控制权分布。利用留存收益筹资不需对外发行新股或吸收新投资者,增加的权益资本不会改变公司的股权结构,不会稀释原有股东的控制权。

(3)筹资数额有限。当期留存收益的最大数额是当期的净利润,不像外部筹资一次性可以筹集大量资金。如果企业发生亏损，那么当年没有利润留存。另外，从股东和投资者角度，也希望每年发放一定股利，保持一定的利润分配比例。

学习任务 4　债务资金的筹集

学习情境描述

大华电器公司是以生产风热牌热水器为主的民营企业。公司高层根据目前情况及新的发展计划提出了几项债务筹资的方案，作为财务总监，请你深化每一个方案，准备向股东和管理层汇报。

学习目标

(1) 通过学习情境，了解债务筹资的含义、形式；
(2) 熟练掌握银行借款的种类、程序及筹资的特点；
(3) 熟练掌握债券的种类、发行条件、发行程序和筹资的特点；
(4) 能够确定债券的发行价格；
(5) 熟练掌握融资租赁的种类和筹资的特点；
(6) 能熟练计算融资租赁设备的租金。

任务书

大华公司 2021 年新的发展计划需要财务部门进行资金筹集，经过管理层会议，针对不同的融资需求提出了不同的债务筹资计划，但每一项计划并没有深度的计算、评估，请你利用债务筹资的知识完善每一个方案，分析哪些债务筹资的方案是可行的，以向管理层进行深度汇报。

任务分组

学生任务分配表如表 3-30 所示。

表 3-30　学生任务分配表

班级			组名		指导老师	
	姓名	学号		姓名		学号
组长						
组员						

续表

班级		组名		指导老师	
任务分工：					

小提示：

①组队规则：3~5 名同学自由组队，选取一名同学做组长，组长负责分配工作，安排工作进度，组织课外讨论，最后做案例呈现，可以得到额外加分。组员需听从组长的安排，大家齐心协力，以小组名义奋斗。

②团队合作是考核评价的重要内容。

获取信息

1. 公司基本情况

大华公司为非国有有限责任公司，主营业务是生产风热牌热水器，成立于 2012 年，近五年来除了 2018 年，其他年份均盈利。公司自成立以来无重大违法行为，每年依法经会计师事务所审计的会计报告无虚假记载。公司 2020 年 12 月 31 日的资产负债表如表 3-11 所示。

2. 公司发展计划及筹资计划

(1)近年来公司的生产能力已经跟不上市场需求，公司计划于 2021 年拓展一条新的生产线。建立一条全新的生产线需要投入 100 万元资金，预计 5 年后现有技术会被新的技术取代。如果采用向厂家融资租赁的方法租入生产线，于 2021 年 1 月 1 日从租赁公司租入一套设备，价值 100 万元，租期 5 年，租赁期满时预计残值 5 万元，归租赁公司。年利率 6%，租赁手续费率每年 2%，租金每年末支付一次。

(2)公司目前的客户主要分布于华北及东北地区，公司计划于 2021 年拓展西北及西南地区业务，为了扩大影响力并筹集资金，管理层听说可以采用发行债券的方式，计划利用发行债券筹集 1 000 万元资金进行市场拓展，计划发行的 5 年期债券面值为 1 000 元，市场利率为 6%，每年年末付息一次，票面利率为 8%。

(3)如表 3-11 所示的大华公司 2020 年 12 月 31 日资产负债表，公司目前仍有短期借款及长期借款未偿还完毕，其中短期借款 200 万元是向工商银行借入的，借入期限 1 年(时间 2020-08-01—2021-07-31)，年利率 6%，到期一次还本付息；长期借款 500 万元是向建设银行借入的，借入期限 5 年(时间 2020-11-01—2025-10-31)，年利率 10%，每年末还息一次，本金到期一次性归还。

(4)大华公司生产热水器需要采购钢材，公司近年来一直向金凯公司采购钢材，该公司开出的付款条件为(1/10,n/30),你查阅了购买记录,发现会计人员一直以来都是在收到钢材后 15 天左右付款。于是你询问了相关人员为什么不争取现金折扣,相关人员不假思索地回答道:"这一项交易能争取的折扣仅为 1%,但如果向银行贷款来争取现金折扣支付,贷款利率为 10%。"

工作计划

引导问题 1　基于以上给定的信息,结合债务筹资的内容,分析大华企业的筹资计划中涉及哪些债务筹资方式,以及每种方式的特点。

引导问题 2　基于给定的信息,请计算公司如果采用融资租赁租入新生产线,每年应当支付多少租金? 填入表 3-31。

表 3-31　融资租赁的年租金计算

年份	期初本金 (1)	支付租金 (2)	应计租费 (3)=(1)×8%	本金偿还额 (4)=(2)-(3)	本金余额 (5)=(1)-(4)
2021					
2022					
2023					
2024					
2025					
合计					

引导问题 3　基于学习情境中给定的信息,请根据目前的市场利率及计划发行的债券面值、票面利率,计算债券的发行价格。公式:

债券发行价格=债券面值$\times(P/F,i_1,n)$+债券面值$\times i_2 \times (P/A,i_1,n)$

式中:n——债券期限;

i_1——市场利率;

i_2——票面利率。

引导问题 4 基于学习情境中给定的信息,结合银行借款的金额和时间,计算大华企业 2021—2025 年应还的银行借款本金和利息。分析结论填入表 3-32。(不考虑货币时间价值)

表 3-32 银行借款本金和利息计算

单位:万元

年度末	短期银行借款		长期银行借款	
	本金	利息	本金	利息
2021				
2022				
2023				
2024				
2025				

引导问题 5 基于学习情境中给定的信息,请判断公司财务人员一直以来的采购支付方案是否合理。为什么?

进行决策

引导问题 6 根据以上的分析,请评估哪些债务筹资方式可行,哪些不可行,并撰写一份报告,说明理由。

工作实施

(1) 各组分别阅读、研究给出的信息。
(2) 各组自行制订学习计划,分配学习任务,调查、分析、计算,填制表 3-31 和表 3-32 并回答引导问题。
(3) 小组之间进行互评。
(4) 每个同学完成自评。
(5) 每个小组完成对本组成员的组内点评。
(6) 教师结合大家的完成情况和现场表现进行点评,填写教师综合评价表。
(7) 最后,教师运用加权平均方法,完成本学习情境最终的考评。

评价反馈

各组代表介绍任务的完成过程。每个学习情境的成绩评定将按学生自评、组内点评、小组互评、教师评价四个阶段进行,并按自评占 10%、组内点评占 20%、小组互评占 20%、教师评价占 50% 计算每个学生的综合评价结果。

(1) 学生进行自我评价,并将结果填入表 3-33 所示的学生自评表中。

表 3-33 学生自评表

班级		组名		姓名	
学习情境		债务资金的筹集			
评价项目	评价标准			分值	得分
银行借款	熟练掌握银行借款的种类、程序及特点			15	
发行债券	熟练掌握债券的种类、发行人和购买人的权利和义务、发行债券的条件与程序、债券筹资的特点,能够计算确认债券的发行价格			15	
融资租赁	掌握融资租赁的种类、特点,能熟练计算年租金			15	
商业信用	掌握商业信用的种类、特点,能计算放弃现金折扣的代价			15	
工作态度	态度端正、无无故缺勤、迟到、早退			10	
工作质量	能按计划完成工作任务			10	
团队合作能力	与小组成员、同学之间能合作交流,共同完成工作任务			10	
创新意识	企业债务筹资分析、计算有创新之处			10	
合计				100	

(2) 学生以小组为单位,对组内各位成员的表现进行客观公正的评价。以 4 人小组为例,组长比重占 40%,其他两个组员各占 30%,总评分加权平均得出,并将点评结果填入表 3-34 所示

示的组内点评表。

表 3-34　组内点评表

班级		组名		姓名		
学习情境		债务资金的筹集				
评价项目	分值	组长点评（40%）	组员点评（30%）	组员点评（30%）	评分	
工作态度	20					
工作质量	10					
工作效率	10					
工作完整	15					
工作贡献	15					
团队合作	20					
是否有创新之处	10					
合计	100					

(3)学生以小组为单位,对债务资金筹集的学习和分析的过程和结果进行互评,将互评的结果填入表 3-35 所示的小组互评表。每个组须经其他两个组点评,最终被评小组互评成绩采用两个小组的平均数。

表 3-35　小组互评表

班级		被评小组		
学习情境		债务资金的筹集		
评价项目	分值	得分		
		第1小组	第2小组	平均得分
计划合理	15			
组织有序	10			
团队合作	15			
工作质量	15			
工作效率	10			
工作完整	10			
工作规范	10			
成果展示	15			
合计	100			

(4)教师对学生工作过程与工作结果进行评价,并将评价结果填入表 3-36 所示的教师综合评价表。组内点评在 90 分以上的组长,在综合得分基础上乘 1.1 的系数;组内点评在 80～90 分的组长,在综合得分基础上乘 1.05 的系数;组内点评在 70～80 分的组长,在综合得分基础上乘 1.02 的系数。每个组的组长采用轮值制,保证每位学生都有当组长的机会。

表 3-36 教师综合评价表

班级			组名		姓名		
	学习情境			债务资金的筹集			
	评价项目		评价标准			分值	得分
	考勤(10%)		无无故迟到、早退、旷课现象			10	
工作过程(60%)	银行借款		掌握银行借款的种类、程序及特点			15	
	发行债券		掌握债券的种类、持券人的权利、发行债券的相关规定、发行债券的条件与程序、债券筹资的特点			15	
	融资租赁		掌握融资租赁的种类、特点,能熟练计算年租金			15	
	工作态度		态度端正、工作认真、主动			5	
	团队合作精神		与小组成员、同学之间能合作交流,共同完成工作任务			5	
	创新意识		在工作中有创新之处			5	
项目成果(30%)	工作完整		能按时完成工作任务			5	
	工作规范		能按照规范要求计算			5	
	成果展示		能准确表达和展示债务筹资的分析与计算结果			20	
			合计			100	
综合评价	学生自评(10%)		组内点评(20%)	小组互评(20%)	教师评价(50%)	综合得分	

拓展思考题

(1)请分析企业如何平衡长期借款的保护性条款对企业资金使用的约束。
(2)学习短期融资券筹集资金的有关知识,思考其适用于哪些需求。

学习情境相关知识点

债务筹资是企业通过银行借款、向社会发行公司债券、融资租赁、赊购商品和劳务筹集和取得的资金。银行借款、发行债券和融资租赁,是债务筹资的基本形式。

一、银行借款

银行借款指企业向银行或其他非银行金融机构借入的、需要还本付息的款项,包括偿还期限超过1年的长期借款和不足1年的短期借款,主要用于企业购建固定资产和满足流动资金周转的需要。

1. 银行借款的种类

(1)按提供贷款的机构,分为政策性银行贷款、商业银行贷款和其他金融机构贷款。

政策性银行贷款是指执行国家政策性贷款业务的银行向企业发放的贷款,通常为长期贷款。如国家开发银行贷款,主要满足企业承建国家重点建设项目的资金需要;中国进出口银行贷款,主要为大型设备的进出口提供买方信贷或卖方信贷;中国农业发展银行贷款,主要用于确保国家对粮、棉、油等政策性收购资金的供应。

商业银行贷款是指由各商业银行,如中国工商银行、中国建设银行、中国农业银行、中国银行等,向企业提供的贷款,用以满足企业生产经营的资金需要,包括短期贷款和长期贷款。

其他金融机构贷款,如从信托投资公司取得的实物或货币形式的信托投资贷款,从财务公司取得的各种中长期贷款,从保险公司取得的贷款等。其他金融机构贷款一般较商业银行贷款的期限要长,要求的利率较高,对借款企业的信用要求和担保的选择比较严格。

(2)按机构对贷款有无担保要求,分为信用贷款和担保贷款。

信用贷款是指以借款人的信誉或保证人的信用为依据而获得的贷款。这种贷款无须以财产做抵押,但由于风险较高,银行通常要收取较高的利息,往往还附加一定的限制条件。担保贷款是指借款人或第三方依法提供担保而获得的贷款。担保包括保证责任、财产抵押和财产质押,由此,担保贷款包括保证贷款、抵押贷款和质押贷款三种基本类型。

保证贷款是指按法律规定的保证方式,以第三方作为保证人承诺在借款人不能偿还借款时,按约定承担一定保证责任或连带责任而取得的贷款。

抵押贷款是指按法律规定的抵押方式,以借款人或第三方的财产作为抵押物而取得的贷款。抵押是指债务人或第三方并不转移对财产的占有,只将该财产作为对债权人的担保。债务人不能履行债务时,债权人有权将该财产折价或者以拍卖、变卖的价款优先受偿。作为贷款担保的抵押品,可以是不动产、机器设备、交通运输工具等实物资产,可以是依法有权处分的土地使用权,也可以是股票、债券等有价证券等,它们必须是能够变现的资产。如果贷款到期借款企业不能或不愿偿还贷款,银行可取消企业对抵押品的赎回权。抵押贷款有利于降低银行贷款的风险,提高贷款的安全性。

质押贷款是指按法律规定的质押方式,以借款人或第三方的动产或财产权利作为质押物而取得的贷款。质押是指债务人或第三方将其动产或财产权利移交给债权人占有,将该动产或财产权利作为债权的担保,债务人不履行债务时,债权人有权以该动产或财产权利折价或者以拍卖、变卖的价款优先受偿。质押品可以是汇票、支票、债券、存款单、提单等信用凭证,可以是依法可以转让的股份、股票等有价证券,也可以是依法可以转让的商标专用权、专利权、著作权中的财产权等。

(3)按企业取得贷款的用途,分为基本建设贷款、专项贷款和流动资金贷款。

基本建设贷款是指企业因从事新建、改建、扩建等基本建设项目需要资金而向银行申请借入的款项。

专项贷款是指企业因为专门用途而向银行申请借入的款项,包括更新改造技改贷款、大修理贷款、研发和新产品研制贷款、小型技术措施贷款、出口专项贷款、引进技术转让费周转金贷款、进口设备外汇贷款、进口设备人民币贷款及国内配套设备贷款等。

流动资金贷款是指企业为满足流动资金的需求而向银行申请借入的款项,包括流动资金借款、生产周转借款、临时借款、结算借款和卖方信贷。

2.银行借款的程序

(1)提出申请,银行审批。企业根据筹资需求向银行提出书面申请,按银行要求的条件和内容填报借款申请书。银行按照有关政策和贷款条件,对借款企业进行信用审查,核准公司申请的借款金额和用款计划。银行审查的主要内容包括:公司的财务状况、信用情况、盈利的稳定性、发展前景、借款投资项目的可行性、抵押品和担保情况。

(2)签订合同,取得借款。借款申请获批准后,银行与企业进一步协商贷款的具体条件,签订正式的借款合同,规定贷款的数额、利率、期限和一些约束性条款。借款合同签订后,企业在核定的贷款指标范围内,根据用款计划和实际需要,一次或分次将贷款转入公司的存款结算户,以便使用。

(3)长期借款的保护性条款。

长期借款的金额高、期限长、风险大,除借款合同的基本条款之外,债权人通常还在借款合同中附加各种保护性条款,以确保企业按要求使用借款和按时足额偿还借款。保护性条款一般有以下三类:

第一,例行性保护条款。这类条款作为例行常规,在大多数借款合同中都会出现。主要包括:定期向提供贷款的金融机构提交公司财务报表,以使债权人随时掌握公司的财务状况和经营成果;保持存货储备量,不准在正常情况下出售较多的非产成品存货,以保持企业正常生产经营能力;及时清偿应缴纳税金和其他到期债务,以防被罚款而造成不必要的现金流失;不准以资产作其他承诺的担保或抵押;不准贴现应收票据或出售应收账款,以避免或有负债等。

第二,一般性保护条款。一般性保护条款是对企业资产的流动性及偿债能力等方面的要求条款,这类条款应用于大多数借款合同。主要包括:保持企业的资产流动性,要求企业需持有一定最低额度的货币资金及其他流动资产,以保持企业资产的流动性和偿债能力,一般规定了企业必须保持的最低营运资金数额和最低流动比率数值;限制企业非经营性支出,如限制支付现金股利、购入股票和职工加薪的数额规模,以减少企业资金的过度外流;限制企业资本支出的规模;限制公司再举债规模;限制公司的长期投资,如规定公司不准投资于短期内不能收回资金的项目,不能未经银行等债权人同意而与其他公司合并等。

第三,特殊性保护条款。这类条款是针对某些特殊情况而出现在部分借款合同中的条款,只有在特殊情况下才能生效。主要包括:要求公司的主要领导人购买人身保险;借款的用途不得改变;违约惩罚条款等。

3.银行借款的筹资特点

(1)筹资速度快。与发行公司债券、融资租赁等债务筹资其他方式相比,银行借款的程序相对简单,所花时间较短,公司可以迅速获得所需资金。

(2)资本成本较低。银行借款筹资利息一般比发行债券和融资租赁的低,且无须筹资费用。

(3)筹资弹性较大。在借款之前,公司根据当时的资本需求与银行等贷款机构直接商定贷款的时间、数量和条件。在借款期间,若公司的财务状况发生某些变化,也可与债权人再协商进行变更。借款筹资对公司具有较大的灵活性,特别是短期借款更是如此。

(4)限制条款多。与发行公司债券相比较,银行借款合同对借款用途有明确规定,通过借款的保护性条款,对公司资本支出额度、再筹资、股利支付等行为有严格的约束,以后公司的生产经营活动和财务政策必将受到一定程度的影响。

(5) 筹资数额有限。银行借款的数额往往受到贷款机构资本实力的制约,难以像发行公司债券、股票那样一次筹集到大量资金,不能满足公司大规模筹资的需要。

二、发行公司债券

公司债券是公司依照法定程序发行、约定在一定期限还本付息的有价证券,反映了持券人与企业之间的债权债务关系。

1. 发行债券的条件

在我国,根据《公司法》的规定,股份有限公司和有限责任公司,具有发行债券的资格。

根据《证券法》规定,公开发行公司债券,应当符合下列条件:一是股份有限公司的净资产不低于人民币3 000万元,有限责任公司的净资产不低于人民币6 000万元;二是累计债券余额不超过公司净资产的40%;三是最近3年平均可分配利润足以支付公司债券1年的利息;四是筹集的资金投向符合国家产业政策;五是债券的利率不超过国务院限定的利率水平;六是国务院规定的其他条件。

公开发行公司债券筹集的资金,必须用于核准的用途,不得用于弥补亏损和非生产性支出。

根据《证券法》规定,公司债券要上市交易,应当进一步符合下列条件:一是公司债券的期限为1年以上;二是公司债券实际发行额不少于人民币5 000万元;三是公司申请债券上市时仍符合法定的公司债券发行条件。

2. 公司债券的种类

(1) 按是否记名,分为记名债券和无记名债券。记名债券指企业发行债券时,债券存根簿上载明债券持有人姓名及住所等信息,偿付本息,按名册付款。无记名债券是指不需在债券上记载持有人姓名及住所。无记名债券可随意转让,不需办理过户手续。

(2) 按是否能够转换成公司股权,分为可转换债券与不可转换债券。可转换债券是指债券持有者可以在规定的时间内按规定的价格转换为股票。不可转换债券是指不能转换为股票,大多数公司债券属于这种类型。

(3) 按有无特定财产担保,分为担保债券和信用债券。担保债券是指以抵押方式担保发行人按期还本付息的债券,主要是指抵押债券。信用债券是指无担保债券,凭公司自身的信用发行的、没有抵押品做抵押担保的债券。在公司清算时,信用债券的持有人因无特定的资产做担保品,只能作为一般债权人参与剩余财产的分配。

(4) 按是否公开发行,分为公开发行债券和非公开发行债券。资信状况符合规定标准的公司债券可以向公众投资者公开发行,也可选择仅面向合格投资者公开发行。未达到规定标准的公司债券公开发行应当面向合格投资者。非公开发行的公司债券应当向合格投资者发行。

3. 公司债券发行的程序

(1) 作出发债决议。公司发行债券需公司董事会制订方案,股东大会批准并作出决议。

(2) 提出发债申请。根据《证券法》规定,公司申请发行债券由国务院证券监督管理部门批准。公司申请应提交营业执照、公司章程、公司债券募集办法、资产评估报告和验资报告等正式文件。

(3) 公告募集办法。公司发行债券的申请经批准后,向社会公告公司债券的募集办法。公司债券募集分为私募发行和公募发行。私募发行是以特定的少数投资者为指定对象发行债券,公募发行是在证券市场上以非特定的广大投资者为对象公开发行债券。

(4)委托证券经营机构发售。按照我国公司债券发行的相关法律规定,公募发行采取间接发行方式。由发行公司与承销团签订承销协议。承销团由数家证券公司或投资银行组成,承销方式有代销和包销两种。代销指承销机构代为推销债券,在约定期限内未售出的余额可退还发行公司,承销机构不承担发行风险。包销由承销团先购入发行公司拟发行的全部债券,然后再售给社会上的投资者,如果约定期限内未能全部售出,余额由承销团负责认购。

(5)交付债券,收缴债券款。债券购买人向债券承销机构付款购买债券,承销机构向购买人交付债券。然后,债券发行公司向承销机构收缴债券款,登记债券存根簿,并结算发行代理费。

4.债券的偿还

债券偿还时间按其实际发生与规定的到期日之间的关系,分为提前偿还与到期偿还两类,其中后者又包括分批偿还和一次偿还两种。

(1)提前偿还:指在债券尚未到期之前就予以偿还,需要在契约中明确规定。

(2)到期分批偿还:指同一种债券有不同编号或不同发行对象,不同到期日,需分批偿还。

(3)到期一次偿还:多数情况下,发行债券的公司在债券到期日,一次性归还债券本金,并结算债券利息。

5.债券发行价格的确定

债券的发行价格是指债券在市场上发行时所使用的价格,通常有平价发行、溢价发行、折价发行3种。当债券按面值发行时叫平价发行,当债券以高于面值的价格发行时叫溢价发行,当债券按低于面值的价格发行时叫折价发行。

确定债券的发行价格时,要综合考虑债券票面利率、市场平均利率以及货币时间价值。在分期付息、到期一次还本且不考虑发行费用的情况下,债券发行价格的计算公式为:

$$债券发行价格 = \frac{债券面值}{(1+市场利率)^n} + \sum_{i=1}^{n}\frac{债券面值 \times 票面利率}{(1+市场利率)^n}$$

或

$$债券发行价格 = 债券面值 \times (P/F, i_1, n) + 债券面值 \times i_2 \times (P/A, i_1, n)$$

式中:n——债券期限;

i_1——市场利率;

i_2——票面利率。

例 3-3 南方公司发行 5 年期债券,面值为 1 000 元,票面利率为 6%,每年年末付息一次。请计算市场利率为 4%、6%、8%时,债券的发行价格应分别为多少。

当市场利率为 4%时:

债券发行价格 $P = 1\,000 \times 6\% \times (P/A, 4\%, 5) + 1\,000 \times (P/F, 4\%, 5) = 1\,089$ 元

当市场利率为 6%时:

债券发行价格 $P = 1\,000 \times 6\% \times (P/A, 6\%, 5) + 1\,000 \times (P/F, 6\%, 5) = 1\,000$ 元

当市场利率为 8%时:

债券发行价格 $P = 1\,000 \times 6\% \times (P/A, 8\%, 5) + 1\,000 \times (P/F, 8\%, 5) = 920$ 元

6.发行公司债券的筹资特点

(1)一次筹资数额大。与银行借款、融资租赁等债务筹资方式相比,发行公司债券能够筹集大额的资金,适应公司大规模经营资金的需要。

(2)募集资金的使用限制条件少。与银行借款相比,发行债券募集的资金在使用上具有相对的灵活性和自主性。

(3)资本成本负担较高。相对于银行借款筹资,发行债券的利息负担和筹资费用都比较高。

(4)提高公司的社会声誉。公司债券的发行主体,有严格的资格限制。企业通过发行公司债券,一方面筹集了大量资金,另一方面也扩大了公司的社会影响。

三、融资租赁

融资租赁指通过签订资产出让合同的方式,使用资产的一方(承租方)通过支付租金,向出让资产的一方(出租方)取得资产使用权的一种交易行为。在这项交易中,承租方通过得到所需资产的使用权,完成了筹集资金的行为。

1. 租赁的基本特征

(1)所有权与使用权相分离。所有权与使用权分离是租赁的主要特点之一,而且是资金与实物相结合基础上的分离。

(2)融资与融物相结合。租赁是以商品形态与货币形态相结合提供的信用活动。

(3)租金的分期支付。在租金的偿还方式上,可采取分期支付方式。出租方的资金一次投入,分期收回。对于承租方而言,通过租赁可以提前获得资产的使用价值,分期支付租金便于分期规划未来的现金流出量。

2. 租赁的分类

(1)经营租赁:是由租赁公司向承租单位在短期内提供设备,并提供维修、保养、人员培训等的一种服务性业务,又称服务性租赁。经营租赁的特点主要包括:承租企业可向出租人提出租赁资产要求;租赁期较短;租赁设备的维修、保养由租赁公司负责;租赁期满或合同中止以后,出租资产一般由租赁公司收回。经营租赁比较适用于租用技术过时较快的生产设备。

(2)融资租赁:是由租赁公司按承租方要求出资购买设备,在较长合同期内提供给承租方使用的融资信用业务,它是以融通资金为主要目的的租赁。主要特点包括:出租的设备根据承租企业提出的要求购买,或者由承租企业直接从制造商或销售商那里选定;租赁期较长,接近于资产的有效使用期,在租赁期间双方无权取消合同;由承租企业负责设备的维修、保养;租赁期满,按事先约定的方法处理设备,包括退还租赁公司,或继续租赁,或企业留购。

3. 融资租赁的基本程序与形式

(1)融资租赁的基本程序:选择租赁公司—签订购货协议—签订租赁合同—交货验收—定期交付租金—合同期满处理设备,承租企业根据合同约定,对设备续租、退租或留购。

(2)融资租赁的基本形式。

第一,直接租赁:是融资租赁的主要形式,承租方提出租赁申请时,出租方按照承租方的要求选购设备,然后再出租给承租方。

第二,售后回租:指承租方由于急需资金等各种原因,将自己的资产售给出租方,然后以租赁的形式从出租方原封不动地租回资产的使用权。

第三,杠杆租赁:指涉及承租人、出租人和资金出借人三方的融资租赁业务。一般来说,当所涉及的资产价值昂贵时,出租方自己只投入部分资金(20%~40%),其余资金则通过将该资产抵押担保的方式,向第三方(通常为银行)申请贷款解决。

4.融资租赁的租金计算

(1)租金的构成。融资租赁每期租金的多少,取决于以下几项因素:设备原价及预计残值,包括设备买价、运输费、安装调试费、保险费等,以及设备租赁期满后出售可得的收入;利息,指租赁公司为承租企业购置设备垫付资金所应支付的利息;租赁手续费,指租赁公司承办租赁设备所发生的业务费用和必要的利润。

(2)租金的支付方式。租金的支付有以下几种分类方式:按支付间隔期长短,分为年付、半年付、季付和月付等方式;按在期初和期末支付,分为先付和后付;按每次支付额,分为等额支付和不等额支付。实务中,承租企业与租赁公司商定的租金支付方式,大多为后付等额年金。

(3)租金的计算。我国融资租赁实务中,租金的计算大多采用等额年金法。等额年金法下,通常要根据利率和租赁手续费率确定一个租费率作为折现率。

例 3-4 某企业于 2020 年 1 月 1 日从租赁公司租入一套设备,价值 600 万元,租期 6 年,租赁期满时预计残值 12 万元,归租赁公司。年利率 8%,租赁手续费率每年 2%。租金每年末支付一次,则:

每年租金=[6 000 000 − 120 000×(P/F,10%,6)]÷(P/A,10%,6)=1 362 090.9 元

为了便于有计划地安排租金的支付,承租企业可编制租金摊销计划表,根据例3-4 的有关资料编制的租金摊销计划表如表 3-37 所示。

表 3-37 融资租赁租金摊销计划表

年份	期初本金 (1)	支付租金 (2)	应计租费 (3)=(1)×10%	本金偿还额 (4)=(2)−(3)	本金余额 (5)=(1)−(4)
2020	6 000 000.00	1 362 090.90	600 000.00	762 090.90	5 237 909.10
2021	5 237 909.10	1 362 090.90	523 790.91	838 299.99	4 399 621.62
2022	4 399 621.62	1 362 090.90	439 962.16	922 128.74	3 477 506.65
2023	3 477 506.65	1 362 090.90	347 750.67	1 014 340.23	2 463 180.31
2024	2 463 180.31	1 362 090.90	246 318.03	1 115 772.87	1 347 421.34
2025	1 347 421.34	1 362 090.90	134 742.13	1 227 348.77	120 072.57
合计		8 172 545.40	2 292 563.90	5 879 981.50	120 072.57

注:120 072.57 为到期残值,尾数 72.57 是中间计算过程四舍五入的误差导致。

5.融资租赁的筹资特点

(1)不需大量资金就能迅速获得资产。在资金缺乏的情况下,融资租赁能迅速获得所需资产。

(2)财务风险小,财务优势明显。融资租赁与购买的一次性支出相比,能够避免一次性支出的负担,而且租金支出是未来的、分期的,企业无须一次筹集大量资金偿还。

(3)筹资的限制条件较少。相比股票、债券、长期借款等筹资方式,融资租赁筹资的限制条件很少。

(4)能延长资金融通的期限。融资租赁的期限可接近其全部使用寿命期限,并且其金额随设备价款金额而定,无融资额度的限制。

(5)资本成本负担较高。融资租赁的租金通常比银行借款或发行债券所负担的利息高,租

金总额通常要比设备价值高出 30%,高额的固定租金也给企业各期的经营带来了负担。

四、商业信用

商业信用是企业之间在商品交易过程中由于延期付款或预收货款而形成的借贷关系,是企业之间直接的短期信用行为。其具体形式主要包括应付账款、应付票据、预收账款等。

1. 应付账款

应付账款是企业购买货物暂未付款而欠对方的账项,是一种卖方信用。赊购方可以通过延期付款获得相当于货款金额的短期资金。如果赊购业务能保持一定的规模,则企业可以获得一定数量的、比较稳定的资金来源。

(1)应付账款的成本。通过应付账款的形式获得的资金可能是免费的,也可能是有代价的,这取决于销售方的信用条件。如果提前付款可以享受销售现金折扣,那么延期付款的代价就是损失了可能获得的现金折扣;反之无论提前付款还是延期付款都要支付相同的金额,则通过应付账款形式获得的资金是免费的。放弃现金折扣的成本可以用如下公式计算:

$$放弃现金折扣的资金成本 = \frac{折扣百分比}{1-折扣百分比} \times \frac{360}{信用期-折扣期}$$

例 3-5 蔚蓝公司计划向钢材厂采购一批钢材,厂家给出了(2/10,n/30)的信用条件,请问公司放弃现金折扣的成本是多少?

$$公司放弃现金折扣的资金成本 = \frac{2\%}{1-2\%} \times \frac{360}{30-10} = 36.73\%$$

(2)利用现金折扣的决策。在有信用条件的情况下,买方企业可以根据不同的情况做出不同的决策:

如果企业能以较低的利率借入资金,且借款利率低于放弃现金折扣的资金成本,那么企业应当借入资金享受现金折扣;

如果折扣期内将应付账款用于短期投资,所获得的收益高于放弃现金折扣的成本,那么企业可以放弃现金折扣去追求短期投资更高的收益;

如果企业面对两家以上的卖方,应当比较不同卖方提供的信用条件,选出信用成本最小的一家。

2. 应付票据

应付票据是企业进行延期付款商品交易时开具的反映债权债务关系的票据。和应付账款一样,应付票据也是一种卖方信用。应付票据的最长支付期不超过 6 个月,可以带息,也可以不带息。无息票据获得的信用是免费信用,带息票据获得的信用是有代价信用。带息票据的利率一般比银行借款低,且不用保持相应的补偿性余额和支付协议费,但如果逾期未偿还,则面临交付罚金的风险。

3. 预收账款

预收账款是企业在进行商品销售时通过预收部分或全部货款的方式取得的信用形式。不同于应付账款和应付票据,预收账款是一种买方信用,相当于向买方借取了一笔资金,并稍后用物品抵偿。如果以预收账款方式销售的商品价格低于正常销售的商品的价格,则这种信用方式是有代价信用,信用成本即为少收取的商品价格;如果以预收账款方式销售的商品价格等于正常销售的商品的价格,则这种信用方式是免费信用。

4. 商业信用筹资的特点

商业信用筹资最大的优越性在于容易取得。对于多数企业来说,商业信用可持续使用且不需要办理复杂的筹资手续。但通过此方法取得的筹资金额有限且期限较短。

五、债务筹资的优缺点

1. 债务筹资的优点

(1)筹资速度较快。与股权筹资相比,债务筹资不需要经过复杂的审批手续和证券发行程序,可以迅速地获得资金。

(2)筹资弹性较大。发行股票等股权筹资需要严格的政府审批,而且股权不能退还。利用债务筹资可根据企业的经营情况和财务状况,灵活控制筹资数量、时间。

(3)资本成本负担较轻。债务筹资的资本成本一般低于股权筹资,原因如下:一是取得资金的筹资费用较低;二是利息、租金等用资费用比股权资本要低;三是利息等资本成本可以在税前支付。

(4)可以利用财务杠杆。债务筹资不改变公司的控制权,当企业的资本收益率(息税前利润率)高于债务利率时,会增加普通股股东的每股收益,提高净资产收益率,提升企业价值。

(5)稳定公司的控制权。债权人无权参加企业的经营管理,在信息沟通与披露等公司治理方面的成本也较低。

2. 债务筹资的缺点

(1)不能形成企业稳定的资本基础。

(2)财务风险较大。

(3)筹资数额有限。

学习任务5　资 本 成 本

学习情境描述

京扬电器公司账面反映的长期资金共 1 600 万元,其中,长期借款 400 万元,应付长期债券 100 万元,普通股 1 000 万元,保留盈余资金 100 万元。假设你是公司财务负责人,请问公司按账面价值计算的综合资本成本是多少?

学习目标

(1)通过学习情境,了解资本成本的概念、作用以及资本成本指标的含义。

(2)能够熟练计算个别资本成本。

(3)能够熟练计算综合资本成本。

任务书

你接到上任以来有关企业资本成本的核算任务:你需要收集统计企业不同渠道筹措资本的

情况,比较不同资本成本的筹资特点,计算企业综合资本成本。

学生任务分配表如表3-38所示。

表3-38 学生任务分配表

班级			组名		指导老师	
	姓名	学号		姓名		学号
组长						
组员						

任务分工:

小提示:

①组队规则:3~5名同学自由组队,选取一名同学做组长,组长负责分配工作,安排工作进度,组织课外讨论,最后做案例呈现,可以得到额外加分。组员需听从组长的安排,大家齐心协力,以小组名义奋斗。

②团队合作是考核评价的重要内容。

(1)京扬企业2021年资金需求量计划增加4 000万元,通过向银行借款、发行债券、发行优先股、发行普通股等方式筹资,具体内容如表3-39所示。

表3-39 2021年公司预计筹资情况

筹资渠道	筹资金额/万元	利率	企业所得税税率	筹资费用率
银行借款	500	借款利率6%	25%	0.5%
发行债券	500	票面利率8%	25%	3%
发行优先股	1 000	每股10元,100万股, 年股利率12%	25%	5%
发行普通股	2 000	每股10元,200万股,预计下一年 股利率14%、年均增长率4%	25%	7%

(2)其中债券溢价发行,溢价金额 50 万元。优先股和普通股平价发行。

(3)上年度留存收益 500 万元。

工作计划

引导问题 1 基于学习情境中给定的信息,结合个别资本成本计算方法,分析计算不同筹资渠道的资本成本。计算结论填入表 3-40。

表 3-40 2021 年个别资本成本计算

筹资渠道	筹资金额/万元	资本成本(不考虑货币时间价值)	资本成本(考虑货币时间价值)	企业所得税是否可以抵扣
银行借款	500			
发行债券	500			
发行优先股	1 000			
发行普通股	2 000			

引导问题 2 基于学习情境中给定的信息和引导问题 1 中个别资本成本计算的结果(不考虑货币时间价值),分析计算公司 2021 年的综合资本成本率,计算过程和结果填入表 3-41。

表 3-41 综合资本成本率

筹资渠道	筹资金额/万元	个别资本成本	综合资本成本率
银行借款	500		
发行债券	500		
发行优先股	1 000		
发行普通股	2 000		

引导问题 3 基于学习情境中给定的信息,因上年度公司留存收益有 500 万元,请计算留存收益的资本成本,填入表 3-42。

表 3-42 留存收益的资本成本

筹资渠道	筹资金额/万元	资本成本
留存收益	500	

引导问题 4 基于学习情境中给定的信息,结合引导问题 1、2、3 的计算结果,比较 2021 年公司不同筹资渠道的资本成本,并做出资金需求量 4 000 万元的计划安排,填入表 3-43。

表 3-43 资金需求量筹集方案

筹资渠道	预计资金需求量	预计资本成本

工作实施

(1)各组分别阅读、研究给出的信息。
(2)各组自行制订学习计划,分配学习任务,调查、分析、计算、填制表 3-40 至表 3-43。
(3)小组之间进行互评。
(4)每个同学完成自评。
(5)每个小组完成对本组成员的组内点评。
(6)教师结合大家的完成情况和现场表现进行点评,填写教师综合评价表。
(7)最后,教师运用加权平均方法,完成本学习情境最终的考评。

评价反馈

各组代表介绍任务的完成过程。每个学习情境的成绩评定将按学生自评、组内点评、小组互评、教师评价四个阶段进行,并按自评占 10%、组内点评占 20%、小组互评占 20%、教师评价占 50% 计算每个学生的综合评价结果。

(1)学生进行自我评价,并将结果填入表 3-44 所示的学生自评表中。

表 3-44 学生自评表

班级		组名		姓名	
学习情境		资本成本			
评价项目	评价标准			分值	得分
资本成本	掌握资本成本的含义和作用			10	
个别资本成本	掌握个别资本成本的概念,并能熟练计算			30	
综合资本成本	掌握综合资本成本的概念,并能熟练计算			20	
工作态度	态度端正,无无故缺勤、迟到、早退			10	
工作质量	能按计划完成工作任务			10	
团队合作能力	与小组成员、同学之间能合作交流,共同完成工作任务			10	
创新意识	学习和分析问题有创新之处			10	
合计				100	

(2)学生以小组为单位,对组内各位成员的表现进行客观公正的评价。以 4 人小组为例,组长比重占 40%,其他两个组员各占 30%,总评分加权平均得出,并将点评结果填入表 3-45 所示的组内点评表。

表 3-45　组内点评表

班级		组名		姓名	
学习情境		资本成本			
评价项目	分值	组长点评（40%）	组员点评（30%）	组员点评（30%）	评分
工作态度	20				
工作质量	10				
工作效率	10				
工作完整	15				
工作贡献	15				
团队合作	20				
是否有创新之处	10				
合计	100				

(3) 学生以小组为单位，对资本成本学习、分析、计算的过程和结果进行互评，将互评的结果填入表 3-46 所示的小组互评表。每个组须经其他两个组点评，最终被评小组互评成绩采用两个小组的平均数。

表 3-46　小组互评表

班级		被评小组		
学习情境		资本成本		
评价项目	分值	得分		
		第1小组	第2小组	平均得分
计划合理	15			
组织有序	10			
团队合作	15			
工作质量	15			
工作效率	10			
工作完整	10			
工作规范	10			
成果展示	15			
合计	100			

(4) 教师对学生工作过程与工作结果进行评价，并将评价结果填入表 3-47 所示的教师综合评价表。组内点评在 90 分以上的组长，在综合得分基础上乘 1.1 的系数；组内点评在 80～90 分的组长，在综合得分基础上乘 1.05 的系数；组内点评在 70～80 分的组长，在综合得分基础上乘 1.02 的系数。每个组的组长采用轮值制，保证每位学生都有当组长的机会。

表 3-47 教师综合评价表

班级			组名		姓名		
	学习情境				资本成本		
	评价项目		评价标准			分值	得分
	考勤（10%）		无无故迟到、早退、旷课现象			10	
工作过程 （60%）	个别资本成本		掌握个别资本成本的概念，并能熟练计算			30	
	综合资本成本		掌握综合资本成本的概念，并能熟练计算			15	
	工作态度		态度端正、工作认真、主动			5	
	团队合作精神		与小组成员、同学之间能合作交流，共同完成工作任务			5	
	创新意识		在工作中有创新之处			5	
项目成果 （30%）	工作完整		能按时完成工作任务			5	
	工作规范		能按照规范要求计算			5	
	成果展示		能准确表达资本成本的分析、计算结果			20	
			合计			100	
综合评价	学生自评 （10%）		组内点评 （20%）	小组互评 （20%）	教师评价 （50%）	综合得分	

拓展思考题

（1）请分析债券折价发行对资本成本的影响。
（2）请分析所得税对资本成本的影响。

学习情境相关知识点

一、资本成本概述

资本成本是衡量资金结构优化程度的标准，也是对投资获得经济效益的最低要求，通常用资本成本率表示。

1. 资本成本的含义

资本成本是指企业为筹集和使用资本而付出的代价，是资本所有权与使用权分离的结果，包括筹资费用和占用费用。出资者让渡资本使用权，须取得一定的补偿。筹资者取得了资本使用权，须支付一定的代价，包括筹资费和占用费。

（1）筹资费：指企业在资本筹措过程中为获取资本而付出的代价，如向银行支付的借款手续费，发行股票、公司债券支付的发行费等。筹资费用通常在资本筹集时一次性支出，可视为筹资数额的扣除。

（2）占用费：指企业在资本使用过程中因占用资本而付出的代价，如向银行等债权人支付的利息、向股东支付的股利等。

2. 资本成本的作用

(1) 比较与评价筹资方式、选择筹资方案的依据。在其他条件相同时,企业筹资应选择资本成本最低的方式。

(2) 衡量资本结构是否合理的重要依据。企业财务管理目标是企业价值最大化,企业价值是企业资产带来的未来现金流量的贴现值。计算企业价值时,经常采用企业的平均资本成本作为贴现率,当平均资本成本最小时,企业价值最大,此时的资本结构是企业理想的资本结构。

(3) 评价投资项目可行性的主要标准。任何投资项目,只有其预期的投资收益率超过使用资金的资本成本,该项目在经济上才是可行的。

(4) 评价企业整体业绩的重要依据。企业生产经营活动实际上就是所筹集资本经过投放后形成资产的营运,企业的总资产税后收益率只有高于其平均资本成本,才能带来剩余收益。

二、影响资本成本的因素

1. 总体经济环境

总体经济环境状况会对企业筹资的资本成本产生影响。如果国民经济健康、稳定、持续增加,筹资的资本成本就低。反之,如果经济过热,通货膨胀持续居高不下,投资者投资的风险大,筹资的资本成本就高。

2. 资本市场条件

资本市场条件包括资本市场的效率和风险。如果资本市场缺乏效率,证券的市场流动性低,投资者投资风险大、预期收益高,则通过资本市场融通的资本成本就高。

3. 企业经营状况和融资状况

企业的经营风险和财务风险共同构成企业总体风险,如果企业总体风险水平高,投资者要求的预期收益高,则企业筹资的资本成本就高。

4. 企业对筹资规模和时限的要求

一定时期内国民经济体系中资金供给总量是一定的,企业一次性需要筹集的资金规模大、占用资金时限长,资本成本就高。

三、个别资本成本的计算

个别资本成本是指单一融资方式的资本成本,包括银行借款资本成本、公司债券资本成本、融资租赁资本成本、优先股资本成本、普通股资本成本和留存收益资本成本等。

1. 个别资本成本的计算

(1) 一般模式。一般模式下计算资本成本,通常不考虑货币时间价值,将初期的筹资费用作为筹资额的一项扣除,计算公式为:

$$资本成本率 = \frac{资金占用费}{筹资总额 - 筹资费用} = \frac{资金占用费}{筹资总额 \cdot (1 - 筹资费用率)}$$

(2) 贴现模式。对于金额大、时间超过1年的长期资本,更为准确一些的资本成本计算方式是采用贴现模式,即将债务未来还本付息或股权未来股利分红的贴现值与目前筹资净额相等时的贴现率作为资本成本率。

由:

筹资净额现值－未来资本清偿额现金流量现值＝0

得：

资本成本率＝所采用的贴现率

2. 银行借款的资本成本

银行借款的成本是借款利息和筹资费用。由于借款利息计入税前成本费用，可以起到抵税的作用，银行借款的资本成本率一般模式计算公式是：

$$K_L = \frac{I_L(1-T)}{1-F_L}$$

式中：K_L——银行借款资本成本；

I_L——银行借款年利率；

T——企业所得税税率；

F_L——银行借款筹资费用率。

例 3-6 大华企业从银行取得 5 年期长期借款 1 000 万元，年利率 10%，每年付息一次，到期一次还本，筹资费用率 0.5%，企业所得税税率 25%，该项借款一般模式下的资本成本率为：

$$K_L = \frac{10\% \times (1-25\%)}{1-0.5\%} = 7.54\%$$

若考虑时间价值，该项长期借款在贴现模式下的资本成本计算如下：

$$1\,000 \times (1-0.5\%) = 1\,000 \times 10\% \times (1-25\%) \times (P/A, i, 5) + 1\,000 \times (P/F, i, 5)$$

可用插值法，亦可用 Excel 里的 IRR 函数计算得到 $i = 7.62\%$。

3. 公司债券的资本成本

发行债券的成本主要是债券利息和筹资费用。债券利息的处理与银行借款利息的处理相同，应以税后的债券成本为计算依据。其计算公式是：

$$K_B = \frac{I_B(1-T)}{1-F_B}$$

式中：K_B——债券资本成本；

I_B——债券年利率；

T——企业所得税税率；

F_B——发行债券筹资费用率。

例 3-7 大华企业发行总面值为 1 000 万元的 5 年期债券，票面利率为 10%，筹资费用率为 3%，企业的所得税税率为 25%。则该项债券一般模式下的资本成本率为：

$$K_B = \frac{10\% \times (1-25\%)}{1-3\%} = 7.73\%$$

例 3-8 大华企业发行总面值为 1 000 万元的 5 年期债券，票面利率为 10%，溢价 100 万元，筹资费用率为 3%，企业的所得税税率为 25%。则该项债券一般模式下的资本成本率为：

$$K_B = \frac{1\,000 \times 10\% \times (1-25\%)}{1\,100 \times (1-3\%)} = 7.03\%$$

若考虑时间价值，该项公司债券的资本成本计算如下：

$$1\,100 \times (1-3\%) = 1\,000 \times 10\% \times (1-25\%) \times (P/A, i, 5) + 1\,000 \times (P/F, i, 5)$$

可用插值法，亦可用 Excel 里的 IRR 函数计算得到 $i = 5.91\%$。

4.优先股的资本成本

优先股资本成本属于权益资本成本,其占用的费用是向股东分配的股利,股利是税后支付,不能抵减所得税。权益资本与前两种债务资本的显著不同是不扣除所得税。企业发行优先股,需要花费筹资费用,并定期支付股利。其计算公式为:

$$K_P = \frac{D_P}{P_S(1-F_P)}$$

式中:K_P——优先股资本成本;

D_P——优先股每年股利;

P_S——优先股发行总额;

F_P——发行优先股筹资费用率。

例 3-9 大华企业发行总面值为 1 000 万元的优先股股票,每年支付 10% 的股利,筹资费用率为 3%,企业的所得税税率为 25%。则该项优先股一般模式下的资本成本率为:

$$K_P = \frac{1\ 000 \times 10\%}{1\ 000 \times (1-3\%)} = 10.31\%$$

例 3-10 大华公司发行总面值为 1 000 万元的优先股股票,该优先股溢价发行,发行价格为 1 100 万元,每年支付 10% 的股利,筹资费用率为 3%,企业的所得税税率为 25%。则该优先股的资本成本率为:

$$K_P = \frac{1\ 000 \times 10\%}{1\ 100 \times (1-3\%)} = 9.37\%$$

由例 3-10 可见,该优先股票面股息率为 10%,但实际资本成本率只有 9.37%,主要是因为该优先股溢价 1.1 倍发行。

5.普通股的资本成本

普通股资本成本主要是向股东支付的各期股利。由于各期股利并不固定,随企业各期收益波动,因此普通股的资本成本只能按贴现模式计算,并假定各期股利的变化呈一定规律性。

(1)股利增长模型法。假定某股票本期支付的股利为 D_1,未来各期股利按一个固定的速度增长,则普通股资本成本率计算公式是:

$$K_C = \frac{D_1}{P_C(1-F_C)} + G$$

式中:K_C——普通股资本成本;

D_1——预期第一年股利;

P_C——普通股发行总额;

G——普通股股利年增长率;

F_C——发行普通股筹资费用率。

例 3-11 大华公司发行普通股股票,每股发行价格 25 元,共 6 000 万股,筹资费用率为 5%,预计第一年年末每股发放股利 1.2 元,以后每年增长 4%,企业的所得税税率为 25%。则该项普通股的资本成本率为:

$$K_C = \frac{1.2}{25 \times (1-5\%)} + 4\% = 9.05\%$$

(2)资本资产定价模型法:实质是将股东预期投资收益率作为企业资本成本的方法。股东

的预期投资收益率分为无风险收益率和风险收益率,则普通股资本成本率为:

$$K_C = R_C = R_f + \beta(R_m - R_f)$$

式中:K_C——普通股资本成本;

R_C——普通股预期投资收益率;

R_m——股票市场平均的必要报酬率;

R_f——无风险报酬率;

β——某种股票风险程度的指数。

例 3-12 某公司普通股的 β 系数为 1.5,此时一年期国债利率 5%,市场平均收益率 12%,则该普通股资本成本率为:

$$K_C = 5\% + 1.5 \times (12\% - 5\%) = 15.5\%$$

6. 留存收益的资本成本

留存收益是公司缴纳所得税后形成的,其所有权属于股东,实质上相当于股东对公司的追加投资。股东将留存收益用于公司,是想从中获取投资报酬,所以留存收益也有资本成本。它的资本成本是股东失去向外投资获得收益的机会成本,因此与普通股成本计算基本相同,只是不用考虑筹资费用。其计算公式是:

$$K_R = \frac{D_1}{P_C} + G$$

式中:K_R——留存收益资本成本;

D_1——预期第一年股利;

P_C——普通股发行总额;

G——普通股股利年增长率。

例 3-13 大华公司发行普通股股票,每股发行价格 25 元,共 6 000 万股,筹资费用率为 5%,预计第一年年末每股发放股利 1.2 元,以后每年增长 4%,企业的所得税税率为 25%,则留存收益资本成本率为:

$$K_R = \frac{1.2}{25} + 4\% = 8.8\%$$

四、综合资本成本

企业往往从多种渠道、采用多种方式来筹集资金,其筹资成本各不相同,而企业的资金往往不可能是单一形式的,需要将各种筹资方式进行组合。为了正确进行筹资和投资决策,就必须计算企业的综合资本成本。综合资本成本用于衡量企业资本成本水平,确立企业理想的资本结构。综合资本成本是以各种资金所占的比重为权数,对各种资本成本进行加权平均计算出来的。计算公式可以表示为:

$$K_W = \sum_{j=1}^{n} W_j K_j$$

式中:K_W——综合资本成本率;

W_j——第 j 种资金占总资金的比重;

K_j——第 j 种资本的成本;

n——表示企业资金的种类。

综合资本成本率的计算,存在着权数价值的选择问题,即各项个别资本按什么权数来确定资本比例。通常,可供选择的价值形式有账面价值、市场价值、目标价值等。

例 3-14 大华企业账面反映的长期资金共 500 万元,其中,长期借款 100 万元,应付长期债券 50 万元,普通股 250 万元,保留盈余资金 100 万元;其资本成本分别为 6.7%、9.17%、11.26%、11%,则企业按账面价值计算的综合资本成本率为:

$$K_w = 6.7\% \times \frac{100}{500} + 9.17\% \times \frac{50}{500} + 11.26\% \times \frac{250}{500} + 11\% \times \frac{100}{500} = 10.09\%$$

五、边际资本成本的计算

边际资本成本是企业追加筹资的成本。企业在追加筹资时,不能仅仅考虑目前所使用资本的成本,还要考虑新筹集资金的成本,即边际资本成本,作为企业追加筹资的决策依据。筹资方案组合时,边际资本成本的权数采用目标价值权数。

例 3-15 某公司设定的目标资本结构为:银行借款 20%、公司债券 20%、股东权益 60%。现拟追加筹资 1 000 万元,按此资本结构来筹资。个别资本成本率预计分别为:银行借款 7%、公司债券 10%、股东权益 12%。追加筹资 1 000 万元的边际资本成本如表 3-48 所示。

表 3-48 边际资本成本

资本种类	目标资本结构/(%)	追加筹资额/万元	个别资本成本/(%)	边际资本成本/(%)
银行借款	20	200	7	1.4
公司债券	20	200	10	2.0
股东权益	60	600	12	7.2
合计	100	1 000	—	10.6

学习任务 6 杠杆原理

学习情境描述

你是 YG 公司的财务总监(CFO),日前,公司高层决议追加一笔投资,以期提高净资产收益率,同时降低公司的经营及财务风险,追加投资的来源计划为追加实收资本或者是银行借款借入,请你通过计算帮助企业做出决策。

学习目标

(1)掌握企业经营风险的概念、产生原因、衡量方法。
(2)能够通过定义式及推导式计算企业经营杠杆系数 DOL 的大小并以此衡量企业的经营风险大小。
(3)掌握企业财务风险的概念、产生原因、衡量方法。
(4)能够通过定义式及推导式计算企业财务杠杆系数 DFL 的大小并以此衡量企业的财务

风险大小。

(5)掌握企业总风险的概念、产生原因、衡量方法。

(6)能够通过定义式及推导式计算企业总杠杆系数 DTL 的大小并以此衡量企业的总风险大小。

(7)能够通过经营杠杆系数、财务杠杆系数和总杠杆系数的计算、比较,对企业的综合风险进行判断、决策。

任务书

作为 YG 公司的财务总监,你接到了一个重要的任务。为了提高公司生产经营的净资产收益率,并降低公司风险,高层决议追加一笔投资,目前有两个方案:方案①是通过追加实收资本取得额外资金;方案②是通过银行借款取得额外资金。请通过计算、比较两种不同追加资金的方式对公司风险的影响,做出你的决策。

任务分组

学生任务分配表如表 3-49 所示。

表 3-49 学生任务分配表

班级		组名		指导老师	
	姓名		学号	姓名	学号
组长					
组员					

任务分工:

小提示:

①组队规则:3~5 名同学自由组队,选取一名同学做组长,组长负责分配工作,安排工作进度,组织课外讨论,最后做案例呈现,可以得到额外加分。组员需听从组长的安排,大家齐心协力,以小组名义奋斗。

②团队合作是考核评价的重要内容。

YG公司主营业务为生产并销售制造口罩的熔喷布,2020年销售额为1 000万元,变动成本率为70%,全部固定成本(包括利息)为200万元,总资产500万元,资产负债率40%,负债的平均利率为8%。公司拟追加投资400万元,每年固定成本增加50万元,可以使销售额增加30%,并使变动成本率下降至60%。

引导问题1 计算YG公司目前的净资产收益率、经营杠杆系数、财务杠杆系数和总杠杆系数,填入表3-50。

表3-50 各项系数计算表(一)

项目	净资产收益率 ROE	经营杠杆系数 DOL	财务杠杆系数 DFL	总杠杆系数 DTL
公式	ROE=净利润/净资产	DOL=M/EBIT	DFL=EBIT/(EBIT$-I$)	DTL=DOL×DFL
计算结果				

引导问题2 如果所需资金以追加实收资本的方式获得,请计算追加后的净资产收益率、经营杠杆系数、财务杠杆系数和总杠杆系数,填入表3-51。

表3-51 各项系数计算表(二)

项目	净资产收益率 ROE	经营杠杆系数 DOL	财务杠杆系数 DFL	总杠杆系数 DTL
公式	ROE=净利润/净资产	DOL=M/EBIT	DFL=EBIT/(EBIT$-I$)	DTL=DOL×DFL
计算结果				

引导问题3 如果所需资金以10%的利率借入,请计算追加后的净资产收益率、经营杠杆系数、财务杠杆系数和总杠杆系数,填入表3-52。

表3-52 各项系数计算表(三)

项目	净资产收益率 ROE	经营杠杆系数 DOL	财务杠杆系数 DFL	总杠杆系数 DTL
公式	ROE=净利润/净资产	DOL=M/EBIT	DFL=EBIT/(EBIT$-I$)	DTL=DOL×DFL
计算结果				

引导问题4 根据表3-50至表3-52的计算结果,请给出你的决策。公司是否应该改变经营计划?为什么?

工作实施

(1)各组分别阅读、研究给出的财务信息。
(2)各组自行制订学习计划,分配学习任务,计算、填制表3-50至表3-52。
(3)各组统一撰写决策报告。
(4)各组派代表阐述本组决策分析。
(5)各组对其他小组的决策分析报告进行点评、提问,完成小组互评。
(6)每个同学完成自评。
(7)每个小组完成对本组成员的组内点评。
(8)教师结合大家的完成情况和现场表现进行点评,填写教师综合评价表。
(9)最后,教师运用加权平均方法,完成本学习情境最终的考评。

评价反馈

各组代表介绍任务的完成过程。每个学习情境的成绩评定将按学生自评、组内点评、小组互评、教师评价四个阶段进行,并按自评占10%、组内点评占20%、小组互评占20%、教师评价占50%计算每个学生的综合评价结果。

(1)学生进行自我评价,并将结果填入表3-53所示的学生自评表中。

表3-53 学生自评表

班级		组名		姓名	
学习情境		杠杆原理			
评价项目	评价标准			分值	得分
经营杠杆效应	掌握经营杠杆效应的定义、产生原因、衡量方法及经营杠杆系数的计算			20	
财务杠杆效应	掌握财务杠杆效应的定义、产生原因、衡量方法及财务杠杆系数的计算			20	
总杠杆效应	掌握总杠杆效应的定义、产生原因、衡量方法及总杠杆系数的计算,并能够通过计算进行资本决策			20	
工作态度	态度端正,无无故缺勤、迟到、早退			10	
工作质量	能按计划完成工作任务			10	
团队合作能力	与小组成员、同学之间能合作交流,共同完成工作任务			10	
创新意识	学习和分析问题有创新之处			10	
合计				100	

(2) 学生以小组为单位，对组内各位成员的表现进行客观公正的评价。以 4 人小组为例，组长比重占 40%，其他两个组员各占 30%，总评分加权平均得出，并将点评结果填入表 3-54 所示的组内点评表。

表 3-54　组内点评表

班级		组名		姓名		
学习情境			杠杆原理			
评价项目		分值	组长点评（40%）	组员点评（30%）	组员点评（30%）	评分
工作态度		20				
工作质量		10				
工作效率		10				
工作完整		15				
工作贡献		15				
团队合作		20				
是否有创新之处		10				
合计		100				

(3) 学生以小组为单位，对杠杆效应学习、分析、计算的过程和结果进行互评，将互评的结果填入表 3-55 所示的小组互评表。每个组须经其他两个组点评，最终被评小组互评成绩采用两个小组的平均数。

表 3-55　小组互评表

班级		被评小组			
学习情境		杠杆原理			
评价项目		分值	得分		
			第 1 小组	第 2 小组	平均得分
计划合理		15			
组织有序		10			
团队合作		15			
工作质量		15			
工作效率		10			
工作完整		10			
工作规范		10			
成果展示		15			
合计		100			

(4) 教师对学生工作过程与工作结果进行评价，并将评价结果填入表 3-56 所示的教师综合评价表。组内点评在 90 分以上的组长，在综合得分基础上乘 1.1 的系数；组内点评在 80～90

分的组长,在综合得分基础上乘 1.05 的系数;组内点评在 70～80 分的组长,在综合得分基础上乘 1.02 的系数。每个组的组长采用轮值制,保证每位学生都有当组长的机会。

表 3-56 教师综合评价表

班级		组名		姓名	
学习情境			杠杆原理		
评价项目		评价标准		分值	得分
考勤(10%)		无无故迟到、早退、旷课现象		10	
工作过程 (60%)	经营杠杆效应	掌握经营杠杆效应的定义、产生原因、衡量方法及经营杠杆系数的计算		15	
	财务杠杆效应	掌握财务杠杆效应的定义、产生原因、衡量方法及财务杠杆系数的计算		15	
	总杠杆效应	掌握总杠杆效应的定义、产生原因、衡量方法及总杠杆系数的计算,并能够通过计算进行资本决策		15	
	工作态度	态度端正、工作认真、主动		5	
	团队合作精神	与小组成员、同学之间能合作交流,共同完成工作任务		5	
	创新意识	在工作中有创新之处		5	
项目成果 (30%)	工作完整	能按时完成工作任务		5	
	工作规范	能按照规范要求计算		5	
	成果展示	能准确表达杠杆效应的分析、计算结果		20	
合计				100	
综合评价	学生自评 (10%)	组内点评 (20%)	小组互评 (20%)	教师评价 (50%)	综合得分

拓展思考题

(1)在总杠杆系数一定的前提下,如何根据公司不同的情况来权衡财务杠杆和经营杠杆?

学习情境相关知识点

财务管理中存在类似于物理学中的杠杆效应,表现为:由于特定固定支出或费用(例如固定生产成本或者固定财务费用)的存在,当某一财务变量以较小幅度变动时,另一相关变量会以较大幅度变动。财务管理中的杠杆效应,包括经营杠杆、财务杠杆和总杠杆三种效应形式。杠杆效应既可以产生利益,也可能带来风险。

一、经营杠杆决策

经营杠杆,是指由于固定性经营成本的存在,使得企业的息税前利润变动率大于业务量变动率的现象。经营杠杆反映了资产收益的波动性，用以评价企业的经营风险。

根据成本习性：

$$\text{EBIT}=S-V-F=(P-v)\cdot Q-F=M-F$$

式中：EBIT——息税前利润；
  S——销售额；
  V——变动成本；
  F——固定成本；
  Q——产销业务量；
  P——销售单价；
  v——单位变动成本；
  M——边际贡献。

上式中，影响 EBIT 的因素包括产品售价、产品需求、产品成本等。在一定范围内，业务量的增加并不会导致固定成本总额的变化，但会降低单位产品分摊的固定成本，从而提高单位产品利润，使息税前利润的增长率大于产销业务量的增长率，进而产生经营杠杆效应。当不存在固定成本时，所有成本都是变动成本，边际贡献等于息税前利润，此时息税前利润变动率与产销业务量的变动率完全一致。

只要企业存在固定成本，就存在经营杠杆效应，但不同的企业经营杠杆的作用程度是不一样的。为了衡量经营杠杆的大小，我们用经营杠杆系数来进行计量。

经营杠杆系数定义式：

$$\text{经营杠杆系数}=\frac{\text{息税前利润变动率}}{\text{销售变动率}}$$

$$\text{DOL}=\frac{\Delta \text{EBIT}/\text{EBIT}}{\Delta S/S}$$

式中：DOL——经营杠杆系数；
  ΔEBIT——息税前利润变动额；
  EBIT——基期息税前利润；
  ΔS——销售额变动数；
  S——基期销售额。

经整理可以得到经营杠杆系数的两个计算式：

$$\text{DOL}=\frac{Q(P-v)}{Q(P-v)-F}=\frac{M}{\text{EBIT}}$$

式中：EBIT——息税前利润；
  F——固定成本；
  Q——产销业务量；
  P——销售单价；
  v——单位变动成本；
  M——边际贡献。

例 3-16 超星科技公司 2019 年和 2020 年的相关经营资料如表 3-57 所示，请计算该公司 2020 年的经营杠杆系数。

表 3-57 超星公司经营数据表

单位:万元

项目	2019 年	2020 年
销售额	10 000	12 000
变动成本	7 000	7 200
边际贡献	3 000	4 800
固定成本	1 000	2 000
息税前利润	2 000	2 800

$$DOL=[(2\ 800-2\ 000)/2\ 000]\div[(12\ 000-10\ 000)/10\ 000]=2$$

计算结果表明,该公司的固定成本产生了两倍的经营杠杆效应。

例 3-17 KG 公司年销售额为 260 万元,息税前利润为 90 万元,固定成本为 40 万元,变动成本率为 50%,资本总额 200 万元,债务比率 40%,利率 12%,请计算公司的经营杠杆系数。

$$DOL=M/EBIT=(S-V)/EBIT=260\times(1-50\%)/90=1.44$$

引起经营风险的主要原因,是市场需求和成本等因素的不确定性。经营杠杆本身并不是利润不稳定的根源。但是,产销量增加时,息税前利润将以经营杠杆系数的倍数的增幅增加;而产销量减少时,息税前利润又将以经营杠杆系数的倍数的幅度减少。由此可见,经营杠杆扩大了市场和生产等不确定因素对利润变动的影响。经营杠杆系数越高,利润变动越激烈,企业的经营风险就越大。一般来说,在其他因素不变的情况下,固定成本越高,经营杠杆系数越大,经营风险越大;销售额越大,经营杠杆系数越小,经营风险越小;变动成本越大,经营杠杆系数越大,经营风险越大。

二、财务杠杆决策

财务杠杆,是指由于债务的存在,而使得企业的普通股收益(或每股收益)变动率大于息税前利润变动率的现象。财务杠杆反映了权益资本收益的波动性,用以评价企业的财务风险。用普通股收益或每股收益表示普通股权益资本收益,则有:

$$TE=(EBIT-I)(1-T)-D$$
$$EPS=[(EBIT-I)(1-T)-D]/N$$

式中:TE——普通股收益;

EPS——每股收益;

I——债务资金利息;

D——优先股股利;

T——所得税税率;

N——普通股股数。

由上式可以看出,影响普通股收益的因素包括资产收益、资本成本、所得税税率等。当有债务带来的利息费用等固定性资本成本存在时,如果其他条件不变,息税前利润的增加虽然不改变固定利息费用总额,但会降低每元息税前利润分摊的利息费用,从而提高每股收益,使得普通股收益的增长率大于息税前利润的增长率,进而产生财务杠杆效应。当不存在固定利息、股息等资本成本时,息税前利润就是利润总额,此时利润总额变动率与息税前利润变动率完全一致。

如果两期所得税税率和普通股股数保持不变,每股盈余的变动率与利润总额变动率也完全一致,进而与息税前利润变动率一致。

只要企业融资方式中存在固定性资本成本,就存在财务杠杆效应。测算财务杠杆效应程度,常用指标为财务杠杆系数。财务杠杆系数(DFL),是普通股收益变动率与息税前利润变动率的比值,定义计算公式为:

$$DFL = \frac{\Delta EPS/EPS}{\Delta EBIT/EBIT}$$

当不存在优先股股利时,根据上式可以推导得出 DFL 的计算公式:

$$DFL = \frac{EBIT}{EBIT - I}$$

如果企业既存在固定利息的债务,又存在固定股息的优先股,则 DFL 的计算公式为:

$$DFL = \frac{EBIT}{EBIT - I - \dfrac{D}{1-T}}$$

式中:D——优先股股利;

T——所得税税率。

例 3-18 有 A、B、C 三个公司,资本总额均为 500 万元,所得税税率为 25%,每股面值均为 1 元。A 公司资本全部由普通股组成;B 公司债务资金 200 万元(利率 10%),普通股 300 万元;C 公司债务资金 250 万元(利率 10.8%),普通股 250 万元。三个公司 2019 年 EBIT 均为 100 万元,2020 年 EBIT 均为 150 万元,EBIT 增长了 50%,有关财务指标如表 3-58 所示。

表3-58 普通股收益及财务杠杆的计算

利润项目		A公司	B公司	C公司
普通股股数/万股		500	300	250
利润总额	2019年/万元	100	80	73
	2020年/万元	150	130	123
	增长率/(%)	50.00	62.50	68.49
净利润	2019年/万元	75	60	54.75
	2020年/万元	112.5	97.5	92.25
	增长率/(%)	50.00	62.50	68.49
普通股收益	2019年/万元	75	60	54.75
	2020年/万元	112.5	97.5	92.25
	增长率/(%)	50.00	62.50	68.49
每股收益	2019年/元	0.15	0.20	0.219
	2020年/元	0.225	0.325	0.369
	增长率/(%)	50.00	62.50	68.49
财务杠杆系数		1	1.25	1.37

对比三个公司的财务杠杆系数可以看出,A、B、C 公司的债务占比分别为 0%、40%、50%,

财务杠杆系数分别为 1、1.25、1.37，可见，资本成本固定型的资本所占比重越高，财务杠杆系数越大。

财务风险是指企业由于筹资原因产生的资本成本负担而导致的普通股收益波动的风险。由于财务杠杆的作用，当企业的息税前利润下降时，企业仍然需要支付固定的资本成本，导致普通股剩余收益以更快的速度下降。财务杠杆放大了资产收益变化对普通股收益的影响，财务杠杆系数越高，表明普通股收益的波动程度越大，财务风险也就越大。在不存在优先股股息的情况下，根据财务杠杆系数的计算公式，不难推导出：

$$DFL = 1 + \frac{I}{EBIT - I}$$

上面公式中，分子是企业筹资产生的固定性资本成本负担，分母是归属于股东的收益。上式表明，在企业有正的税后利润的前提下，财务杠杆系数最低为 1，不会为负数；只要有固定性资本成本存在，财务杠杆系数总是大于 1。

从上式可知，影响财务杠杆的因素包括：企业资本结构中债务资金比重；普通股收益水平；所得税税率水平。其中，普通股收益水平又受息税前利润、固定性资本成本高低的影响。债务成本比重越高、固定的资本成本支付额越高、息税前利润水平越低，财务杠杆效应越大，反之则相反。

例 3-19 A、B、C 三个公司 2019 年的财务杠杆系数分别为 1、1.25、1.37。这意味着，如果 EBIT 下降，A 公司的 EPS 与之同步下降，而 B 公司和 C 公司的 EPS 会以更大的幅度下降。使各公司 EPS 不为负数的 EBIT 最大降幅如表 3-59 所示。

表 3-59　EPS 及 EBIT 变动表

公司	DFL	EPS 降低/(%)	EBIT 降低/(%)
A	1.00	100	100.00
B	1.25	100	80.00
C	1.37	100	72.99

上述结果表明，2020 年在 2019 年的基础上，EBIT 只要降低 72.99%，C 公司普通股收益就会出现亏损；EBIT 降低 80.00%，B 公司普通股收益会出现亏损；EBIT 降低 100%，A 公司普通股收益会出现亏损。显然，C 公司不能支付利息、不能满足普通股股利要求的财务风险远高于其他公司。

三、总杠杆决策

经营杠杆和财务杠杆可以独自发挥作用，也可以综合发挥作用，总杠杆是用来反映二者之间共同作用结果的，即权益资本收益与产销业务量之间的变动关系。由于固定性经营成本的存在，产生经营杠杆效应，导致产销业务量变动对息税前利润变动有放大作用；同样，由于固定性资本成本（债务带来的）的存在，产生财务杠杆效应，导致息税前利润变动对普通股每股收益变动有放大作用。两种杠杆共同作用，将导致产销业务量稍有变动，就会引起普通股每股收益更大的变动。

总杠杆，是指由于固定经营成本和固定资本成本的存在，导致普通股每股收益变动率大于产销业务量的变动率的现象。

用总杠杆系数(DTL)表示总杠杆效应程度,总杠杆系数是经营杠杆系数和财务杠杆系数的乘积,是普通股每股收益变动率相当于产销量变动率的倍数,计算公式为:

$$DTL = \frac{普通股每股收益变动率}{产销量变动率} = DOL \times DFL = \frac{基期边际贡献}{基期利润总额} = \frac{基期税后边际贡献}{基期税后利润}$$

例 3-20 YG 公司 2020 年销售产品 25 万件,单价 80 元,单位变动成本 30 元,固定成本总额 300 万元。公司负债 200 万元,年利率为 10%,并需要每年支付优先股股利 50 万元,所得税税率为 25%。请计算:

①公司的边际贡献;
②公司的息税前利润总额;
③总杠杆系数。

$$M = (80-30) \times 25 \text{万元} = 1\ 250 \text{万元}$$
$$EBIT = (1\ 250 - 300) \text{万元} = 950 \text{万元}$$
$$DOL = 1\ 250/950 = 1.32$$
$$DFL = 950/[950 - 200 \times 10\% - 50/(1-25\%)] = 1.1$$
$$DTL = DOL \times DFL = 1.45$$

公司风险包括企业的经营风险和财务风险,反映了企业的整体风险。总杠杆系数反映了经营杠杆和财务杠杆之间的关系,用以评价企业的整体风险水平。在总杠杆系数一定的情况下,经营杠杆系数与财务杠杆系数此消彼长。总杠杆效应的意义在于:第一,能够说明产销业务量变动对普通股收益的影响,据以预测未来的每股收益水平;第二,揭示财务管理的风险管理策略,即要保持一定的风险状况水平,需要维持一定的总杠杆系数,经营杠杆和财务杠杆可以有不同的组合。

一般来说,固定资产比重较大的资本密集型企业,经营杠杆系数高,经营风险大,企业筹资主要依靠权益资本,以保持较小的财务杠杆系数和财务风险;变动成本比重较大的劳动密集型企业,经营杠杆系数低,经营风险小,企业筹资可以主要依靠债务资金,保持较大的财务杠杆系数和财务风险。

一般来说,在企业初创阶段,产品市场占有率低,产销业务量小,经营杠杆系数大,此时企业筹资主要依靠权益资本,在较低程度上使用财务杠杆;在企业扩张成熟期,产品市场占有率高,产销业务量大,经营杠杆系数小,此时,企业资本结构中可扩大债务资本比重,在较高程度上使用财务杠杆。

学习任务 7　资本结构及决策

学习情境描述

盛大集团公司旗下有两家全资子公司,现在各子公司均要扩大生产,筹集相应资金,假设你是公司财务总监 CFO,你会如何根据目前的资本结构情况,分别为两家子公司做出筹资方案决策,使每家子公司达到最优资本结构?

(1)通过学习情境,了解资本结构的含义、影响资本结构的因素。
(2)能够熟练运用比较资本成本法确定公司最优资本结构。
(3)能够熟练运用每股收益分析法确定公司最优资本结构。

任务书

盛大集团公司旗下有两家全资子公司,现因扩大生产需要筹集资金,财务部已经分别为两家公司制订了筹资方案,请你结合资本成本的相关内容进行分析,做出筹资方案决策,使每家子公司达到最优资本结构。

任务分组

学生任务分配表如表 3-60 所示。

表 3-60　学生任务分配表

班级		组名		指导老师	
	姓名		学号	姓名	学号
组长					
组员					

任务分工：

小提示：
①组队规则：3～5 名同学自由组队,选取一名同学做组长,组长负责分配工作,安排工作进度,组织课外讨论,最后做案例呈现,可以得到额外加分。组员需听从组长的安排,大家齐心协力,以小组名义奋斗。
②团队合作是考核评价的重要内容。

1. 公司基本信息

盛大集团为一家生产及销售煤资源的集团公司,旗下有两家上市全资子公司,分别为盛大煤业股份有限公司和盛大煤电股份有限公司。盛大煤业的主营业务为煤炭开采、粗加工及销售,盛大煤电的主营业务为煤能源转换及销售。目前,为了扩大生产规模,盛大煤业需要筹集资金 500 万元,盛大煤电需要筹集资金 2 000 万元。

2.盛大煤业股份有限公司筹资计划

盛大煤业拟筹集 500 万元,经管理层决议,有两个筹资渠道:一是银行借款,二是增发普通股股票。这两种筹集方式,可按照不同比例构成 A、B、C 三种筹资方案,其个别资本成本已经测定,如表 3-61 所示。

表 3-61 盛大煤业资本结构和资本成本表

资本种类	资本结构			个别资本成本
	A	B	C	
银行借款	40%	30%	50%	6%
发行普通股	60%	70%	50%	9%
合计	100%	100%	100%	

3.盛大煤电股份有限公司筹资计划

盛大煤电拟筹集 2 000 万元,其当前资本结构如表 3-62 所示。

表 3-62 盛大煤电资本结构表

资本种类	金额/万元
长期借款(年利率 6%)	1 000
长期债券(年利率 8%)	2 000
普通股(4 000 万股)	4 000
留存收益	1 000
合计	8 000

现财务部门拟订两个筹资方案可供选择:方案①为增加发行 1 000 万股普通股,每股市值 2 元;方案②为按面值发行每年年末付息、票面利率为 10% 的公司债券 2 000 万元。股票与债券发行费用忽略不计。

引导问题 1 基于盛大煤业的筹资计划,结合综合资本成本比较法内容,分析计算 A、B、C 三个筹资方案的综合资本成本。计算结论填入表 3-63。

表 3-63 综合资本成本计算

筹资方案	综合资本成本	计算过程
A 方案		
B 方案		
C 方案		

引导问题 2 基于盛大煤电的筹资计划,结合每股利润分析法内容,分析盛大煤电采用不

同的两种方式增资后的每股利润各为多少。结论填入表3-64。

表3-64 盛大煤电预计增资后每股利润

项目	增发股票	发行债券
预计息税前利润(EBIT)		
减:利息		
税前利润		
减:所得税(税率为25%)		
税后利润		
普通股股数		
每股利润(EPS)		

引导问题3 基于盛大煤电的筹资计划,结合每股收益分析法、无差异点分析法内容,计算无差异点每股收益和无差异点的息税前利润。结论填入表3-65。

表3-65 无差异点计算

筹资渠道	无差异点每股利润(EPS)	无差异点的息税前利润	计算过程
增发股票			
发行债券			

进行决策

引导问题4 结合引导问题1的分析,请做出判断,盛大煤业为筹集500万元应当获得银行借款、增发普通股股票各多少?结论填入表3-66。

表3-66 盛大煤业筹资方案

筹资渠道	筹资金额/万元	个别资本成本	决策理由
银行借款			
发行普通股			

引导问题5 基于学习情境中给定的信息和引导问题2、3计算的结论,决策盛大煤电应当采用什么方式筹资。

工作实施

(1)各组分别阅读、研究给出的信息。

(2)各组自行制订学习计划,分配学习任务,调查、分析、计算、填制表3-63至表3-66并回答引导问题。

(3)小组之间进行互评。

(4)每个同学完成自评。

(5)每个小组完成对本组成员的组内点评。

(6)教师结合大家的完成情况和现场表现进行点评,填写教师综合评价表。

(7)最后,教师运用加权平均方法,完成本学习情境最终的考评。

评价反馈

各组代表介绍任务的完成过程。每个学习情境的成绩评定将按学生自评、组内点评、小组互评、教师评价四个阶段进行,并按自评占10%、组内点评占20%、小组互评占20%、教师评价占50%计算每个学生的综合评价结果。

(1)学生进行自我评价,并将结果填入表3-67所示的学生自评表中。

表3-67 学生自评表

班级		组名		姓名	
学习情境		资本结构及决策			
评价项目	评价标准			分值	得分
资本结构	掌握资本结构的含义、影响因素和资本结构优化的要求			15	
比较资本成本法	掌握比较资本成本法的含义和决策依据,并能熟练计算和比较			15	
每股利润分析法	掌握每股利润分析法的含义和决策依据,并能熟练计算和比较			15	
无差异点分析法	掌握无差异点分析法的原理,能熟练计算和画图			15	
工作态度	态度端正,无无故缺勤、迟到、早退			10	
工作质量	能按计划完成工作任务			10	
团队合作能力	与小组成员、同学之间能合作交流,共同完成工作任务			10	
创新意识	学习和分析问题有创新之处			10	
合计				100	

(2)学生以小组为单位,对组内各位成员的表现进行客观公正的评价。以4人小组为例,组长比重占40%,其他两个组员各占30%,总评分加权平均得出,并将点评结果填入表3-68所示的组内点评表。

表 3-68　组内点评表

班级		组名		姓名	
学习情境		资本结构及决策			
评价项目	分值	组长点评（40%）	组员点评（30%）	组员点评（30%）	评分
工作态度	20				
工作质量	10				
工作效率	10				
工作完整	15				
工作贡献	15				
团队合作	20				
是否有创新之处	10				
合计	100				

(3)学生以小组为单位,对资本结构学习、分析、计算和决策的过程和结果进行互评,将互评的结果填入表 3-69 所示的小组互评表。每个组须经其他两个组点评,最终被评小组互评成绩采用两个小组的平均数。

表 3-69　小组互评表

班级		被评小组		
学习情境		资本结构及决策		
评价项目	分值	得分		
		第 1 小组	第 2 小组	平均得分
计划合理	15			
组织有序	10			
团队合作	15			
工作质量	15			
工作效率	10			
工作完整	10			
工作规范	10			
成果展示	15			
合计	100			

(4)教师对学生工作过程与工作结果进行评价,并将评价结果填入表 3-70 所示的教师综合评价表。组内点评在 90 分以上的组长,在综合得分基础上乘 1.1 的系数;组内点评在 80～90 分的组长,在综合得分基础上乘 1.05 的系数;组内点评在 70～80 分的组长,在综合得分基础上乘 1.02 的系数。每个组的组长采用轮值制,保证每位学生都有当组长的机会。

表 3-70 教师综合评价表

班级			组名		姓名		
	学习情境		资本结构及决策				
	评价项目		评价标准			分值	得分
	考勤(10%)		无无故迟到、早退、旷课现象			10	
工作过程(60%)	资本结构		掌握资本结构的含义、影响因素和资本结构优化的要求			10	
	比较资本成本法		掌握比较资本成本法的含义和决策依据,并能熟练计算和比较			10	
	每股利润分析法		掌握每股利润分析法的含义和决策依据,并能熟练计算和比较			15	
	无差异点分析法		掌握无差异点分析法的原理,能熟练计算和画图			10	
	工作态度		态度端正、工作认真、主动			5	
	团队合作精神		与小组成员、同学之间能合作交流,共同完成工作任务			5	
	创新意识		在工作中有创新之处			5	
项目成果(30%)	工作完整		能按时完成工作任务			5	
	工作规范		能按照规范要求计算			5	
	成果展示		能准确计算不同方法的指标结果,能展示决策成果			20	
	合计					100	
综合评价	学生自评(10%)		组内点评(20%)	小组互评(20%)	教师评价(50%)	综合得分	

拓展思考题

(1)请分析企业筹资方式与税收的关系。
(2)为什么说资本结构及其管理是企业筹资决策问题的核心?

学习情境相关知识点

一、资本结构概述

资本结构及其管理是企业筹资管理的核心问题。如果企业现有资本结构不合理,应通过筹资活动优化调整资本结构,使其趋于科学合理。筹资管理中,资本结构有广义和狭义之分。广义资本结构是指全部债务与股东权益的构成比例;狭义的资本结构则是指长期负债与股东权益的构成比例。本书讨论狭义的资本结构。

资本结构是在企业多种筹资方式下筹集资金形成的,企业筹资方式总的分为债务资本和权益资本两大类。权益资本是企业必备的基础资本,因此资本结构问题实际上也就是债务资本的比例问题,即债务资金在企业全部资本中所占的比重。企业利用债务资本既可发挥财务杠杆效应,也可能带来财务风险。因此须权衡财务风险和资本成本的关系,确定最佳的资本结构。评价企业资本结构最佳状态的标准应该是既能够提高股权收益或降低资本成本,又能控制财务风险,最终目的是提升企业价值。

最佳资本结构指在一定条件下使企业综合资本成本率最低、企业价值最大的资本结构。资本结构优化的目标,是降低综合资本成本率或提高普通股每股收益。从理论上讲,最佳资本结构是存在的,但由于企业内部条件和外部环境的经常性变化,动态地保持最佳资本结构十分困难。因此在实践中,目标资本结构通常是企业结合自身实际进行适度负债经营所确立的资本结构,是根据满意化原则确定的资本结构。

二、影响资本结构的因素

资本结构,是一个产权结构问题,是社会资本在企业经济组织形式中的资源配置结果。资本结构的变化,将直接影响社会资本所有者的利益。

1. 企业经营状况的稳定性和成长率

如果企业产销业务量稳定,则可较多地负担固定的财务费用;如果产销业务量和盈余有周期性,则负担固定的财务费用会承担较大的财务风险;如果产销业务量能以较高的水平增长,企业可采用高负债的资本结构,以提升权益资本的报酬。

2. 企业的财务状况和信用等级

企业财务状况良好、信用等级高,则债权人愿意向企业提供资金。反之,会加大债务资金筹集的资本成本。

3. 企业的资产结构

资产结构是企业筹集资本后进行资源配置和使用后的资金占用结构,包括长短期资产构成和比例、长短期资产内部的构成和比例。一般来说,拥有大量固定资产的企业主要通过发行股票融资,拥有较多流动资产的企业更多地依赖流动负债融资。

4. 企业投资人和管理当局的态度

从企业所有者的角度看,如果股权分散,可能更多地采用权益资本筹资以分散企业风险。如果企业为少数股东控制,为防止控股权稀释,企业一般尽量避免普通股筹资,而采用优先股或债务筹资。从企业管理当局的角度看,高负债资本结构的财务风险高,稳健的管理当局偏好于选择低负债比例的资本结构。

5. 行业特征和企业发展周期

不同行业的资本结构差异很大。产品市场稳定的成熟产业经营风险低,可适当提高债务资金比重,发挥财务杠杆作用。而技术、市场尚不成熟,经营风险高的行业,可降低债务资金比重,控制财务杠杆风险。同一企业不同发展阶段,资本结构安排也要结合不同阶段的特点。

6. 税务政策和货币政策

政府调控经济的手段包括财政税收政策和货币金融政策,当所得税税率较高时,债务资金因可抵税,企业应充分利用以提高企业价值。货币金融政策影响资本供给,从而影响利率水平的变动,当国家执行了紧缩的货币政策时,市场利率较高,企业债务资金成本增大。

三、资本结构优化

资本结构优化,要求企业权衡负债的低资本成本和高财务风险的关系,确定合理的资本结构。资本结构优化的目标,是降低综合资本成本率或提高企业价值。

1. 平均资本成本比较法

通过计算和比较各种可能的筹资组合方案的综合资本成本,选择综合平均资本成本率最低的方案作为最佳资本结构方案。这种方法侧重于从资本投入的角度对筹资方案和资本结构进行优化分析。

例 3-21 KM 公司需筹集 1 000 万元长期资本,可以通过贷款、发行债券、发行普通股三种方式筹集,按照不同比例构成 A、B、C 三种筹资方案,其个别资本成本率已分别测定,有关资料如表 3-71 所示。

表 3-71 资本结构和资本成本

资本种类	资本结构			个别资本成本
	A	B	C	
银行借款	40%	40%	30%	6%
发行债券	20%	10%	30%	7%
发行普通股	40%	50%	40%	9%
合计	100%	100%	100%	

首先,分别计算三个方案的综合资本成本。

A 方案:
$$K_W = 40\% \times 6\% + 20\% \times 7\% + 40\% \times 9\% = 7.4\%$$

B 方案:
$$K_W = 40\% \times 6\% + 10\% \times 7\% + 50\% \times 9\% = 7.6\%$$

C 方案:
$$K_W = 30\% \times 6\% + 30\% \times 7\% + 40\% \times 9\% = 7.5\%$$

其次,根据企业筹资评价的其他标准,考虑企业的其他因素,对各个方案进行修正;之后,再选择其中成本最低的方案。本例中,我们假设其他因素对方案选择的影响甚小,则 A 方案的综合资本成本最低。这样,该公司筹资的资本结构为贷款 400 万元、发行债券 200 万元、发行普通股 400 万元。

2. 每股利润分析法

企业合理的资本结构,应当注意其对企业的盈利能力和股东财富的影响,因此将息税前利润(EBIT)和每股利润(EPS)作为分析确定企业资本结构的两大要素。每股利润分析法就是将息税前利润和每股利润这两大要素结合起来,分析资本结构和每股利润之间的关系,进而确定最佳资本结构的方法。

例 3-22 KM 企业欲筹集资金 200 万元扩大企业规模。筹集资金的方式可以用增发普通股或长期借款的方式。若增发普通股,则计划以每股 10 元的价格增发 20 万股;若采用长期借款,则以 10% 的年利率借入 200 万元。已知该公司现有资产总额为 1 000 万元,负债比率为 40%,年利率为 8%,普通股 30 万股。假定增加资金后预期息税前利润为 140 万元,所得税税率为 25%,采用每股利润分析法计算的筹资方式如表 3-72 所示。

表 3-72 筹资方式

项目	增发股票	增加长期借款
预计息税前利润(EBIT)	140 万元	140 万元
减:利息	32 万元	(32+20) 万元
税前利润	108 万元	88 万元
减:所得税	27 万元	22 万元
税后利润	81 万元	66 万元
普通股股数	50 万股	30 万股
每股利润(EPS)	1.62 元	2.2 元

由表 3-72 计算可知,预期息税前利润为 140 万元时,追加负债筹资的每股利润较高(2.2 元 > 1.62 元),应选择负债的方式筹资。

3. 无差异点分析法

无差异点分析法实际上是每股利润分析法的一种,原理上是相同的,只不过无差异点分析法侧重于图形分析。所谓每股收益无差异点,是指不同筹资方式下每股收益都相等时的息税前利润。其决策程序为:

第一步:计算每股利润无差异点。
第二步:绘制 EBIT-EPS 分析图。
第三步:分析选择最佳筹资方式。

计算每股利润无差异点的公式为:

$$\frac{(\text{EBIT}-I_1)(1-T)-D_1}{N_1}=\frac{(\text{EBIT}-I_2)(1-T)-D_2}{N_2}$$

式中:EBIT——每股利润无差异点处的息税前利润;

I_1、I_2——两种筹资方式下的年利息;

T——所得税税率;

D_1、D_2——两种筹资方式下的优先股股息;

N_1、N_2——两种筹资方式下的流通在外的普通股股数。

例 3-23 对例 3-22,采用每股利润无差异点分析法计算选择筹资方式。

首先,计算每股利润无差异点。根据资料计算如下:

$$\frac{(\text{EBIT}-32)\times(1-25\%)}{30+20}=\frac{(\text{EBIT}-32-20)\times(1-25\%)}{30}$$

解之,得

$$\text{EBIT}=82 \text{ 万元}$$

则无差异点的每股利润(EPS)为 0.75 元。

其次,绘制 EBIT-EPS 分析图,如图 3-1 所示。

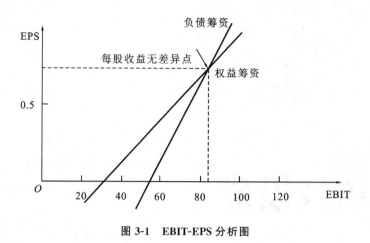

图 3-1 EBIT-EPS 分析图

由图 3-1 可以看出,当 EBIT 为 82 万元时,两种筹资方式的 EPS 相等;当 EBIT 大于 82 万元时,采用负债筹资方式的 EPS 大于普通股筹资方式的 EPS,故应采用负债筹资方式;当 EBIT 小于 82 万元时,采用普通股筹资方式的 EPS 大于负债筹资方式的 EPS,故应采用普通股筹资方式。

每股利润分析法确定最佳的资本结构,是以每股利润最大为分析的起点,它直接将资金结构与企业财务目标、企业市场价值等相关因素结合起来,因此是企业在追加筹资时经常采用的一种决策方法。

学习情境4
企业项目投资管理

CAIWU GUANLI SHIWU

学习任务 1　项目投资概述

学习情境描述

长城公司是生产小型机械设备的中型企业,该公司生产的产品质量过硬、价格合理,近几年来产品一直处于供不应求的状态。为了抓住难得的市场机遇,该公司打算扩大生产能力,新建一条生产线。假设你是该公司投资发展部新入职的工作人员,主要负责项目投资的具体工作。部长要求你收集建设新生产线的相关资料,写出投资项目的财务评价报告,以供公司领导决策参考。

学习目标

(1)能够理解项目投资决策的特点及重要性。
(2)掌握项目投资决策的步骤。
(3)能正确对投资项目进行分期。
(4)能正确计算投资项目建设期现金净流量、营业现金净流量和终结点现金净流量。
(5)能构建投资项目整个项目计算期的现金净流量方案。

任务书

你接到了上任以来的第一个重要的工作任务:根据前期工作收集的建设新生产线的相关资料,估计项目计算期分布;估算项目投资每年的现金净流量;构建项目计算期完整的现金净流量方案,为接下来的评价项目是否具有财务可行性的工作任务做好充分准备。

任务分组

学生任务分配表如表 4-1 所示。

表 4-1　学生任务分配表

班级		组名		指导老师	
	姓名	学号	姓名		学号
组长					
组员					

续表

班级		组名		指导老师	
任务分工：					

小提示：

①组队规则：3~5名同学自由组队，选取一名同学做组长，组长负责分配工作，安排工作进度，组织课外讨论，最后做案例呈现，可以得到额外加分。组员需听从组长的安排，大家齐心协力，以小组名义奋斗。

②团队合作是考核评价的重要内容。

(1)前期工作收集到的资料如下。该生产线的初始投资为820万元，分两年投入：第一年年初投入600万元；第二年年初投入220万元。第二年年末该生产线建成投产。投产后每年可生产新设备10 000台，每台售价600元。投资项目建成后预计可使用8年，8年后有20万元残值，折旧采用直线法。在投资项目投产日，需垫付50万元流动资金，这笔资金在项目终结点可以全部收回。该项目生产的产品年总成本的构成情况如下：

材料费用　　　　　　200万元
人工费用　　　　　　80万元
制造费用(不含折旧)　20万元

(2)企业所得税税率为25%。

引导问题1　根据前期工作收集到的有关项目计算期信息和项目计算期的相关知识，分析该投资项目计算期的分布如何，并将结果填入表4-2。

表4-2　项目计算期分布表

年份	0	1	2	3—9	10
时点分布					
合计					

引导问题2　基于学习情境中给出的与投资项目现金流出及现金流入相关的信息，结合现金净流量相关知识点，分期计算项目计算期各年的现金净流量，并将计算分析结果填入表4-3。

表 4-3　投资项目现金流量表

单位：万元

年份	0	1	2	3—9	10
时点分布					
固定资产投资					
流动资金垫支					
固定资产折旧					
净利润					
残值净收入					
流动资金回收					
NCF					

小提示：

由于项目投资现金净流量的确定是一项很复杂的工作，为了便于确定现金流量的具体内容，简化现金流量的计算过程，本学习情境做出如下假设。

①全投资假设。

全投资假设即假设在确定项目的现金流量时，只考虑全部投资的运动情况，不论是自有资金还是借入资金等具体形式的现金流量，都将其视为自有资金。

②建设期投入全部资金假设。

建设期投入全部资金假设即项目的原始总投资不论是一次性投入还是分批次投入，均假设它们是在建设期内投入的。

③项目投资的经营期与折旧年限一致假设。

项目投资的经营期与折旧年限一致假设即假设项目主要固定资产的折旧年限或使用年限与经营期相同。

④时点指标假设。

时点指标假设即现金流量的具体内容所涉及的价值指标，不论是时点指标还是时期指标，均假设按照年初或年末的时点处理。其中，建设投资在建设期内有关年度的年初发生；垫支的流动资金在建设期的最后一年年末即生产经营期的第一年年初发生；经营期内各年的营业收入、付现成本、折旧（摊销等）、利润、所得税等项目的确认均在年末发生；项目最终报废或清理，回收流动资金均发生在经营期最后一年年末。

⑤确定性假设。

确定性假设即假设与项目现金流量估算有关的价格、产销量、成本水平、所得税税率等因素均为已知常数。

（1）建设期现金净流量：查找相关数据，填入表 4-4。公式：

建设期现金净流量＝－该年发生的投资额

表 4-4　建设期现金净流量表

单位:万元

年份	0	1	2
NCF			

(2)营业现金净流量:查找相关数据,利用生产经营期现金净流量相关知识点,逐步计算生产经营期现金净流量,并将计算结果填入表 4-5。

表 4-5　营业现金净流量计算表

单位:万元

项目	计算公式	计算过程	3—9 年
固定资产年折旧	$\dfrac{\text{固定资产原值}-\text{预计净残值}}{\text{预计使用年限}}$		
营业收入	产品销量×产品单价		
付现成本	材料费用+人工费用+制造费用		
企业所得税			
净利润	(营业收入−总成本)×(1−所得税税率)		
营业现金净流量	净利润+折旧+摊销		

(3)终结点现金净流量:根据前期资料和营业现金净流量相关数据,计算终结点现金净流量并填入表 4-6。

表 4-6　终结点现金净流量表

单位:万元

项目	计算公式	计算过程	结果
终结点现金净流量	营业现金净流量+回收额		

小提示:
回收额=固定资产余值+回收流动资金。

进行决策

(1)各组派代表阐述投资项目现金流量方案。
(2)各组对其他组的现金流量方案提出自己的看法和意见。
(3)教师结合大家完成的情况进行点评,选出正确方案。

工作实施

(1)各组分别阅读、研究给出的投资项目的相关数据和资料。
(2)各组自行制订学习计划,分配学习任务,根据相关知识点,完成投资项目的计算期分期,填制表 4-2;计算建设期现金净流量,填制表 4-4;计算营业现金净流量,填制表 4-5;计算项目终结点现金净流量,填制表 4-6。

(3)各组结合表 4-2、表 4-4 至表 4-6,填制表 4-3,最终形成投资项目整个项目计算期现金净流量方案。

(4)各组派代表阐述现金流量计算步骤和计算结果。

(5)各组对其他小组的投资项目现金流量方案进行点评、提问,完成小组互评。

(6)每个同学完成自评。

(7)每个小组完成对本组成员的组内点评。

(8)教师结合大家的完成情况和现场表现进行点评,填写教师综合评价表。

(9)最后,教师运用加权平均方法,完成本学习情境最终的考评。

评价反馈

各组代表展示作品,介绍任务的完成过程。作品展示前应准备阐述材料,最好以思维导图等方式进行呈现。每个学习情境的成绩评定将按学生自评、组内点评、小组互评、教师评价四个阶段进行,并按自评占 10%、组内点评占 20%、小组互评占 20%、教师评价占 50% 计算每个学生的综合评价结果。

(1)学生进行自我评价,并将结果填入表 4-7 所示的学生自评表中。

表 4-7 学生自评表

班级		组名		姓名	
学习情境			项目投资概述		
评价项目		评价标准		分值	得分
项目计算期分期		能熟练进行项目分期		10	
建设期现金净流量		能正确区分建设期现金净流量		10	
营业现金净流量		能正确计算营业现金净流量		15	
项目终结点现金净流量		能准确理解终结点现金净流量的含义		10	
现金流量方案		能构建完整的项目现金流量方案		15	
工作态度		态度端正,无无故缺勤、迟到、早退		10	
工作质量		能按计划完成工作任务		10	
团队合作能力		与小组成员、同学之间能合作交流,共同完成工作任务		10	
创新意识		项目现金净流量的理解和计算有创新之处		10	
		合计		100	

(2)学生以小组为单位,对组内各位成员的表现进行客观公正的评价。以 4 人小组为例,组长比重占 40%,其他两个组员各占 30%,总评分加权平均得出,并将点评结果填入表 4-8 所示的组内点评表。

表 4-8 组内点评表

班级		组名		姓名		
学习情境		项目投资概述				
评价项目	分值	组长点评（40%）	组员点评（30%）	组员点评（30%）	评分	
工作态度	20					
工作质量	10					
工作效率	10					
工作完整	15					
工作贡献	15					
团队合作	20					
是否有创新之处	10					
合计	100					

(3)学生以小组为单位,对投资项目现金流量方案的计算过程和结果进行互评,将互评的结果填入表 4-9 所示的小组互评表。每个组须经其他两个组点评,最终被评小组互评成绩采用两个小组的平均数。

表 4-9 小组互评表

班级		被评小组		
学习情境		项目投资概述		
评价项目	分值	得分		
		第 1 小组	第 2 小组	平均得分
计划合理	15			
组织有序	10			
团队合作	15			
工作质量	15			
工作效率	10			
工作完整	10			
工作规范	10			
成果展示	15			
合计	100			

(4)教师对学生工作过程与工作结果进行评价,并将评价结果填入表 4-10 所示的教师综合评价表。组内点评在 90 分以上的组长,在综合得分基础上乘 1.1 的系数;组内点评在 80~90 分的组长,在综合得分基础上乘 1.05 的系数;组内点评在 70~80 分的组长,在综合得分基础上乘 1.02 的系数。每个组的组长采用轮值制,保证每位学生都有当组长的机会。

表 4-10 教师综合评价表

班级		组名		姓名		
学习情境			项目投资概述			
评价项目		评价标准			分值	得分
考勤(10%)		无无故迟到、早退、旷课现象			10	
工作过程(60%)	项目分期	能独立、准确地进行项目分期			5	
	建设期现金净流量	能正确区分建设期现金净流量			5	
	营业现金净流量	能正确计算营业现金净流量			10	
	终结点现金净流量	能正确计算终结点现金净流量			10	
	项目现金流量方案	能构建完整的项目现金流量方案			15	
	工作态度	态度端正、工作认真、主动			5	
	团队合作精神	与小组成员、同学之间能合作交流,共同完成工作任务			5	
	创新意识	在工作中有创新之处			5	
项目成果(30%)	工作完整	能按时完成工作任务			5	
	工作规范	能按照规范要求计算			5	
	项目现金流量方案	能准确计算、制订一份项目现金流量方案			10	
	成果展示	能准确表达、汇报项目现金流量方案			10	
合计					100	
综合评价	学生自评(10%)		组内点评(20%)	小组互评(20%)	教师评价(50%)	综合得分

拓展思考题

(1)想一想为什么在确定项目投资的现金流量时,应遵循增量现金流量的原则?

(2)营业现金净流量的计算有其他思路吗?

学习情境相关知识点

一、认知项目投资

1.项目投资的概念

项目投资是一种实体性资产的长期投资,是一种以特定项目为投资对象,直接与新建项目或更新改造项目有关的长期投资行为。项目投资从性质上看,是企业直接的、生产性的对内实物投资。项目投资具有投资金额大、涉及的时间长、变现能力差、投资风险大等特点。

2.项目投资的决策程序

基于项目投资的重要性,应对整个投资项目建成后可能取得的收益进行科学的分析和预测,从而做出该投资是否可行的决策。

项目投资决策是一项比较复杂的工作,必须按照科学的程序进行。财务分析的基本程序包括以下几个步骤。

(1)提出投资项目的备选方案。

新产品方案通常来自研发部门或营销部门,设备更新的建议通常来自生产部门等。

(2)估算出投资方案的相关现金流量。

根据增量现金流量原则估计每个备选方案所涉及的现金流量,包括期初现金流量、营业现金流量和终结点现金流量。

(3)计算投资方案的各种评价指标。

根据各评价指标计算公式,计算各个方案的非贴现指标;估算折现率并利用估算的贴现率计算各个方案的贴现指标,并对备选方案按相应的价值指标进行排序。

(4)比较价值指标与可接受标准。

在计算出各个评价指标后,与可接受标准进行对比,以判断决策投资项目的财务可行性。如果有多个可行方案,则选择最为有利的方案。

(5)对已接受方案的再评价。

在投资项目的执行过程中,应注意评价原来做出的投资决策是否合理、是否正确。一旦出现新的情况,就要随时根据变化的情况做出新的评价。如果情况发生了重大变化,原来的投资决策变得不合理,就要进行是否终止投资或怎样终止投资的决策,以避免更大的损失。

二、项目计算期的构成

项目计算期是指投资项目从投资建设开始到最终清理结束整个过程所需要的时间,即该项目的有效持续期,一般以年为计量单位。通常将投资项目的整个时间分为建设期和生产经营期。建设期是指从项目资金正式投入开始到项目建成投产为止所需要的时间,建设期的第一年年初称为建设起点(记作第 0 年),建设期的最后一年年末称为投产日;生产经营期是指从投产日到清理结束日之间的时间间隔。项目计算期的最后一年年末称为终结点(记作第 n 年),则有:

$$项目投资计算期=建设期+生产经营期$$

三、项目现金流量的构成

在进行项目投资决策时,首要环节就是估计投资项目的现金流量。所谓现金流量就是指投资项目在其计算期内因资金循环而引起的现金流入和现金流出增加的数量。这里的"现金"是一个广义的概念,不仅包括各种货币资金,还包括与该投资项目有关的非货币性资产的变现价值。

现金流量包括现金流入量、现金流出量和现金净流量三个具体概念。

1. 现金流入量

现金流入量是指投资项目实施后在项目计算期内所引起的企业现金收入的增加额,简称现金流入,包括以下几个部分。

(1)营业收入。

营业收入是指项目投产后每年实现的全部营业收入。为简化计算,假定正常经营年度内,每期发生的赊销额与收回的应收账款大致相等。营业收入是经营期主要的现金流入量项目。

(2)固定资产的余值。

固定资产的余值是指投资项目的固定资产在终结报废清理时的残值收入或中途转让时的变现收入。

(3)回收流动资金。

回收流动资金是指投资项目在项目计算期结束时,收回的原来投放在各种流动资产上的营运资金。

固定资产的余值和回收流动资金统称为回收额。

(4)其他现金流入量。

其他现金流入量是指以上三项指标以外的现金流入量项目。

2. 现金流出量

现金流出量是指投资项目实施后在项目计算期内所引起的企业现金流出的增加额,简称现金流出,包括以下几个部分。

(1)建设投资。

①固定资产投资,包括固定资产的购置成本或建造成本、运输成本和安装成本等。

②无形资产投资。

建设投资是建设期发生的主要现金流出量。

(2)垫支的流动资金。

垫支的流动资金是指投资项目建成投产后为开展正常经营活动而投放在流动资产上的营运资金。

建设投资和垫支的流动资金合称项目的原始总投资。

(3)经营成本(或付现成本)。

经营成本是指在经营期内为满足生产经营而需要用现金支付的成本。它是生产经营期内最主要的现金流出量。经营成本具体包括外购原材料、燃料和动力费,工资及福利费,修理费,其他付现费用。其计算公式如下:

经营成本＝变动成本＋付现的固定成本＝总成本－折旧额(及摊销额)

(4)税金及附加。

税金及附加是指在经营期内应交纳的流转税、消费税、城市维护建设税和教育费附加等税费。

(5)所得税税额。

所得税税额是指投资项目建成投产后,因应纳税所得额增加而增加的所得税。

(6)其他现金流出量。

其他现金流出量是指不包括在以上内容中的现金流出项目。

3. 现金净流量

投资项目的现金净流量是指该项目的出现而引起的企业现金流入量与现金流出量之间的差额。由于项目计算期超过1年,且资金在不同时间具有不同价值,所以现金净流量是以年为单位的,其计算公式如下:

现金净流量(NCF)＝年现金流入量－年现金流出量

当现金流入量大于现金流出量时,现金净流量为正值;反之,现金净流量为负值。一般而言,在建设期内,现金净流量为负;在生产经营期内,现金净流量为正。

四、现金净流量的估算

投资从整个经济寿命期来看,可以分为三个时点阶段:建设期、生产经营期、终结点。现金流量的各个项目也应当归属于各个时点阶段之中。

1. 建设期

$$建设期某年的现金净流量＝－该年发生的投资额$$

2. 生产经营期

$$营业现金净流量＝营业收入－付现成本－所得税$$
$$＝营业收入－(营业成本－折旧－摊销)－所得税$$
$$＝(营业收入－营业成本)×(1－所得税税率)＋折旧＋摊销$$
$$＝净利润＋折旧＋摊销$$

3. 终结点

$$终结点现金净流量＝营业现金净流量＋回收额$$

学习任务2　项目投资决策指标

长城公司是生产小型机械设备的中型企业,该公司生产的产品质量过硬、价格合理,近几年来产品一直处于供不应求的状态。为了抓住难得的市场机遇,该公司打算扩大生产能力,新建一条生产线。假设你是该公司投资发展部新入职的工作人员,主要负责项目投资的具体工作。部长要求你收集建设新生产线的相关资料,写出投资项目的财务评价报告,以供公司领导决策参考。

学习目标

(1)理解项目投资决策使用的各项贴现指标和非贴现指标。
(2)掌握非贴现指标的计算和分析。
(3)掌握贴现指标的计算和分析。
(4)理解各个评价指标之间的关系。
(5)能够运用各个指标评价投资项目的财务可行性。
(6)能够综合运用各个评价指标对独立项目进行财务可行性的整体评价。

任务书

现在你已经完成了本学习情境的第一个学习任务,构建了投资项目整个项目计算期的现金流量方案,但尚不能确定该独立项目是否具有财务上的可行性。本学习任务就是要求各组同学学习利用各种项目投资评价的指标,运用相关知识中给出的各个公式分别计算投资项目投资利润率、静态投资回收期、净现值、净现值率、现值指数和内含报酬率；根据各个评价指标的计算结果，分析该项目是否具有财务可行性；综合各个评价指标整体评价该独立项目的财务可行性，分析并最终形成该独立项目的投资评价报告，以供公司领导决策参考。

任务分组

学生任务分配表如表 4-11 所示。

表 4-11 学生任务分配表

班级		组名		指导老师	
	姓名	学号	姓名	学号	
组长					
组员					

任务分工：

小提示：

①组队规则：3～5 名同学自由组队，选取一名同学做组长，组长负责分配工作，安排工作进度，组织课外讨论，最后做案例呈现，可以得到额外加分。组员需听从组长的安排，大家齐心协力，以小组名义奋斗。

②团队合作是考核评价的重要内容。

获取信息

(1) 表 4-3 所示的投资项目现金流量方案。
(2) 公司经验表明：项目静态投资回收期一般来说不应超过项目计算期的 60%。
(3) 假设无风险投资收益率为 5%。
(4) 财务部门估算出的本公司加权平均资本成本为 10%。

工作计划

引导问题 1 根据项目现金流量方案表和投资利润率相关知识，计算该项目的投资利润率，填制表 4-12，并与项目给出的无风险投资收益率进行对比分析，从该指标来评价投资项目的财务可行性。公式：

$$投资利润率 = \frac{年平均利润额}{投资总额} \times 100\%$$

表 4-12 投资利润率计算分析表

项目	计算过程	计算结果	对比标准	分析结论
投资利润率				

小提示：

本学习情境涉及的计算结果均保留到小数点后两位。

引导问题 2 (1)根据项目现金流量方案表，计算该项目每年的累计现金净流量，直至出现正的累计现金净流量为止，填制表 4-13。

表 4-13 方案累计现金净流量计算表

单位：万元

项目计算期	NCF	累计现金净流量
0		
1		
2		
3		
4		
5		
6		

(2)从表 4-13 可知，该方案的静态投资回收期在第 5 年与第 6 年之间，结合静态投资回收期相关知识，计算出该方案静态投资回收期，填制表 4-14 所示的静态投资回收期计算分析表，并与项目计算期的 60% 进行对比分析，从该指标来评价该投资项目的财务可行性。公式：

静态投资回收期＝累计现金净流量开始出现正值的年份数－1
　　　　　　　＋上一年累计现金净流量的绝对值/出现正值年份的现金净流量

表 4-14 项目静态投资回收期计算分析表

项目	计算过程	计算结果	对比标准	分析结论
静态投资回收期				

引导问题 3 根据项目现金流量方案表和净现值相关知识，计算该项目的净现值，填制表 4-15，并与该指标的评价标准进行对比分析，从该指标来评价该投资项目的财务可行性。公式：

$$NPV = \sum NCF \times (P/F, i, t)$$

表 4-15 净现值计算分析表

年份	NCF	现值	NPV	对比标准	分析结论
0					
1					
2					
3					
4					
5					
6					
7					
8					
9					
10					

小提示：

①贴现率为加权平均资本成本。

②计算中用到的系数保留到小数点后四位。

引导问题 4 根据项目现金流量方案表、净现值计算分析表及净现值率相关知识，计算该项目的净现值率，填制表 4-16，并与该指标的评价标准进行对比分析，从该指标来评价该投资项目的财务可行性。公式：

$$\text{NPVR} = \frac{\text{投资项目净现值}}{\text{原始投资现值}} \times 100\%$$

表 4-16 净现值率计算分析表

年份	NCF	现值	原始投资现值	NPVR	对比标准	分析结论
0						
1						
2						

引导问题 5 根据项目现金流量方案表、净现值计算分析表、净现值率计算分析表及现值指数相关知识，分别用两种方法计算该项目的现值指数，填制表 4-17，并与该指标的评价标准进行对比分析，从该指标来评价该投资项目的财务可行性。公式：

$$\text{现值指数} = \frac{\sum \text{营业期各年现金净流量现值}}{\text{原始投资现值}}$$

或

$$\text{现值指数} = 1 + \text{净现值率}$$

表 4-17　现值指数计算分析表

年份	NCF	现值	现值指数	对比标准	分析结论
0					
1					
2					
3					
4					
5					
6					
7					
8					
9					
10					

引导问题 6　根据项目现金流量方案表、净现值计算分析表及内含报酬率相关知识，计算该项目的内含报酬率，填制表 4-18 和表 4-19 所示的内含报酬率测试表和计算分析表，画图并与该指标的评价标准进行对比分析，从该指标来评价该投资项目的财务可行性。

表 4-18　内含报酬率测试表

年份	NCF	$i=15\%$	现值	NPV	$i=16\%$	现值	NPV
0							
1—4							
5							
3							
4							
5							
6							
7							
8							
9							
10							

然后运用插入法近似计算内含报酬率：

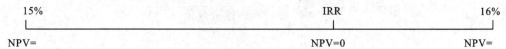

15%　　　　　　　　　　　　　　　　　IRR　　　　　　　　　　　　　　　　16%

NPV=　　　　　　　　　　　　　　　NPV=0　　　　　　　　　　　　　　　NPV=

表 4-19　内含报酬率计算分析表

项目	计算过程	计算结果	对比标准	分析结论
IRR				

小提示：

直线插入法公式：

$$y = y_0 + \frac{x_0 - x}{x_0 - x_1} \times (y_1 - y_0)$$

引导问题 7　根据投资利润率计算分析表(表 4-12)、项目静态投资回收期计算分析表(表 4-14)、净现值计算分析表(表 4-15)、净现值率计算分析表(表 4-16)、现值指数计算分析表(表 4-17)和内含报酬率计算分析表(表 4-19)，综合评价分析该投资项目的财务可行性，填制表 4-20。

表 4-20　投资项目决策分析表

指标	计算结果	对比标准	分析结论
投资利润率			
静态投资回收期			
NPV			
NPVR			
PI			
IRR			
综合评价			

进行决策

(1)各组派代表阐述投资项目评价指标的计算过程、计算结果和分析结论。
(2)各组派代表就该独立项目是否具有财务可行性进行总结发言。
(3)各组对其他组对该投资项目的财务评价结论提出自己的看法和意见。
(4)教师结合大家完成的情况进行点评，选出正确方案。

工作实施

(1)各组分别阅读、研究给出的投资项目的相关数据和资料。
(2)各组自行制订学习计划，分配学习任务，根据相关知识点，完成投资项目投资利润率计算分析，填制表 4-12；完成方案累计现金净流量计算，进而完成项目静态投资回收期计算分析，填制表 4-13 和表 4-14；完成净现值计算分析，填制表 4-15；完成净现值率计算分析，填制表 4-16；完成现值指数计算分析，填制表 4-17；完成内含报酬率测试，进而完成内含报酬率计算分析，分别填制表 4-18 和表 4-19。
(3)各组结合表 4-12、表 4-14 至表 4-17、表 4-19，填制表 4-20，最终完成该独立项目是否具有财务可行性的综合评价。

(4)各组派代表阐述各评价指标计算步骤、计算结果和分析结论,综合运用各个评价指标对该独立项目进行财务可行性的整体评价。

(5)各组对其他小组的投资项目财务可行性分析进行点评、提问,完成小组互评。

(6)每个同学完成自评。

(7)每个小组完成对本组成员的组内点评。

(8)教师结合大家的完成情况和现场表现进行点评,填写教师综合评价表。

(9)最后,教师运用加权平均方法,完成本学习情境最终的考评。

评价反馈

各组代表展示作品,介绍任务的完成过程。作品展示前应准备阐述材料,可以利用各种形式进行呈现。每个学习情境的成绩评定将按学生自评、组内点评、小组互评、教师评价四个阶段进行,并按自评占10%、组内点评占20%、小组互评占20%、教师评价占50%计算每个学生的综合评价结果。

(1)学生进行自我评价,并将结果填入表4-21所示的学生自评表中。

表 4-21 学生自评表

班级		组名		姓名	
学习情境		项目投资决策指标			
评价项目	评价标准			分值	得分
投资利润率	能正确计算分析投资利润率			5	
静态投资回收期	能正确计算分析静态投资回收期			5	
净现值	能正确计算分析净现值			15	
净现值率	能正确计算分析净现值率			5	
现值指数	能正确计算分析现值指数			5	
内含报酬率	能正确计算分析内含报酬率			15	
综合评价	能综合评价独立方案是否具有财务可行性			10	
工作态度	态度端正,无无故缺勤、迟到、早退			10	
工作质量	能按计划完成工作任务			10	
团队合作能力	与小组成员、同学之间能合作交流,共同完成工作任务			10	
创新意识	项目投资决策指标的理解或计算有创新之处			10	
合计				100	

(2)学生以小组为单位,对组内各位成员的表现进行客观公正的评价。以4人小组为例,组长比重占40%,其他两个组员各占30%,总评分加权平均得出,并将点评结果填入表4-22所示的组内点评表。

表 4-22　组内点评表

班级		组名		姓名	
学习情境		项目投资决策指标			
评价项目	分值	组长点评（40%）	组员点评（30%）	组员点评（30%）	评分
工作态度	20				
工作质量	10				
工作效率	10				
工作完整	15				
工作贡献	15				
团队合作	20				
是否有创新之处	10				
合计	100				

（3）学生以小组为单位，对投资项目评价指标的计算过程和结果进行互评，将互评的结果填入表 4-23 所示的小组互评表。每个组须经其他两个组点评，最终被评小组互评成绩采用两个小组的平均数。

表 4-23　小组互评表

班级		被评小组		
学习情境		项目投资决策指标		
评价项目	分值	得分		
		第1小组	第2小组	平均得分
计划合理	15			
组织有序	10			
团队合作	15			
工作质量	15			
工作效率	10			
工作完整	10			
工作规范	10			
成果展示	15			
合计	100			

（4）教师对学生工作过程与工作结果进行评价，并将评价结果填入表 4-24 所示的教师综合评价表。组内点评在 90 分以上的组长，在综合得分基础上乘 1.1 的系数；组内点评在 80~90 分的组长，在综合得分基础上乘 1.05 的系数；组内点评在 70~80 分的组长，在综合得分基础上乘 1.02 的系数。每个组的组长采用轮值制，保证每位学生都有当组长的机会。

表 4-24 教师综合评价表

班级		组名		姓名		
学习情境			项目投资决策指标			
评价项目		评价标准			分值	得分
考勤（10%）		无无故迟到、早退、旷课现象			10	
工作过程（60%）	投资利润率	能正确计算分析投资利润率			5	
	静态投资回收期	能正确计算分析静态投资回收期			5	
	净现值	能正确计算分析净现值			10	
	净现值率	能正确计算分析净现值率			5	
	现值指数	能正确计算分析现值指数			5	
	内含报酬率	能正确计算分析内含报酬率			15	
	项目方案评价	能完成独立项目的财务可行性评价			10	
	工作态度	态度端正、工作认真、主动			5	
	团队合作精神	与小组成员、同学之间能合作交流，共同完成工作任务			5	
	创新意识	在工作中有创新之处			5	
项目成果（30%）	工作完整	能按时完成工作任务			5	
	工作规范	能按照规范要求计算分析			5	
	项目评价	能准确计算分析独立项目财务可行性评价指标			10	
	成果展示	能准确表达、汇报项目财务可行性评价方案			10	
合计					100	
综合评价	学生自评（10%）	组内点评（20%）	小组互评（20%）	教师评价（50%）	综合得分	

拓展思考题

(1) 在项目评价中,贴现率的选择重要吗？为什么？
(2) 非正常投资项目的决策分析如果运用 IRR 指标,会出现什么问题？
(3) 在评价投资项目时,非贴现指标和贴现指标哪种更有效？

学习情境相关知识点

为了客观、科学地分析评价各种投资方案是否具有财务可行性,一般应使用不同的指标,从不同的侧面或角度反映投资方案的内涵。项目投资决策评价指标是衡量和比较投资项目可行性并据以进行方案决策的定量化标准与尺度,它由一系列综合反映投资效益、投入产出关系的量化指标构成。

项目投资决策评价指标根据是否考虑资金时间价值,可分为非贴现指标和贴现指标两大类。

一、非贴现指标

非贴现指标也称为静态指标,即没有考虑资金时间价值因素的指标,主要包括投资利润率、静态投资回收期等指标。

1. 投资利润率

投资利润率又称投资报酬率,是指项目投资方案的年平均利润额占平均投资总额的百分比。投资利润率的决策标准是:投资项目的投资利润率越高越好,低于无风险投资利润率的方案为不可行方案。投资利润率的计算公式如下:

$$投资利润率 = \frac{年平均利润额}{投资总额} \times 100\%$$

式中:分子是平均利润,不是现金净流量,不包括折旧等;分母是投资总额,一般不考虑固定资产的残值。

2. 静态投资回收期

静态投资回收期是指在不考虑资金时间价值的情况下,收回全部投资总额所需要的时间。静态投资回收期一般以年为单位,是一个反指标,回收期越短,方案越有利。静态投资回收期可根据现金流量表计算,其具体计算又分以下两种情况。

(1)项目建成投产后各年的营业现金净流量均相同,则静态投资回收期的计算公式如下:

$$静态投资回收期 = \frac{投资总额}{营业现金净流量} + 项目建设期$$

(2)项目建成投产后各年的营业现金净流量不相同,则静态投资回收期可根据累计现金净流量求得,也就是在现金流量表中累计现金净流量由负值转向正值之间的年份。其计算公式为:

$$静态投资回收期 = 累计现金净流量开始出现正值的年份数 - 1$$
$$+ 上一年累计现金净流量的绝对值/出现正值年份的现金净流量$$

静态指标的计算简单、明了、容易掌握。但是这类指标的计算均没有考虑资金时间价值。另外,投资利润率没有考虑折旧的回收,即没有完整反映现金净流量,无法直接利用现金净流量的信息;而投资回收期没有考虑回收之后的现金净流量对投资收益的贡献,即没有考虑投资方案的全部现金净流量,所以有较大的局限性。因此,这类指标一般只适用于方案初选,或者投资后各项目间经济效益的简单比较。

二、贴现指标

贴现指标也称为动态指标,即考虑资金时间价值因素的指标,主要包括净现值、净现值率、现值指数和内含报酬率等。

1. 净现值

净现值(net present value,NPV)是指在项目计算期内,按一定的贴现率计算的各年现金净流量现值的代数和。净现值的计算公式如下:

$$NPV = \sum NCF \times (P/F, i, t)$$

式中：NCF——第 t 年的现金净流量；

  i——贴现率；

  t——第 t 年。

当生产经营期各年的现金净流量相等时，可以运用年金的方法简化计算 NPV。

利用净现值进行项目投资决策的基本标准是：单项决策时，若 NPV≥0，则项目可行；NPV＜0，则项目不可行。多项互斥方案投资决策时，在净现值均大于零的方案中，净现值越大越好。净现值大于等于零是项目可行的必要条件。

净现值是一个贴现的绝对值正指标，其优点在于：一是综合考虑了资金时间价值，能较合理地反映投资项目的真正经济价值；二是考虑了项目计算期的全部现金净流量，体现了流动性与收益性的统一；三是考虑了投资风险，因为贴现率的大小与风险大小有关，风险越大，贴现率越高。但是该指标的缺点也十分明显，即无法反映投资项目的实际投资收益率水平，当各项目投资额不同时，难以确定最优的投资项目。

2. 净现值率

净现值率是指投资项目的净现值占原始投资现值总和的百分比（记作 NPVR）。其计算公式如下：

$$\text{NPVR} = \frac{\text{投资项目净现值}}{\text{原始投资现值}} \times 100\%$$

净现值率是一个贴现的相对量评价指标。利用净现值率进行决策的标准是：当 NPVR≥0，则项目可行；当 NPVR＜0，则项目不可行。

净现值率指标的优点：一是考虑了资金时间价值；二是可以动态反映项目投资的资金投入与产出之间的关系。其缺点：一是不能直接反映投资项目的实际收益率；二是在资本决策过程中可能导致片面追求较高的净现值率，在企业资本充足的情况下，有降低企业投资利润总额的可能。

3. 现值指数

现值指数又称获利指数（profitability index，PI），是指项目投产后按一定贴现率折算的营业期内各年现金净流量的现值合计与原始投资的现值合计的比值。其计算公式如下：

$$\text{现值指数} = \frac{\sum \text{营业期各年现金净流量现值}}{\text{原始投资现值}}$$

从净现值率和现值指数的定义可知，这两个指标存在以下关系：

$$\text{现值指数} = 1 + \text{净现值率}$$

采用现值指数做投资决策的标准是：若 PI≥1，则投资项目可行；若 PI＜1，则投资项目不可行。如果几个投资项目的现值指数都大于1，那么现值指数越大，投资项目越好。但在进行互斥项目投资决策时，正确的选择原则不是选择现值指数最大的项目，而是在保证现值指数大于1 的前提下，使追加投资收益最大化。

现值指数指标的优点：一是考虑了资金时间价值；二是能够动态地反映投资项目的资金投入与产出之间的关系，有利于在投资额不同的项目之间做出选择。其缺点是除了无法直接反映投资项目的实际收益外，其计算过程比净现值复杂，口径也不统一。

4. 内含报酬率

内含报酬率（internal rate of return，IRR）又称内部收益率，是指投资项目实际可以实现的

收益率,即使投资项目的净现值等于零时的贴现率。内含报酬率满足下列等式:

$$NPV = \sum NCF \times (P/F, IRR, t) = 0$$

从上式可知,净现值的计算是根据给定的贴现率求净现值,而内含报酬率的计算是先令净现值等于零,然后求能使净现值等于零的贴现率,通常用逐次测试法来求解 IRR 的值。

一般来说,IRR 的计算步骤如下:

(1)估计一个贴现率,用它来计算净现值。如果净现值为正数,说明方案的实际内含报酬率大于预计的贴现率,应提高贴现率再进一步测试;如果净现值为负值,说明方案本身的内含报酬率小于估计的贴现率,应降低贴现率再进行测算。如此反复测试,寻找出使净现值由正到负或由负到正且接近零的两个贴现率。

(2)根据上述相邻的两个贴现率用插入法求出该方案的内含报酬率。由于逐步测试法是一种近似方法,因此相邻的两个贴现率不能相差太大,否则误差会很大。

用内含报酬率评价项目做投资决策的标准为:内含报酬率≥资本成本率时,项目可行;否则项目不可行。当进行多个互斥项目决策时,内含报酬率越大越好。

内含报酬率指标的优点:一是考虑了资金时间价值;二是可以反映投资项目真实的报酬率,且不受行业基准收益率的影响,比较客观。内含报酬率指标的缺点:一是计算比较复杂,特别是对每年现金净流量不相等的投资项目,一般要经过多次测算才能求出答案;二是在进行互斥方案投资决策时,如果各方案的原始投资额现值不相等,有时无法做出正确的决策。

三、贴现评价指标之间的关系

净现值 NPV、净现值率 NPVR、现值指数 PI 和内含报酬率 IRR 指标之间存在以下数量关系:

当 NPV>0 时,NPVR>0,PI>1,IRR>i;
当 NPV=0 时,NPVR=0,PI=1,IRR=i;
当 NPV<0 时,NPVR<0,PI<1,IRR<i。

学习任务 3 项目投资决策应用

通过学习任务一和学习任务二,你已经成为长城公司投资发展部项目投资决策领域的熟手。长城公司又出现了几个不同类型的项目投资决策方案,需要你和你的团队利用专业知识,经过精确计算和分析,进行对比和选优,最终写出不同情况下各个投资项目的财务评价报告,以供公司领导决策参考。

(1)理解独立项目和互斥项目的含义。
(2)掌握差额法和年回收额法。

(3)掌握原始投资额相等,且项目计算期相同的互斥项目决策应用。
(4)掌握原始投资额不相等,但项目计算期相同的互斥项目决策应用。
(5)掌握原始投资额不相等,且项目计算期不相同的互斥项目决策应用。

任务书

现在你已经完成了本学习情境的第一个和第二个学习任务,能够针对独立项目进行投资决策分析。本学习任务进一步要求各组同学学习在各种情况下,互斥项目投资评价的思路和方法,运用相关知识中给出的适用方法分别进行原始投资额相等且项目计算期相同、原始投资额不相等但项目计算期相同、原始投资额不相等且项目计算期不相同的互斥方案的对比和选优,分析并最终形成各种情况下互斥项目的投资评价报告,以供公司领导决策参考。

任务分组

学生任务分配表如表 4-25 所示。

表 4-25　学生任务分配表

班级		组名		指导老师	
	姓名		学号	姓名	学号
组长					
组员					

任务分工:

小提示:
①组队规则:3～6 名同学自由组队,选取一名同学做组长,组长负责分配工作,安排工作进度,组织课外讨论,最后做案例呈现,可以得到额外加分。组员需听从组长的安排,大家齐心协力,以小组名义奋斗。
②团队合作是考核评价的重要内容。

获取信息

(1)长城公司现有 200 万元可用于某固定资产项目投资,有 A、B、C、D 四个互斥的备选方案可供选择,这四个方案的投资总额均为 200 万元,项目计算期均为 5 年,贴现率为 10%,现经计算,四个备选方案的主要财务评价指标的计算结果如表 4-26 所示。

表 4-26　投资额相等且项目计算期相同的方案的财务评价指标统计表

项目	NPV	IRR
A	6.61 万元	11.55%
B	19.30 万元	14.16%
C	−2.09 万元	9.51%
D	32.06 万元	16.64%

(2)长城公司正在使用一台旧设备,其原始成本为 10 万元,使用年限为 10 年,已使用 5 年,已计提折旧 5 万元,使用期满后无残值。如果现在出售,估计售价为 2 万元;若继续使用,每年可获得收入 10.4 万元,每年付现成本 6.2 万元。现在市场上推出一种新设备,购入后即可投入使用,购置成本为 19 万元,使用年限为 5 年,使用期满后残值为 1 万元,每年可得收入 18 万元,每年付现成本为 8.4 万元。新旧设备均采用直线法计提折旧。判断公司是否应售旧购新。

(3)长城公司拟投资新建的这条流水线,现有一个新的投资方案可供选择:

新的投资方案初始投资额为 1 020 万元,分两年投入:第一年年初投入 600 万元;第二年年初投入 420 万元。第二年年末该生产线建成投产。投产后每年可生产新设备 12 000 台,每台售价 600 元。投资项目建成后预计可使用 10 年,10 年后有 20 万元残值,折旧采用直线法。在投资项目投产日,需垫付 60 万元流动资金,这笔资金在项目终结点可以全部收回。该项目生产的产品年总成本的构成情况如下:

材料费用　　　　　　　240 万元
人工费用　　　　　　　120 万元
制造费用(不含折旧)　　25 万元

引导问题 1　根据前期收集到的 A、B、C、D 四个互斥方案的主要财务评价指标,进行方案的对比和选优,按照优先顺序将 A、B、C、D 四个方案进行排序,并将结果填入表 4-27。

表 4-27　A、B、C、D 四个方案排序表

项目	NPV	IRR	分析结论

引导问题 2　根据资料(2)和相关知识点,分析计算继续使用旧设备每年的 NCF 并填制继续使用旧设备现金流量计算表表 4-28;分析计算使用新设备每年的 NCF 并填制更换新设备现金流量计算表表 4-29;填制两个方案的差额现金净流量表表 4-30。

表 4-28　继续使用旧设备现金流量计算表

单位:万元

项目	现金流量计算过程	年份	计算结果
旧设备账面净值		0	
旧设备出售净损失		0	
旧设备出售净损失抵税		0	
继续使用旧设备投资额		0	
年折旧额		1—5	
净利润		1—5	
NCF		1—5	

表 4-29　更换新设备现金流量计算表

单位:万元

项目	现金流量计算过程	年份	计算结果
购置成本		0	
年折旧额		1—5	
净利润		1—4	
营业现金净流量		1—4	
回收残值		5	
终结点现金净流量		5	

表 4-30　差额现金净流量计算表

单位:万元

年份	ΔNCF 计算过程	计算结果
0		
1—4		
5		

小提示:
差额法下,一般以投资额大的方案减投资额小的方案。

引导问题 3　根据相关知识点和差额现金净流量计算表表 4-30,计算投资额不相等但项目计算期相同的互斥方案的适用评价指标 ΔNPV,并填制差额净现值计算分析表表 4-31。

表 4-31　差额净现值计算分析表

单位：万元

ΔNCF	年份	现值系数	现值	ΔNPV
	0			
	1—4			
	5			

引导问题 4　根据相关知识点和差额现金净流量计算表表 4-30，计算投资额不相等但项目计算期相同的互斥方案的适用评价指标 ΔIRR，并填制差额内含报酬率测试表表 4-32 和差额内含报酬率计算分析表表 4-33。

表 4-32　差额内含报酬率测试表

单位：万元

ΔNCF	年份	$i=15\%$	现值	ΔNPV	$i=16\%$	现值	ΔNPV
	0						
	1—4						
	5						

```
15%                          IRR                        16%
NPV=                        NPV=0                       NPV=
```

表 4-33　差额内含报酬率计算分析表

项目	计算过程	计算结果
ΔIRR		

小提示：

直线插入法公式：

$$y = y_0 + \frac{x_0 - x}{x_0 - x_1} \times (y_1 - y_0)$$

引导问题 5　根据相关知识点、差额净现值计算分析表表 4-31 和差额内含报酬率计算分析表表 4-33，填制差额评价指标计算分析表表 4-34；最终对长城公司是否应该售旧购新做出分析结论。

表 4-34　差额评价指标计算分析表

项目	计算结果	对比标准	比较结果	分析结论
ΔNPV				
ΔIRR				

引导问题 6　根据相关知识点和资料(3)，分析计算新生产线方案每年的现金净流量，再利

用系数计算该方案的净现值,并填制新方案的净现值计算分析表表 4-35。直线法下:

$$年折旧额 = \frac{固定资产原值 - 残值}{折旧年限}$$

$$营业现金净流量 = 净利润 + 折旧$$

$$终结点现金净流量 = 营业现金净流量 + 回收额$$

表 4-35　新方案净现值计算分析表

单位:万元

项目	0时点	第1年	第2年	第3—11年	第12年
固定资产投资					
垫付流动资金					
年折旧额					
营业收入					
付现成本					
净利润					
回收流动资金					
回收残值					
NCF					
折现系数					
NCF 的现值					
NPV					

小提示:

①第 3 年到第 8 年现金净流量是一个递延年金,可以用已知年金求现值的方式求得第 3 年到第 8 年的现金净流量的现值。

②NPV 等于 NCF 的现值求和。

引导问题 7 根据相关知识点,以及原生产线方案净现值计算分析表表 4-15 和新方案净现值计算分析表表 4-35,分析计算两个方案的年回收额,填制两个方案的年回收额计算分析表表 4-36,并就方案的选择做出最终判断。公式:

$$年等额净现值 A = \frac{净现值}{年金现值系数} = \frac{NPV}{(P/A, i, n)}$$

表 4-36　年回收额计算分析表

项目	NPV	n	$(P/A, 10\%, n)$	年回收额	分析结论
原方案					
新方案					

进行决策

(1)各组派代表阐述长城公司在 A、B、C、D 四个互斥投资方案中,应该选择哪个方案进行投资并说明原因。

(2)各组依次对另外两组互斥方案的对比与选优思路、过程和结论提出自己的看法和意见。

(3)各组根据其他组的意见和建议,讨论分析本组的计算过程和结果是否正确,并更正错误之处。

(4)教师结合大家完成的情况进行点评,并选出最佳方案。

工作实施

(1)各组分别阅读、研究给出的投资项目的相关数据和资料。

(2)各组自行制订学习计划,分配学习任务,根据相关知识点和表 4-26,完成投资额相等且项目计算期相同的 A、B、C、D 四个互斥方案的排序,并填制表 4-27。

(3)根据本学习任务的资料(2)和相关知识点,依次填制继续使用旧设备现金流量计算表表 4-28、更换新设备现金流量计算表表 4-29、差额现金净流量计算表表 4-30,最终计算出差额净现值并填制表 4-31;根据表 4-31,试算接近零的差额净现值,并填制差额内含报酬率测试表表 4-32,根据表 4-31 和直线插入法公式计算差额内含报酬率,并填制表 4-33;最终得出是否应该售旧购新的结论,并填制表 4-34。

(4)根据本学习任务资料(3)和相关知识点,计算生产线新方案的净现值并填制表 4-35,根据原方案净现值计算分析表表 4-15,运用年回收额计算公式,查找年金系数表,计算年回收额,根据两个方案的年回收额大小做出正确决策,并填制表 4-36。

(5)各组派代表阐述三组互斥方案决策的思路、步骤、计算结果和分析结论,运用相应评价指标对三种情况下的互斥项目进行财务评价。

(6)各组对其他小组的互斥项目决策方案进行点评、提问,完成小组互评。

(7)每个同学完成自评。

(8)每个小组完成对本组成员的组内点评。

(9)教师结合大家的完成情况和现场表现进行点评,填写教师综合评价表。

(10)最后,教师运用加权平均方法,完成本学习情境最终的考评。

评价反馈

各组代表展示作品,介绍任务的完成过程。作品展示前应准备阐述材料,可以利用各种形式进行呈现。每个学习情境的成绩评定将按学生自评、组内点评、小组互评、教师评价四个阶段进行,并按自评占 10%、组内点评占 20%、小组互评占 20%、教师评价占 50%计算每个学生的综合评价结果。

(1)学生进行自我评价,并将结果填入表 4-37 所示的学生自评表中。

表 4-37 学生自评表

班级		组名		姓名	
学习情境		项目投资决策应用			
评价项目		评价标准		分值	得分
投资额相等且计算期相同的互斥方案决策		能针对投资额相等且计算期相同的互斥方案进行正确决策		10	
差额净现值		能正确计算分析差额净现值		15	
差额内含报酬率		能正确计算分析差额内含报酬率		10	
年回收额		能正确计算年回收额		15	
综合评价		能针对不同互斥方案进行对比和选优		10	
工作态度		态度端正,无无故缺勤、迟到、早退		10	
工作质量		能按计划完成工作任务		10	
团队合作能力		与小组成员、同学之间能合作交流,共同完成工作任务		10	
创新意识		互斥方案对比和选优的思路或计算分析过程有创新之处		10	
合计				100	

（2）学生以小组为单位,对组内各位成员的表现进行客观公正的评价。以 4 人小组为例,组长比重占 40%,其他两个组员各占 30%,总评分加权平均得出,并将点评结果填入表 4-38 所示的组内点评表。

表 4-38 组内点评表

班级		组名		姓名	
学习情境		项目投资决策应用			
评价项目	分值	组长点评（40%）	组员点评（30%）	组员点评（30%）	评分
工作态度	20				
工作质量	10				
工作效率	10				
工作完整	15				
工作贡献	15				
团队合作	20				
是否有创新之处	10				
合计	100				

（3）学生以小组为单位,针对互斥方案对比和选优的计算分析过程和结果进行互评,将互评的结果填入表 4-39 所示的小组互评表。每个组须经其他两个组点评,最终被评小组互评成绩采用两个小组的平均数。

表 4-39 小组互评表

班级		被评小组		
学习情境		项目投资决策应用		
评价项目	分值	得分		
		第1小组	第2小组	平均得分
计划合理	15			
组织有序	10			
团队合作	15			
工作质量	15			
工作效率	10			
工作完整	10			
工作规范	10			
成果展示	15			
合计	100			

(4)教师对学生工作过程与工作结果进行评价,并将评价结果填入表 4-40 所示的教师综合评价表。组内点评在 90 分以上的组长,在综合得分基础上乘 1.1 的系数;组内点评在 80～90 分的组长,在综合得分基础上乘 1.05 的系数;组内点评在 70～80 分的组长,在综合得分基础上乘 1.02 的系数。每个组的组长采用轮值制,保证每位学生都有当组长的机会。

表 4-40 教师综合评价表

班级		组名		姓名	
学习情境		项目投资决策应用			
评价项目		评价标准		分值	得分
考勤(10%)		无无故迟到、早退、旷课现象		10	
项目成果(30%)	差额净现值	能正确计算差额净现值		10	
	差额内含报酬率	能正确计算分析差额内含报酬率		10	
	年回收额	能正确计算分析年回收额		10	
	项目方案决策	能完成互斥项目的对比和选优		10	
	工作态度	态度端正、工作认真、主动		5	
	团队合作精神	与小组成员、同学之间能合作交流,共同完成工作任务		10	
	创新意识	在工作中有创新之处		5	
	工作完整	能按时完成工作任务		5	
	工作规范	能按照规范要求计算分析		5	
	项目评价	能准确计算分析互斥项目财务评价指标		5	
	成果展示	能准确表达、汇报互斥项目财务评价方案		15	
合计				100	

续表

班级		组名		姓名	
学习情境			项目投资决策应用		
综合评价	学生自评（10%）	组内点评（20%）	小组互评（20%）	教师评价（50%）	综合得分

拓展思考题

(1)在实际工作中,在有些投资方案的收入基本相同但难以准确计量的情况下,该用什么指标来进行互斥项目的对比和选优?

(2)你觉得实际工作中财务总监选择什么方法来评价投资项目?

学习情境相关知识点

一、独立投资方案的决策

独立投资方案,是指两个或两个以上项目互不依赖,可以同时并存,各方案的决策也是独立的。独立投资方案的决策属于筛选决策,评价各方案本身是否可行,即方案本身是否达到某种预期的可行性标准。

常用的评价指标有净现值、净现值率、现值指数和内含报酬率,如果评价指标同时满足以下条件:$NPV \geq 0$,$NPVR \geq 0$,$PI \geq 1$,$IRR \geq i$,则方案具有财务可行性;反之,则不具备财务可行性。投资利润率与静态投资回收期可作为辅助指标评价投资项目,但需注意的是:当辅助指标与主要指标(净现值)的评价结论发生矛盾时,应当以主要指标的结论为准。

二、互斥方案的决策

项目投资决策中的互斥方案是指在决策时涉及的多个相互排斥、不能同时实施的投资方案。互斥方案决策过程就是在每一个入选方案已具备项目可行性的前提下,利用具体决策方法比较各个方案的优劣,利用评价指标从各个备选方案中最终选出一个最优方案的过程。

由于各个备选方案的投资额、项目计算期不一致,因而要根据各个方案的使用期、投资额相等与否,采用不同的方法做出选择。

(1)互斥方案的投资额相等,且项目计算期相同,可采用净现值法或内含报酬率法。

所谓净现值法,是指通过比较互斥方案的净现值指标的大小来选择最优方案的方法。所谓内含报酬率法,是指通过比较互斥方案的内含报酬率指标的大小来选择最优方案的方法。净现值或内含报酬率最大的方案为优。

(2)互斥方案的投资额不相等,但项目计算期相同,可采用差额法。

所谓差额法,是指在两个投资总额不同的方案的差量现金净流量(记作 ΔNCF)的基础上,计算出差额净现值(记作 ΔNPV)或差额内含报酬率(ΔIRR),并据以判断方案孰优孰劣的方法。

在此方法下,一般以投资额大的方案减投资额小的方案,当 $\Delta NPV \geq 0$ 或 $\Delta IRR \geq i$ 时,投资额大的方案较优;反之,则投资额较小的方案为优。

(3)互斥方案的投资额不相等,且项目计算期也不相同,可采用年回收额法。

所谓年回收额法,是指通过比较所有投资方案的年等额净现值指标的大小来选择最优方案的决策方法。

年回收额指标的计算步骤如下:

①计算各方案的净现值 NPV。

②计算各方案的年等额净现值。若贴现率为 i,项目计算期为 n,则:

$$年等额净现值 A = \frac{净现值}{年金现值系数} = \frac{\text{NPV}}{(P/A, i, n)}$$

学习情境5
企业营运资金管理

CAIWU GUANLI SHIWU

学习任务 1　营运资金管理概述

学习情境描述

假设你是宏达公司财务部营运资金管理岗工作人员,主要工作职责是合理安排和调度资金,提高资金使用效率,按照公司价值创造型财务管理体系和资金管理制度的相关要求,开展流动资产和流动负债管理工作,确保营运资金的平稳运行。

学习目标

(1)通过本学习情境,了解营运资金的相关概念;
(2)理解营运资金循环的特点;
(3)能够根据公司相关数据,计算分析营运资金的具体金额;
(4)能够根据公司相关数据,计算存货周转天数、应收账款周转天数和应付账款周转天数;
(5)能够根据公司相关数据,计算分析公司营业周期和现金周期。

任务书

财务总监要求你根据相关数据和资料,计算分析公司 2019 年年末和 2020 年年末的营运资金情况,并以表格的形式进行呈现;准确计算 2020 年存货周转天数和应收账款周转天数,再计算公司营业周期;准确计算公司应付账款周转天数,再根据相关提示,计算公司 2020 年现金周期,以供相关领导参考。

任务分组

学生任务分配表如表 5-1 所示。

表 5-1　学生任务分配表

班级			组名		指导老师	
	姓名	学号		姓名		学号
组长						
组员						

任务分工:

小提示：

①组队规则：3~5名同学自由组队，选取一名同学做组长，组长负责分配工作，安排工作进度，组织课外讨论，最后做案例呈现，可以得到额外加分。组员需听从组长的安排，大家齐心协力，以小组名义奋斗。

②团队合作是考核评价的重要内容。

(1)宏达公司2020年资产负债表简表如表5-2所示。

表5-2　宏达公司2020年资产负债表简表

单位：万元

资产	年初数	年末数	负债与所有者权益	年初数	年末数
流动资产：			流动负债：		
货币资金	500	625	应付票据	800	1 000
交易性金融资产	700	600	应付账款	800	600
应收账款	1 700	1 500	应付职工薪酬	600	200
存货	1 300	1 700	流动负债合计	2 200	1 800
流动资产合计	4 200	4 425	非流动负债：		
非流动资产：			长期借款	400	400
长期应收款	100	200	应付债券	600	600
固定资产	900	1 000	非流动负债合计	1 000	1 000
非流动资产合计	1 000	1 200	负债合计	3 200	2 800
			股东权益：		
			股本	1 000	1 000
			资本公积	350	360
			盈余公积	350	400
			未分配利润	300	1 065
			股东权益合计	2 000	2 825
资产总计	5 200	5 625	负债与股东权益总计	5 200	5 625

(2)宏达公司2020年部分财务信息数据如下：销售收入10 000万元，销售成本6 000万元。

引导问题1　根据相关知识点，结合表5-2所示的宏达公司2020年资产负债表简表，分别计算本公司2019年年末和2020年年末的营运资金，并将结果填入表5-3。公式：

营运资金＝流动资产－流动负债

表 5-3 宏达公司近两年年末营运资金计算表

单位:万元

时间	2019 年年末	2020 年年末
流动资产		
流动负债		
营运资金		

引导问题 2 根据相关知识点,结合相关数据和资料(2)中宏达公司 2020 年部分财务数据,计算本公司 2020 年存货周转天数,并将结果填入表 5-4。

表 5-4 宏达公司 2020 年存货周转天数计算表

项目	计算过程	计算结果
存货平均余额		
存货周转次数		
存货周转天数		

小提示:

一年按 360 天计算。

引导问题 3 根据相关知识点,结合相关数据和资料(2)中宏达公司 2020 年部分财务数据,计算本公司 2020 年应收账款周转天数,并将结果填入表 5-5。

表 5-5 宏达公司 2020 年应收账款周转天数计算表

项目	计算过程	计算结果
应收账款平均余额		
应收账款周转次数		
应收账款周转天数		

小提示:

①周转天数四舍五入以整数计算。

②其他计算结果四舍五入保留到小数点后两位数。

引导问题 4 根据相关知识点,结合相关数据和资料(2)中宏达公司 2020 年部分财务数据,计算本公司 2020 年应付账款周转天数,并将结果填入表 5-6。

表 5-6 宏达公司 2020 年应付账款周转天数计算表

项目	计算过程	计算结果
应付账款平均余额		
应付账款周转次数		
应付账款周转天数		

引导问题 5 根据相关知识点,结合表 5-4 所示的宏达公司 2020 年存货周转天数计算表和表 5-5 所示的宏达公司 2020 年应收账款周转天数计算表,计算本公司 2020 年营业周期,并将结果填入表 5-7。

表 5-7 宏达公司 2020 年营业周期计算表

单位:天

项目	计算过程	计算结果
存货周转天数		
应收账款周转天数		
营业周期		

小提示:

营业周期＝存货周转天数＋应收账款周转天数

引导问题 6 根据相关知识点,结合表 5-6 所示的宏达公司 2020 年应付账款周转天数计算表和表 5-7 所示的宏达公司 2020 年营业周期计算表,计算本公司 2020 年现金周期,并将结果填入表 5-8。

表 5-8 宏达公司 2020 年现金周期计算表

单位:天

项目	计算过程	计算结果
营业周期		
应付账款周转天数		
现金周期		

小提示:

现金周期＝营业周期－应付账款周转天数

(1)各组派代表阐述宏达公司近两年年末营运资金计算情况,宏达公司 2020 年营业周期和现金周期的计算思路、计算过程和计算结果。

(2)各组对其他组的营运资金计算表、营业周期计算表和现金周期计算表提出自己的看法和意见。

(3)教师结合大家完成的情况进行点评,选出正确方案。

工作实施

(1)各组分别阅读、研究给出的宏达公司相关数据和资料。

(2)各组自行制订学习计划,分配学习任务,根据相关数据和信息,完成宏达公司近两年年末营运资金计算,填制表 5-3;计算宏达公司 2020 年存货周转天数,填制表 5-4;计算宏达公司 2020 年应收账款周转天数,填制表 5-5;再根据表 5-4 和表 5-5,计算宏达公司 2020 年营业周期,填制表 5-7。

(3)各组根据相关数据和提示,计算宏达公司 2020 年应付账款周转天数,并结合表 5-6,填制表 5-8。

(4)各组派代表阐述宏达公司近两年营运资金、营业周期和现金周期的计算思路、计算过程和计算结果。

(5)各组对其他小组的计算结果进行点评、提问,完成小组互评。

(6)每个同学完成自评。

(7)每个小组完成对本组成员的组内点评。

(8)教师结合大家的完成情况和现场表现进行点评,填写教师综合评价表。

(9)最后,教师运用加权平均方法,完成本学习情境最终的考评。

评价反馈

各组代表展示作品,介绍任务的完成过程。作品展示前应准备阐述材料,最好以PPT等方式进行呈现。每个学习情境的成绩评定将按学生自评、组内点评、小组互评、教师评价四个阶段进行,并按自评占10%、组内点评占20%、小组互评占20%、教师评价占50%计算每个学生的综合评价结果。

(1)学生进行自我评价,并将结果填入表5-9所示的学生自评表中。

表5-9 学生自评表

班级		组名		姓名	
学习情境		营运资金管理概述			
评价项目		评价标准		分值	得分
营运资金计算		能准确计算营运资金		10	
存货周转天数		能正确计算存货周转天数		5	
应收账款周转天数		能正确计算应收账款周转天数		5	
营业周期		能正确计算营业周期		15	
应付账款周转天数		能正确计算应付账款周转天数		10	
现金周期		能正确计算现金周期		15	
工作态度		态度端正,无无故缺勤、迟到、早退		10	
工作质量		能按计划完成工作任务		10	
团队合作能力		与小组成员、同学之间能合作交流,共同完成工作任务		10	
创新意识		营业周期和现金周期的理解或计算有创新之处		10	
合计				100	

(2)学生以小组为单位,对组内各位成员的表现进行客观公正的评价。以4人小组为例,组长比重占40%,其他两个组员各占30%,总评分加权平均得出,并将点评结果填入表5-10所示的组内点评表。

表 5-10 组内点评表

班级		组名		姓名	
学习情境		营运资金管理概述			
评价项目	分值	组长点评（40%）	组员点评（30%）	组员点评（30%）	评分
工作态度	20				
工作质量	10				
工作效率	10				
工作完整	15				
工作贡献	15				
团队合作	20				
是否有创新之处	10				
合计	100				

(3)学生以小组为单位,对营运资金、营业周期、现金周期的计算过程和结果进行互评,将互评的结果填入表 5-11 所示的小组互评表。每个组须经其他两个组点评,最终被评小组互评成绩采用两个小组的平均数。

表 5-11 小组互评表

班级		被评小组		
学习情境		营运资金管理概述		
评价项目	分值	得分		
		第 1 小组	第 2 小组	平均得分
计划合理	15			
组织有序	10			
团队合作	15			
工作质量	15			
工作效率	10			
工作完整	10			
工作规范	10			
成果展示	15			
合计	100			

(4)教师对学生工作过程与工作结果进行评价,并将评价结果填入表 5-12 所示的教师综合评价表。组内点评在 90 分以上的组长,在综合得分基础上乘 1.1 的系数;组内点评在 80~90 分的组长,在综合得分基础上乘 1.05 的系数;组内点评在 70~80 分的组长,在综合得分基础上乘 1.02 的系数。每个组的组长采用轮值制,保证每位学生都有当组长的机会。

表 5-12　教师综合评价表

班级		组名		姓名	
学习情境			营运资金管理概述		
评价项目		评价标准		分值	得分
考勤（10%）		无无故迟到、早退、旷课现象		10	
工作过程（60%）	营运资金	能准确计算营运资金		5	
	存货周转天数	能正确计算存货周转天数		5	
	应收账款周转天数	能正确计算应收账款周转天数		5	
	营业周期	能正确计算营业周期		10	
	应付账款周转天数	能正确计算应付账款周转天数		5	
	现金周期	能正确计算现金周期		10	
	工作态度	态度端正、工作认真、主动		5	
	团队合作精神	与小组成员、同学之间能合作交流，共同完成工作任务		10	
	创新意识	在工作中有创新之处		5	
项目成果（30%）	工作完整	能按时完成工作任务		5	
	工作规范	能按照规范要求计算		5	
	成果展示	能准确表达、汇报现金周期的计算思路、过程和结果		20	
合计				100	
综合评价	学生自评（10%）	组内点评（20%）	小组互评（20%）	教师评价（50%）	综合得分

（1）在营运资金管理中，企业有哪些方法可以提高自身营运资金的使用效率？

学习情境相关知识点

一、营运资金的含义

营运资金管理是一个越来越受重视的领域。由于市场竞争加剧和经营环境动荡，营运资金管理对于企业盈利能力以及生存能力的影响越来越大。财务经理的大部分时间被用于营运资金管理，而不是长期决策。营运资金管理比较复杂，涉及企业的所有部门，尤其需要采购、生产、销售和信息处理等部门的配合与努力。

营运资金又称营运资本，是指一个企业维持日常经营所需的资金，通常指流动资产减去流动负债后的差额。用公式表示为：

$$营运资金总额＝流动资产总额－流动负债总额$$

营运资金的管理既包括流动资产的管理，也包括流动负债的管理。这里所说的流动资产是指可以在一年或者超过一年的一个营业周期内变现或耗用的资产，主要包括现金、有价证券、应收账款和存货等。这里所说的流动负债是指将在一年或者超过一年的一个营业周期内必须清偿的债务，主要包括短期借款、应付账款、预收账款、应付费用等。

二、营运资金管理的基本要求

营运资金的管理既要保证有足够的资金满足生产经营的需要，又要保证能按时按量偿还各种到期债务。企业营运资金管理的基本要求如下。

1. 合理确定并控制流动资金的需求量

企业流动资金的需求量取决于生产经营规模和流动资金的周转速度，同时也受市场及供产销情况的影响。企业应综合考虑各种因素，合理确定流动资金的需求量，既要保证企业经营的需要，又不能因安排过量而浪费。平时也应控制流动资金的占用，将其纳入计划预算的良性范围内。

2. 合理确定流动资金的来源构成

企业应选择合适的筹资渠道及方式，力求以最小的代价谋取最大的经济利益，并使筹资与日后的偿债能力等合理配合。

3. 加快资金周转，提高资金使用效率

当企业的经营规模一定时，流动资金周转的速度与流动资金需求量呈反方向变化。企业应加强内部责任管理，适度加速存货周转、缩短应收账款的收款周期、延长应付账款的付款周期，以改进资金的利用效果。

三、营运资金循环、营业周期与现金周期

1. 营运资金循环

营运资金循环是指（制造业）从赊购原材料开始，在信用期间将存货投入生产，形成企业的在产品，在产品又被进一步加工成产成品，然后产成品以赊销形式出售，形成应收账款，收回应收账款后又变成现金注入企业的循环过程。

2. 营业周期

营业周期是指企业的资金完成一次从购入存货到收回应收账款的时间长度。营业周期的长度等于存货周期和应收账款周期长度之和，其中：

$$存货周转次数＝销售成本÷存货平均余额$$
$$存货周转天数＝360÷存货周转次数$$
$$应收账款周转次数＝销售收入÷应收账款平均余额$$
$$应收账款周转天数＝360÷应收账款周转次数$$

3. 现金周期

现金周期是指企业从支付购买存货的应付账款开始，到应收账款收回的这一时间长度，即现金支出到现金收回的这段时间。它的长度等于营业周期减去应付账款周转天数，其中：

$$应付账款周转次数＝赊购总额÷应付账款平均余额$$
$$应付账款周转天数＝360÷应付账款周转次数$$

学习任务 2　　流动资产管理

学习情境描述

假设你是宏达公司财务部营运资金管理岗工作人员,在流动资产管理方面的主要工作职责是:确定公司的最佳现金持有量;根据具体情况制定对本公司最有利的信用政策;对应收账款进行日常管理;利用适当的模型做好存货的管理工作。

学习目标

(1)通过本学习情境,理解企业持有现金的动机和成本。
(2)能够利用成本分析模式和存货分析模式,确定公司的最佳现金持有量。
(3)能够根据具体情况,为企业在多个选项中选择最有利的信用政策。
(4)能够利用成本效益原则,为企业选择最优的收账政策。
(5)能够对应收账款进行账龄分析,并根据超期情况,提出不同收账措施。
(6)能够熟练运用经济订货量模型,为企业确定经济订货批量等存货管理的 KPI。
(7)能够根据相关数据,计算某种材料的再订货点和保险储备,以及有保险储备情况下的再订货点。
(8)能够根据相关数据,确定商业折扣模型下的经济订货批量和相关总成本。

任务书

财务总监要求你根据相关数据和资料,分别利用成本分析模式和存货分析模式确定 2021 年公司最佳现金持有量;计算 2021 年预计的应收账款机会成本;根据具体情况,制定对公司最有利的信用政策;对公司目前应收账款进行账龄分析,并确定最佳收账政策;根据应收账款超期情况,提出具体的收账措施;根据具体情况,利用不同模型,确定公司最佳订货批量、最佳订货周期、相关存货总成本等存货管理的 KPI,供公司领导决策参考。

任务分组

学生任务分配表如表 5-13 所示。

表 5-13　学生任务分配表

班级		组名		指导老师	
	姓名		学号	姓名	学号
组长					
组员					

续表

班级		组名		指导老师	

任务分工：

小提示：

①组队规则：3～5名同学自由组队，选取一名同学做组长，组长负责分配工作，安排工作进度，组织课外讨论，最后做案例呈现，可以得到额外加分。组员需听从组长的安排，大家齐心协力，以小组名义奋斗。

②团队合作是考核评价的重要内容。

获取信息

(1)宏达公司2021年现金持有方案如表5-14所示。

表5-14　宏达公司2021年现金持有方案

项目	甲方案	乙方案	丙方案	丁方案
现金持有量/万元	550	650	750	800
机会成本率	10%	10%	10%	10%
管理成本/万元	1	1	1	1
短缺成本/万元	50	30	3	0

(2)宏达公司现金收支比较稳定，预计全年(按360天计算)需要现金9 000万元，现金与有价证券的转换成本为每次2万元，有价证券的年利率为10%。

(3)目前，宏达公司产品处于产销两旺状态，2021年原来预计销售收入10 800万元，销售毛利20%，资本成本率为10%，变动成本率为60%，原来的信用条件是N/50，坏账损失率为3%，收账费用为5万元。为了提高销售收入并加速销售回款，现准备改变信用条件，销售部门提出了A、B两个有关信用条件的方案，如表5-15所示。

表5-15　宏达公司信用政策方案

项目	A方案	B方案
信用条件	2.5/5，N/30	2/10，N/40
预计增加销售额/万元	720	360
坏账损失率	1%	2%
享受现金折扣的销售额占总销售额的比率	60%	50%
预计增加的收账费用/万元	2	3

(4)宏达公司2021年销售收入为10 800万元，全部为赊销，在不同收账政策条件下的有关

资料如表 5-16 所示。本公司收账政策对销售收入的影响可以忽略不计,应收账款的机会成本率为 10%,一年按 360 天计算。

表 5-16　宏达公司收账政策方案

项目	现行收账政策	建议收账政策
年收账费用	5 万元	10 万元
应收账款平均收账期	50 天	20 天
坏账损失率	3%	2%

(5)宏达公司 2020 年 12 月 31 日应收账款账龄分析表如表 5-17 所示。

表 5-17　宏达公司应收账款账龄分析表(2020 年 12 月 31 日)

项目	账户数量	金额/万元
信用期内	100	800
超过信用期 1～20 天	50	400
超过信用期 21～40 天	20	100
超过信用期 41～60 天	30	80
超过信用期 61～80 天	15	50
超过信用期 81～100 天	6	60
超过信用期 100 天以上	3	10
合计	224	1 500

(6)宏达公司 2021 年预计耗用甲材料 360 000 千克,进货单价为 100 元,年储存成本为 4 元/千克,每次订货成本为 200 元。

工作计划

引导问题 1　根据表 5-14 所示的宏达公司 2021 年现金持有方案,计算成本分析模式下,持有现金的总成本,根据相关总成本最低原则做出决策,并填制宏达公司 2021 年最佳现金持有量测算表表 5-18。

表 5-18　宏达公司 2021 年最佳现金持有量测算表

单位:万元

方案	现金持有量	机会成本	短缺成本	相关总成本	决策
甲					
乙					
丙					
丁					

引导问题 2　根据相关数据和资料(2),计算存货分析模式下,宏达公司最佳现金持有量和最低现金管理相关总成本,并填制宏达公司 2021 年存货分析模式下最佳现金持有量及相关总成本计算表表 5-19。公式:

$$最佳现金持有量 Q^* = \sqrt{(2T \times F)/K}$$

$$最低现金管理相关总成本 TC = \sqrt{2TFK}$$

表 5-19　存货分析模式下最佳现金持有量及相关总成本计算表

单位：万元

项目	计算过程	计算结果
最佳现金持有量		
最低现金管理相关总成本		

引导问题 3　根据相关数据和资料(3)，并结合应收账款机会成本相关知识，计算原信用条件下，宏达公司应收账款的机会成本，并填制表 5-20。

表 5-20　原信用条件下应收账款机会成本计算表

项目	计算过程	计算结果
应收账款平均收账期		
平均日销售额		
应收账款平均余额		
应收账款占用资金		
应收账款机会成本		

引导问题 4　根据相关数据、资料(3)和表 5-20，并结合应收账款信用政策相关知识，计算 A 方案相对于原方案增加的净收益，得出孰优孰劣的结论，并填制 A 方案与原方案分析评价表表 5-21。

表 5-21　A 方案与原方案分析评价表

项目	A 方案	原方案
销售收入		
销售毛利		
平均日销售额		
平均收账期		
应收账款机会成本		
坏账成本		
现金折扣成本		
收账成本		
应收账款的相关总成本		
净收益		
A 方案比原方案增加的净收益		
结论		

引导问题 5 根据相关数据、资料(3)和表 5-20,并结合应收账款信用政策相关知识,计算 B 方案相对于原方案增加的净收益,得出孰优孰劣的结论,并填制 B 方案与原方案分析评价表表 5-22。

表 5-22　B 方案与原方案分析评价表

项目	B 方案	原方案
销售收入		
销售毛利		
平均日销售额		
平均收账期		
应收账款机会成本		
坏账成本		
现金折扣成本		
收账成本		
应收账款的相关总成本		
净收益		
B 方案比原方案增加的净收益		
结论		

引导问题 6 根据 A 方案与原方案分析评价表(表 5-21)、B 方案与原方案分析评价表(表 5-22),编制 A 方案与 B 方案对比评价表表 5-23,并得出两个方案孰优孰劣的结论。

表 5-23　A 方案与 B 方案分析评价表

单位:万元

项目	A 方案	B 方案
销售收入		
销售毛利		
应收账款机会成本		
坏账成本		
现金折扣成本		
收账成本		
应收账款的相关总成本		
净收益		
A 方案比 B 方案增加的净收益		
结论		

引导问题 7 根据相关数据、资料(4)和表 5-16,并结合应收账款收账政策相关知识,计算建议收账政策相对于现行收账政策所增加的净收益,并填制宏达公司收账政策选择计算表表 5-24。

表 5-24　宏达公司收账政策选择计算表

单位:万元

项目	现行收账政策	建议收账政策
年赊销收入		
平均日赊销额		
应收账款机会成本		
坏账成本		
收账成本		
应收账款相关总成本		
改变收账政策增加的净收益		
结论		

引导问题 8　根据相关数据、资料(5)表 5-17,并结合应收账款账龄分析和应收账款收账政策相关知识,计算 2020 年年末宏达公司各账龄应收账款的余额占应收账款总计金额的比重,并针对超期情况不同的应收账款提出相应的收账措施建议,填制宏达公司收账措施分析表表 5-25。

表 5-25　宏达公司应收账款收账措施分析表(2020 年 12 月 31 日)

项目	账户数量	金额/万元	百分比	建议采取的收账措施
信用期内	100	800		
超过信用期 1~20 天	50	400		
超过信用期 21~40 天	20	100		
超过信用期 41~60 天	30	80		
超过信用期 61~80 天	15	50		
超过信用期 81~100 天	6	60		
超过信用期 100 天以上	3	10		
合计	224	1 500	100%	

小提示:

对于出现超期的应收账款,宏达公司采取以下的措施:当客户的应收账款超过信用期 1~20 天时,利用信函催收。当客户的应收账款超过信用期 20~40 天时,电话催收。当客户的一笔应收账款在超出 40 天后仍未付款时,停止供货,直到款项付清;如果在停止供货后客户仍拒付货款,公司将指定销售代表在财务部的协助下,与该客户磋商以达成收款协议,协议要求客户在 3 个月内付清全部款项,允许分期付款;如果在实施了上述措施后仍无效果,将诉诸法律,以期在客户破产清算时得到债权的补偿。对于公司的损失,财务部门将按照坏账处理。

引导问题 9　根据相关数据和资料(6),并结合经济订货量模型相关知识,计算 2021 年宏达公司甲材料经济订货量、平均占用资金、最佳进货批次、最佳订货周期、年平均储存成本、经济订货量的相关总成本,并填制甲材料经济订货量计算表表 5-26。

表 5-26　宏达公司甲材料经济订货量计算表

项目	计算公式	计算过程	计算结果
经济订货量	$Q^*=\sqrt{\dfrac{2PA}{C}}$		
平均占用资金	$\dfrac{Q^*}{2}\times$ 存货单价		
最佳进货批次	$N=\sqrt{\dfrac{AC}{2P}}$		
最佳订货周期	$360/N$		
年平均储存成本	$\dfrac{Q^*}{2}\times C$		
相关总成本	$TC=\sqrt{2PAC}$		

引导问题 10　如果 2021 年宏达公司甲材料的日均消耗量为 1 000 千克,订货提前期为 10 天,计算宏达公司甲材料的再订货点,并填制再订货点计算表表 5-27。

表 5-27　宏达公司甲材料再订货点计算表

项目	计算公式	计算过程	计算结果
再订货点	再订货点＝日均正常用量×订货提前期		

引导问题 11　如果 2021 年宏达公司甲材料每天最大用量为 1 200 千克,根据引导问题 10,计算宏达公司甲材料的保险储备和有保险储备情况下的再订货点,并填制保险储备和再订货点计算表表 5-28。公式:

保险储备量＝(预计每天最大用量－平均每天正常用量)×订货提前期

再订货点＝平均每天正常用量×订货提前期＋保险储备

表 5-28　宏达公司甲材料保险储备和再订货点计算表

项目	计算过程	计算结果
保险储备量		
有保险储备的再订货点		

引导问题 12　如果甲材料的供应商 2021 年实行数量折扣政策,具体来说:客户每批购买量不足 8 000 千克的,按照标准价格计算;每批购买量在 8 000 千克以上、10 000 千克以下的,价格优惠 2%;每批购买量在 10 000 千克以上的优惠 3%。根据相关数据、资料(6)和引导问题 9,并结合商业折扣模型相关知识点,计算实行数量折扣的经济批量模型相关数据,填制商业折扣模型计算分析表表 5-29。

表 5-29 甲材料商业折扣模型计算分析表

项目	计算过程	计算结果
不考虑商业折扣的经济订货量		
标准价格下存货购置成本		
$Q=6\,000$ 千克的存货相关总成本		
$Q=8\,000$ 千克的存货相关总成本		
$Q=10\,000$ 千克的存货相关总成本		
结论		

引导问题 13　根据引导问题 12,确定商业折扣模型下经济订货批量,并计算商业折扣模型下宏达公司甲材料的最佳进货批次和最佳订货周期,并填制甲材料商业折扣模型下订货指标计算表表 5-30。

表 5-30 甲材料商业折扣模型下订货指标计算表

项目	计算过程	计算结果
商业折扣模型下经济订货量		
最佳进货批次		
最佳订货周期		

进行决策

(1)各组派代表阐述成本分析模式和存货分析模式下 2021 年宏达公司最佳现金持有量的计算过程和计算结果。

(2)针对后疫情时代现金为王的大背景下,为宏达公司现金持有方案做出最终决策,并填制宏达公司 2021 年最佳现金持有量决策分析表表 5-31。

表 5-31 宏达公司 2021 年最佳现金持有量决策分析表

项目	成本分析模式	存货分析模式
最佳现金持有量		
最低现金相关总成本		
决策		

(3)各组派代表阐述原信用政策、A 信用政策和 B 信用政策哪个是最优选择。

(4)各组根据成本效益原则,就是否采用建议的收账政策做出决策。

(5)各组派代表阐述不同超期应收账款的收账措施。

(6)各组派代表阐述宏达公司 2021 年甲材料经济订货批量相关 KPI 计算过程和计算结果。

(7)各组派代表阐述有订货提前期和保险储备量的再订货点。

(8)各组派代表阐述商业折扣模型下,经济订货批量和存货最小相关总成本。

(9)各组对其他组的计算分析结论提出自己的看法和意见。

(10)教师结合大家完成的情况进行点评,选出正确方案。

工作实施

(1)各组分别阅读、研究给出的流动资产的相关数据和资料。

(2)各组自行制订学习计划,分配学习任务,根据相关知识点,完成成本分析模式下最佳现金持有量计算分析,填制表 5-18;完成存货分析模式下,最佳现金持有量的计算分析,填制表 5-19。

(3)各组完成原信用条件下应收账款机会成本计算,填制表 5-20;完成 A 方案与原方案分析评价,填制表 5-21;完成 B 方案与原方案分析评价,填制表 5-22;进而完成 A 方案与 B 方案分析评价,填制表 5-23,做出最终的信用政策决策。

(4)各组完成宏达公司应收账款收账政策选择计算,填制表 5-24,就是否采用建议的收账政策做出决策。

(5)各组根据不同超期的应收账款提出对应的收账措施,填制表 5-25。

(6)各组计算甲材料经济订货模型下相关 KPI,填制表 5-26。

(7)各组完成有订货提前期和保险储备量的再订货点的计算,分别填制表 5-27 和表 5-28。

(8)各组根据基本经济订货模型,完成商业折扣模型下甲材料的经济订货批量和存货最小相关总成本计算,填制表 5-29 和表 5-30。

(9)各组对其他小组的计算分析过程和计算结果进行点评、提问,完成小组互评。

(10)每个同学完成自评。

(11)每个小组完成对本组成员的组内点评。

(12)教师结合大家的完成情况和现场表现进行点评,填写教师综合评价表。

(13)最后,教师运用加权平均方法,完成本学习情境最终的考评。

评价反馈

各组代表展示作品,介绍任务的完成过程。作品展示前应准备阐述材料,可以利用各种形式进行呈现。每个学习情境的成绩评定将按学生自评、组内点评、小组互评、教师评价四个阶段进行,并按自评占 10%、组内点评占 20%、小组互评占 20%、教师评价占 50%计算每个学生的综合评价结果。

(1)学生进行自我评价,并将结果填入表 5-32 所示的学生自评表中。

表 5-32 学生自评表

班级		组名		姓名	
学习情境			流动资产管理		
评价项目		评价标准		分值	得分
最佳现金持有量		能运用成本分析模式和存货分析模式决策		10	
信用政策决策		能做出正确的信用政策决策		10	
收账政策决策		能做出正确的收账政策决策		5	
收账措施选择		能针对不同超期应收账款提出收账措施		5	
经济订货模型		能正确计算分析经济订货模型下的 KPI		10	

续表

班级		组名		姓名	
学习情境		流动资产管理			
评价项目	评价标准			分值	得分
再订货点	能正确计算存在订货提前期和保险储备量的再订货点			5	
商业折扣模型	能正确计算分析商业折扣模型相关信息			10	
综合评价	能综合管理流动资产			5	
工作态度	态度端正,无无故缺勤、迟到、早退			10	
工作质量	能按计划完成工作任务			10	
团队合作能力	与小组成员、同学之间能合作交流,共同完成工作任务			10	
创新意识	各个数据的理解或计算有创新之处			10	
合计				100	

(2)学生以小组为单位,对组内各位成员的表现进行客观公正的评价。以4人小组为例,组长比重占40%,其他两个组员各占30%,总评分加权平均得出,并将点评结果填入表5-33所示的组内点评表。

表 5-33　组内点评表

班级		组名		姓名		
学习情境		流动资产管理				
评价项目	分值	组长点评（40%）	组员点评（30%）	组员点评（30%）	评分	
工作态度	20					
工作质量	10					
工作效率	10					
工作完整	15					
工作贡献	15					
团队合作	20					
是否有创新之处	10					
合计	100					

(3)学生以小组为单位,对流动资产管理相关数据的计算过程和结果进行互评,将互评的结果填入表5-34所示的小组互评表。每个组须经其他两个组点评,最终被评小组互评成绩采用两个小组的平均数。

表 5-34　小组互评表

班级		被评小组		
学习情境		流动资产管理		
评价项目	分值	得分		
		第1小组	第2小组	平均得分
计划合理	15			
组织有序	10			
团队合作	15			
工作质量	15			
工作效率	10			
工作完整	10			
工作规范	10			
成果展示	15			
合计	100			

(4)教师对学生工作过程与工作结果进行评价,并将评价结果填入表 5-35 所示的教师综合评价表。组内点评在 90 分以上的组长,在综合得分基础上乘 1.1 的系数;组内点评在 80～90 分的组长,在综合得分基础上乘 1.05 的系数;组内点评在 70～80 分的组长,在综合得分基础上乘 1.02 的系数。每个组的组长采用轮值制,保证每位学生都有当组长的机会。

表 5-35　教师综合评价表

班级		组名		姓名		
学习情境			流动资产管理			
评价项目		评价标准			分值	得分
考勤(10%)		无无故迟到、早退、旷课现象			10	
工作过程(60%)	最佳现金持有量	能运用成本分析模式和存货分析模式进行最佳现金持有量决策			5	
	信用政策决策	能做出正确的信用政策决策			5	
	收账政策决策	能做出正确的收账政策决策			5	
	收账措施选择	能针对不同超期应收账款提出相应的收账措施			5	
	经济订货模型	能正确计算分析经济订货模型下的 KPI			10	
	再订货点	能正确计算存在订货提前期和保险储备量的再订货点			5	
	商业折扣模型	能正确计算分析商业折扣模型相关信息			10	
	工作态度	态度端正、工作认真、主动			5	
	团队合作精神	与小组成员、同学之间能合作交流,共同完成工作任务			5	
	创新意识	在工作中有创新之处			5	

续表

班级		组名		姓名		
学习情境			流动资产管理			
	评价项目		评价标准		分值	得分
项目成果（30%）	工作完整		能按时完成工作任务		5	
	工作规范		能按照规范要求计算分析		5	
	项目评价		能针对各种流动资产的具体情况做出决策		10	
	成果展示		能准确表达、汇报各种流动资产决策情况		10	
		合计			100	
综合评价	学生自评（10%）	组内点评（20%）		小组互评（20%）	教师评价（50%）	综合得分

拓展思考题

(1)在最佳现金持有量的成本分析模式下,为什么相关总成本不必考虑管理成本?
(2)何谓信用的5C分析法?
(3)怎么做客户的信用调查?
(4)陆续到货模式下经济到货量应该如何确定?

学习情境相关知识点

一、现金管理

(一)现金管理概述

现金是可以立即投入流动的交换媒介,包括库存现金、银行存款和其他货币资金。它的首要特点是普遍的可接受性,即可以立即有效地用于购买商品、货物、劳务或偿还债务。因此,现金是企业中流动性最强的资产。

(二)最佳现金持有量的确定

企业在生产经营过程中为了满足交易、预防、投机等需要,必须置存一定量的现金,但现金持有太多或太少都对企业不利。最佳现金持有量就是指使有关成本之和最小的现金持有数额,它的确定主要有成本分析模式和存货分析模式两种方法。

1. 成本分析模式

成本分析模式是通过分析持有现金的成本,寻找持有成本最低的现金持有量。企业持有的现金,将会有三种成本:

(1)机会成本。

现金作为企业的一项资金占用是有代价的,这种代价因为资金处于闲置状态就丧失了投资于其他项目所可能获得的收益,因而它是一种机会成本。机会成本的大小通常用短期有价证券的收益率来衡量。现金持有额越大,机会成本越高;现金持有额越小,机会成本越低。

(2) 管理成本。

企业拥有现金会发生管理费用,如管理人员工资、安全措施费等。这些费用是现金的管理成本。管理成本是一种固定成本,与现金持有量之间无明显的比例关系。

(3) 短缺成本。

现金的短缺成本,是因缺乏必要的现金,不能应付业务开支所需,而使企业蒙受的损失或为此付出的代价。现金的短缺成本随现金持有量的增加而下降,随现金持有量的减少而上升。

能使上述三项成本之和最小的现金持有量,就是最佳现金持有量。如果把以上三种成本线放在一张图上,如图5-1所示,就能看到机会成本和现金持有量之间是正向变动的关系,短缺成本和现金持有量之间是反向变动的关系,管理成本线是一条平行于横轴的直线,与现金持有量之间没有关系。三项成本之和的总成本线是一条抛物线,该抛物线的最低点即为持有现金的最低总成本。这一点对应的横轴上的量,即最佳现金持有量。

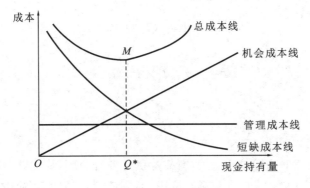

图 5-1 成本分析模式

2. 存货分析模式

存货分析模式是借用存货管理经济批量公式来确定最佳现金持有量的一种方法。其基本思想是:企业平时只持有较少的现金,而大多数现金投资于有价证券,在需要现金时再出售有价证券换回现金,这样便能既满足日常现金的需要,又避免了短期成本。

企业每次在有价证券和现金之间进行转换要发生交易成本(如交易佣金和印花税等)。假定现金每次的交易成本固定,在企业一定时期现金使用量一定的前提下,每次有价证券转换成现金的金额越大,企业平时持有的现金量就越高,持有现金的机会成本就越大,但转换的次数就越少,现金的交易成本就越低;相反,每次转换现金的金额越小,现金的机会成本就越小,交易成本就越高。

图5-2中,现金的机会成本和交易成本是两条随现金持有量呈不同方向发展的曲线,两条曲线交叉点对应的现金持有量,即总成本最低的现金持有量。

存货分析模式认为最佳现金持有量与存货的经济批量问题在许多方面很相似,因此可以用存货模型来确定最佳现金持有量,即假设:企业一定时期内的现金需求量(T)一定;现金支出是匀速的;每次将有价证券转换成现金的转换成本(F)是固定的,已知有价证券的收益率为K,现金管理的总成本为 TC。

$$TC = (T/Q) \times F + (Q/2) \times K$$

从图5-2已知,最佳现金持有量Q^*是机会成本线和转换成本线交叉点所对应的现金持有量,因此Q^*应当满足:

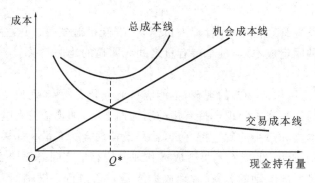

图 5-2 存货分析模式下的现金成本图

$$机会成本 = 交易成本$$

即：

$$(Q^*/2) \times K = (T/Q^*) \times F$$

整理得出：

$$Q^* = \sqrt{(2T \times F)/K}$$

二、应收账款

(一)应收账款概述

应收账款是企业由于对外赊销产品、材料或赊供劳务等原因，应向购货单位或接受劳务的单位及其他单位收取的款项。在当代市场经济中，商业信用日趋增多，应收账款的数额也日趋增大，成为流动资产中的重要项目。

应收账款是企业的一项资金投放，是为了扩大销售和盈利而进行的投资。而投资肯定要发生成本，这就需要在应收账款信用政策所增加的盈利和这种政策的成本之间做出权衡。

(1)应收账款的收益体现在销售增加所带来的利润。

(2)应收账款的成本主要包括机会成本、坏账损失和收账费用。

①机会成本。应收账款的机会成本是指企业的资金被应收账款占用所丧失的潜在收益，它与应收账款的数额及占用时间有关，也与参照利率有关。资本成本通常用有价证券的收益率确定。

$$应收账款的机会成本 = 应收账款占用资金 \times 资本成本$$
$$应收账款占用资金 = 应收账款平均余额 \times 变动成本率$$
$$应收账款平均余额 = 日销售额 \times 平均收账期$$

②坏账损失。坏账损失是指应收账款不能收回而给企业造成的损失。这一成本的大小通常与应收账款的数量成正比。

③收账费用。收账费用是指在催收账款过程中发生的各项支出。

(二)信用政策

赊销的效果好坏依赖于企业的信用政策。信用政策包括信用标准、信用条件和收账政策。

1.信用标准

信用标准是指客户获得本企业商业信用所应具备的条件。如客户达不到信用标准，企业将不给予信用优惠,或只给较低的信用优惠。信用标准定得过高,会使销售减少并影响企业的市场竞争力;信用标准定得过低,则会增加坏账风险和收账费用。因此,信用标准对企业的财务安全有很重要的影响。

2.信用条件

当我们根据信用标准决定给客户以信用优惠时,就需考虑具体的信用条件。信用条件包括信用期限、现金折扣等。

(1)信用期限。

信用期限是指企业允许客户从购货到付款之间的时间间隔,或者说是企业给予顾客的付款期间。例如,"N/30"表示企业允许顾客在购货后的 30 天内付款,信用期限为 30 天。信用期限过短,不足以吸引顾客,不利于扩大销售;信用期限过长,会引起机会成本、收账费用和坏账损失的增加。因此,企业必须通过权衡应收账款的收益和成本来决定信用期限的长短。

(2)现金折扣。

现金折扣是企业对顾客在商品价格上所做的扣减。向顾客提供这种价格上的优惠,主要目的在于吸引顾客为享受优惠而提前付款,缩短企业的平均收账期。另外,现金折扣也能招揽一些视折扣为减价出售的顾客前来购货,借此扩大销量。现金折扣经常用"折扣/付款期限"这样的符号来表示,如"3/10,2/20,N/30"的意思是:如果客户能在 10 天内付款,可享受 3%的价格优惠;如果在第 10 天到第 20 天内付款,可享受 2%的价格优惠;最迟付款期限为 30 天,此时付款无优惠。

企业采用哪种现金折扣,应当权衡考虑折扣所能带来的收益与成本,并结合信用期限一起抉择。

(3)收账政策。

收账政策是指客户违反信用条件,拖欠甚至拒付账款时企业所采取的策略。

企业应投入一定收账费用以减少坏账的发生。一般来说,随着收账费用的增加,坏账损失会逐渐减少,但收账费用不是越多越好,因为收账费用增加到一定数额后,坏账损失不再减少,说明在市场经济条件下不可能绝对避免坏账。收账费用投入多少为好,要在权衡增加的收账费用和减少的坏账损失后作出决定。

(三)应收账款账龄分析

企业已发生的应收账款时间有长有短,有的尚未超过收款期,有的则超过了收款期。一般来讲,拖欠时间越长,款项收回的可能性越小,形成坏账的可能性越大。因此企业可以按照账龄对应收账款进行评估,以此预计坏账损失并采取相应的收账政策。实施对应收账款的监督,可以通过编制账龄分析表进行。

三、存货管理

(一)存货与存货成本

存货是指企业在生产经营过程中为销售或者耗用而储备的物资,包括材料、燃料、低值易耗品、在产品、半成品、协作件、商品等。存货在企业的流动资产中占据很大比重,但它又是一种变现能力较差的流动资产项目。对存货的管理,重点在于提高存货效益和力求降低存货资金的比重两个方面。

存货成本主要有取得成本、储存成本和缺货成本。

1. 取得成本

取得成本是指取得某种存货而发生的支出,它由购置成本和订货成本构成。

购置成本是指存货本身的价值,即存货的买价,是存货单价与数量的乘积。在无商业折扣的情况下,购置成本是不随采购次数等变动而变动的,是存货决策的一项无关成本。

订货成本是指为组织采购存货而发生的费用。订货成本有一部分与订货次数无关,如常设采购机构的基本开支等,这类固定性的订货成本与决策无关。订货成本中另一部分与订货次数有关,如差旅费、邮电费等,这类变动性的订货成本是存货决策中的相关成本。

2. 储存成本

储存成本是指存货在储存过程中发生的支出。储存成本有一部分是固定的,如仓库折旧费、仓库员工的固定工资等,这类成本与决策无关。储存成本中另一部分为与存货储存数额成正比的变动成本,如存货资金应计利息、存货损失、存货保险费等,这类变动性的储存成本是决策中的相关成本。

3. 缺货成本

缺货成本是指由于存货不足而造成的损失,如材料供应中断造成的停工损失、产成品库存短缺造成的延迟发货的信誉损失及丧失销售机会损失、材料缺货而采用替代材料的额外支出。缺货成本中有些是机会成本,只能做大致的估算。当企业允许缺货时,缺货成本随平均存货减少而增加,它是存货决策中的相关成本。

(二) 存货控制的方法

存货资金定额确定之后,如何取得存货、管理存货,使存货在使用和周转过程中相关成本最小、效益最大,这就是存货的控制。存货控制的方法有多种,以下主要介绍经济批量模型和商业折扣模型。

1. 经济批量模型

经济批量是指能使一定时期某项存货的相关总成本达到最小的订货批量,是目前大多数企业最常采用的货物定购方式。

经济批量模型的分析研究要有若干基本假设,主要是:存货单价不变;需求量稳定并且能预测;不允许缺货;存货的消耗均匀;订货能瞬间一次到达;变动性的单位订货、储存成本都不变;企业现金充足,不会因现金短缺而影响进货;所需存货市场供应充足,不会因买不到需要的存货而影响其他。

经济批量模型中的相关总成本是由两项相关成本构成的:变动性订货成本和变动性储存成本。其公式为:

$$TC = P \times \frac{A}{Q} + C \times \frac{Q}{2}$$

式中:TC——存货的年相关总成本;

P——每次订货的变动性订货成本;

A——存货年需求量;

Q——每次订货量;

C——存货年平均单位变动性储存成本。

显然,每次订货量越少,则储存成本越小,但必然导致订货次数增多,引起订货成本增大;反之,每次订货量越多,则储存成本越大,但可使订货次数减少,导致订货成本降低。存货控制就是要寻求最优的订货量 Q^*,使全年存货相关总成本达到最小值。这个 Q^* 就是经济订货量,或称经济批量。

从图 5-3 中可以看出,当变动性订货成本等于变动性储存成本时,能使 TC 的值最小,因此可以推导出:

$$Q^* = \sqrt{\frac{2PA}{C}}$$

这一公式称为经济订货量基本模型。这个基本模型还可以演变为其他形式:

与经济批量有关的存货总成本:

$$TC = \sqrt{2PAC}$$

$$每年最佳订货次数 = \sqrt{\frac{AC}{2P}}$$

最佳订货周期=360/每年最佳订货次数

经济订货量占用资金=存货单价×(Q^*/2)

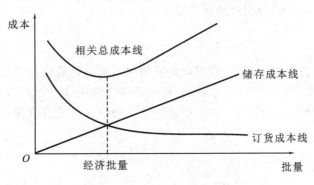

图 5-3 经济批量模型

2. 商业折扣模型

为了鼓励客户购买更多的商品,销售企业通常会给予不同程度的价格优惠,即实行商业折扣政策。此时,进货企业对经济订货批量的确定,除了要考虑变动订货成本和变动储存成本以外,还应考虑存货的购置成本,因此此时的存货购置成本已经与进货数量的大小有了直接的联系,属于决策的相关成本。实行数量折扣的经济批量模型就是商业折扣模型。

此时存货相关总成本可用下式计算:

$$TC = P \times \frac{A}{Q} + C \times \frac{Q}{2} + A \times U$$

式中:TC——存货的年相关总成本;

P——每次订货的变动性订货成本;

A——存货年需求量;

Q——每次订货量;

C——存货年平均单位变动性储存成本;

U——单价。

在商业折扣模型下,使存货相关总成本 TC 最小的进货批量就是经济订货批量 Q^*。

学习任务 3　　流动负债管理

学习情境描述

假设你是宏达公司财务部营运资金管理岗工作人员,在流动负债管理方面的主要工作职责是:进行公司是否利用现金折扣的决策;确定短期借款的周转信贷协议和补偿性余额,计算实际借款利息;能够根据实际情况,为企业选择贷款银行。

学习目标

(1)通过本学习任务,能理解放弃现金折扣成本的计算思路。
(2)能够为企业是否利用现金折扣做出正确决策。
(3)能够正确计算应付承诺费。
(4)能够根据补偿性余额,准确计算企业实际借款利率。
(5)能够根据实际情况,为企业选择贷款银行。

任务书

本学习任务要求各组同学:利用放弃现金折扣成本来对企业如何利用现金折扣进行决策;计算2021年预计短期借款的应付承诺费;计算2021年预计短期借款存在补偿性余额情况下的实际利率;根据实际情况,为本公司2021年短期借款选择合适的贷款银行,以供公司领导决策参考。

任务分组

学生任务分配表如表 5-36 所示。

表 5-36　学生任务分配表

班级		组名		指导老师	
	姓名		学号	姓名	学号
组长					
组员					

任务分工:

小提示:

①组队规则:3~6名同学自由组队,选取一名同学做组长,组长负责分配工作,安排工作进度,组织课外讨论,最后做案例呈现,可以得到额外加分。组员需听从组长的安排,大家齐心协力,以小组名义奋斗。

②团队合作是考核评价的重要内容。

(1)宏达公司2021年拟采购一批乙材料,价值500万元,供应商规定的付款条件如表5-37所示。

表5-37 供应商规定的付款条件

付款条件	折扣率
立刻付款	3%
20天内付款	2%
21天至40天付款	1%
41天至60天付款	0

(2)宏达公司2021年预计需要向银行借入短期贷款50万元。目前本公司与A银行和B银行进行协商,初步协商情况如表5-38所示。

表5-38 A银行与B银行贷款情况对比表

项目	A银行	B银行
年利率	8%	9%
补偿性余额比例	20%	15%

引导问题1 根据乙材料供应商规定的付款条件,计算不同时点付款的放弃现金折扣成本,进行放弃现金折扣成本的对比,并将计算分析结果填入表5-39。公式:

$$放弃现金折扣成本 = \frac{折扣率 \times 360}{(1-折扣率) \times (信用期 - 折扣期)}$$

表5-39 放弃现金折扣成本计算分析表

项目	计算过程	计算结果	分析结论
立即付款			
第20天付款			
第40天付款			

小提示:

计算结果四舍五入保留到小数点后两位。

引导问题2 根据引导问题1,假设宏达公司在采购乙材料时准备享受现金折扣,确定最佳付款时间并计算实际付款金额,填制表 5-40。

表 5-40　采购乙材料分析决策表

项目	分析结果
最佳付款时间	
享受的折扣率	
实际付款金额	

引导问题 3　假设 2020 年宏达公司与 A 银行商定的周转信贷额度为 100 万元,承诺费为 1‰,本公司 2020 年度实际借款额为 20 万元,并已经在年末全部偿付,计算 2020 年本公司向 A 银行支付的承诺费,并填制承诺费计算表表 5-41。

表 5-41　2020 年宏达公司承诺费计算表

项目	计算过程	计算结果
承诺费		

引导问题 4　根据相关数据和资料,并结合补偿性余额知识点,分别计算宏达公司 2021 年向 A 银行和 B 银行借款的实际利率,并比较实际借款利率的高低,填制表 5-42。公式:

$$企业实际借款利率 = \frac{名义利率}{1 - 补偿性余额比例}$$

表 5-42　A 银行和 B 银行实际借款利率计算分析表

项目	A 银行	B 银行	分析结论
名义利率			
补偿性余额比例			
实际借款利率			

进行决策

(1)各组派代表阐述宏达公司在采购乙材料时的最佳付款时间、享受的折扣率和实际付款金额及原因。

(2)各组派代表阐述宏达公司 2020 年应向 A 银行支付的承诺费的计算思路和计算结果。

(3)各组派代表阐述在其他条件大致相同的情况下,2021 年宏达公司应该选择向 A 银行还是 B 银行借款并说明原因。

(4)各组对其他组的计算分析结论提出自己的看法和意见。

(5)各组根据其他组的意见和建议,讨论分析本组的计算过程和结果是否正确,并更正错误之处。

(6)教师结合大家完成的情况进行点评,并选出最佳方案。

工作实施

(1)各组分别阅读、研究给出的流动负债管理的相关数据和资料。

(2)各组自行制订学习计划,分配学习任务,根据相关知识点和表 5-37,完成放弃现金折扣成本的计算分析,并填制表 5-39。

(3)根据应付账款相关知识,并结合表 5-39,为宏达公司采购乙材料做出怎样利用现金折扣决策,并填制表 5-40。

(4)根据承诺费相关知识点,计算 2020 年公司应向 A 银行支付的承诺费,填制表 5-41。

(5)根据相关数据和资料(2),并结合补偿性余额知识点,分别计算宏达公司向 A 银行和 B 银行借款的实际利率,填制表 5-42。

(6)各组对其他小组的计算分析过程和结果进行点评、提问,完成小组互评。

(7)每个同学完成自评。

(8)每个小组完成对本组成员的组内点评。

(9)教师结合大家的完成情况和现场表现进行点评,填写教师综合评价表。

(10)最后,教师运用加权平均方法,完成本学习情境最终的考评。

各组代表展示作品,介绍任务的完成过程。作品展示前应准备阐述材料,可以利用各种形式进行呈现。每个学习情境的成绩评定将按学生自评、组内点评、小组互评、教师评价四个阶段进行,并按自评占 10%、组内点评占 20%、小组互评占 20%、教师评价占 50%计算每个学生的综合评价结果。

(1)学生进行自我评价,并将结果填入表 5-43 所示的学生自评表中。

表 5-43 学生自评表

班级		组名		姓名	
学习情境			流动负债管理		
评价项目	评价标准			分值	得分
放弃现金折扣成本	能正确计算放弃现金折扣成本			10	
利用现金折扣决策	能正确做出利用现金折扣决策			10	
承诺费	能正确计算承诺费			5	
实际借款利率	能正确计算实际借款利率			15	
贷款银行选择	能为企业选择最佳贷款银行			10	
综合评价	能对不同流动负债进行管理			10	
工作态度	态度端正,无无故缺勤、迟到、早退			10	
工作质量	能按计划完成工作任务			10	
团队合作能力	与小组成员、同学之间能合作交流,共同完成工作任务			10	
创新意识	流动负债管理的思路或计算分析过程有创新之处			10	
合计				100	

(2)学生以小组为单位,对组内各位成员的表现进行客观公正的评价。以 4 人小组为例,组长比重占 40%,其他两个组员各占 30%,总评分加权平均得出,并将点评结果填入表 5-44 所示的组内点评表。

表 5-44 组内点评表

班级		组名		姓名		
学习情境			流动负债管理			
评价项目	分值	组长点评（40%）	组员点评（30%）	组员点评（30%）	评分	
工作态度	20					
工作质量	10					
工作效率	10					
工作完整	15					
工作贡献	15					
团队合作	20					
是否有创新之处	10					
合计	100					

(3)学生以小组为单位,针对流动负债管理相关数据的计算分析过程和结果进行互评,将互评的结果填入表 5-45 所示的小组互评表。每个组须经其他两个组点评,最终被评小组互评成绩采用两个小组的平均数。

表 5-45 小组互评表

班级		被评小组		
学习情境		流动负债管理		
评价项目	分值	得分		
		第 1 小组	第 2 小组	平均得分
计划合理	15			
组织有序	10			
团队合作	15			
工作质量	15			
工作效率	10			
工作完整	10			
工作规范	10			
成果展示	15			
合计	100			

(4)教师对学生工作过程与工作结果进行评价,并将评价结果填入表 5-46 所示的教师综合评价表。组内点评在 90 分以上的组长,在综合得分基础上乘 1.1 的系数;组内点评在 80~90 分的组长,在综合得分基础上乘 1.05 的系数;组内点评在 70~80 分的组长,在综合得分基础上乘 1.02 的系数。每个组的组长采用轮值制,保证每位学生都有当组长的机会。

表 5-46　教师综合评价表

班级		组名		姓名	
学习情境		流动负债管理			
评价项目		评价标准		分值	得分
考勤（10%）		无无故迟到、早退、旷课现象		10	
工作过程（60%）	利用现金折扣决策	能正确做出利用现金折扣决策		15	
	承诺费	能正确计算承诺费		5	
	实际借款利率	能正确计算实际借款利率		10	
	贷款银行选择	能完成最佳贷款银行选择		5	
	工作态度	态度端正、工作认真、主动		5	
	团队合作精神	与小组成员、同学之间能合作交流，共同完成工作任务		10	
	创新意识	在工作中有创新之处		10	
项目成果（30%）	工作完整	能按时完成工作任务		5	
	工作规范	能按照规范要求计算分析		5	
	项目评价	能准确计算分析流动负债管理评价指标		10	
	成果展示	能准确表达、汇报流动负债决策方案		10	
		合计		100	
综合评价	学生自评（10%）	组内点评（20%）	小组互评（20%）	教师评价（50%）	综合得分

拓展思考题

（1）想一想在实际工作中，为什么一般情况下企业都不应放弃现金折扣？

（2）在实务中，企业对贷款银行的选择除了实际借款利率，还要考虑些什么？

学习情境相关知识点

一、商业信用

商业信用是指商品交易中以延期付款或预收货款的方式进行购销活动而形成的企业之间的借贷关系，是企业之间的一种直接信用行为。在现代市场经济条件下，商业信用得到广泛的发展，企业之间的商业信用形式也很多，主要有应付账款、应付票据和预收账款，其中应付账款是商业信用的典型表现形式。

1. 应付账款的成本

应付账款是企业赊购货物而形成的短期债务，即卖方允许买方在购买货物后一定时期内支付货款的一种形式。与应收账款相对应，应付账款也有付款期、现金折扣等信用条件。如果卖方企业出台了现金折扣政策,而买方企业放弃了现金折扣,会产生应付账款成本或放弃现金折扣成本。

一般而言,放弃现金折扣的成本可用下列公式进行计算:

$$放弃现金折扣成本 = \frac{折扣率 \times 360}{(1-折扣率) \times (信用期 - 折扣期)}$$

2. 利用现金折扣的决策

计算出了放弃现金折扣的成本后,就可以根据这个指标来进行是否利用现金折扣的决策。一般来说,如果选择放弃现金折扣,则应选择应付账款成本最小的方案;如果选择享受现金折扣,则应选择应付账款成本最大的方案。

二、短期借款

短期借款是企业根据合同向商业银行申请借入的期限在1年以内的款项,是企业筹集短期资本的一种重要方式。短期借款通常规定以下内容。

1. 信贷额度

信贷额度是借款企业与银行在协议中规定的借款最高限额。

2. 周转信贷协议

周转信贷协议是银行具有法律义务地承诺提供不超过某一最高限额的贷款协议。在协议的有效期内,只要企业借款总额未超过最高限额,银行必须满足企业任何时候提出的借款要求。企业享有周转信贷协议,要对贷款限额中的未使用部分付给银行一笔承诺费。

3. 补偿性余额

补偿性余额是银行要求借款企业在银行中保留的一定数额的存款余额,一般为借款额的10%~20%,其目的是降低银行贷款风险,但对借款企业来说,补偿性余额实际上提高了借款的利率,加重了利息负担。

学习情境6
企业利润分配管理

CAIWU GUANLI SHIWU

学习任务 1　利润分配概述

学习情境描述

假设你是大华公司财务部利润核算岗位的工作人员,主要工作职责是:编制收入和利润计划;负责销售和利润的明细核算;按规定核算利润分配,计算应交税金,登记有关明细账;编制利润表、利润分配表,进行利润的分配和考核。

学习目标

（1）通过本学习情境,了解企业利润分配的概念及原则;
（2）熟悉利润分配应考虑的因素;
（3）明确企业税后利润分配的程序;
（4）能够按照规定核算企业利润分配。

任务书

财务总监要求你:根据相关数据和资料,计算分析公司 2019 年是否要缴纳企业所得税,是否计提法定盈余公积金;2020 年本公司可供投资者分配的利润还有多少;如果公司决定将剩余利润的 40% 分配给股东,则应向股东分配的利润是多少;2020 年年末未分配利润是多少。计算分析结果以表格形式呈现,供相关领导参考。

任务分组

学生任务分配表如表 6-1 所示。

表 6-1　学生任务分配表

班级		组名		指导老师	
	姓名		学号	姓名	学号
组长					
组员					

任务分工:

小提示：

①组队规则：3～5名同学自由组队，选取一名同学做组长，组长负责分配工作，安排工作进度，组织课外讨论，最后做案例呈现，可以得到额外加分。组员需听从组长的安排，大家齐心协力，以小组名义奋斗。

②团队合作是考核评价的重要内容。

大华公司2013年年初"未分配利润"账户的贷方余额为370万元，2013年发生亏损1 000万元，其他各年税前利润如表6-2所示。企业所得税税率为25%，法定盈余公积金计提比例为10%，任意盈余公积金计提比例为15%。

表6-2　大华公司各年度获利表

单位：万元

年度	2014—2018	2019	2020
税前利润	100	150	400

工作计划

引导问题1　根据相关数据和资料，首先计算2013年发生的亏损是否能够在连续的5年内用税前利润弥补。2014年至2018年每年税前利润均为100万元，均可以用来弥补2013年发生的亏损，再计算2018年年末的未分配利润，并将结果填入表6-3。

表6-3　大华公司2018年年末未分配利润计算表

单位：万元

项目	2013年初	2013年	2014—2018年	2018年年末
税前利润	—			—
未分配利润		—	—	

小提示：

企业经营中发生的亏损应当予以弥补。弥补亏损可以分为两种不同情况：税前弥补和税后弥补。按照我国税收法律的规定，企业当年亏损，可以用下一年度的税前利润弥补，下一年度税前利润尚不足以弥补的，可以用以后年度的税前利润继续弥补，但用税前利润弥补以前年度的连续期限最长不得超过5年。税前利润超过5年仍然没有弥补的亏损，只能由企业的税后利润弥补。

引导问题2　根据相关数据和资料，并参考表6-3的计算结果，依次计算2019年应缴纳的企业所得税、税后利润和可供分配利润，并将结果填入表6-4。

表 6-4　大华公司 2019 年可供分配利润计算表

项目	计算公式	计算过程	计算结果
应缴纳所得税	税前利润×企业所得税税率		
净利润	税前利润－应缴纳所得税		
可供分配利润	本年净利润＋年初未分配利润		

引导问题 3　根据表 6-4 所示的大华公司 2019 年可供分配利润计算表,依次计算 2020 年可供投资者分配的利润、应向股东分配的利润和 2020 年度未分配利润的金额,并将结果填入表 6-5。

表 6-5　大华公司 2020 年利润分配核算表

项目	计算公式	计算过程	计算结果
应缴纳所得税	税前利润×企业所得税税率		
净利润	税前利润－应缴纳所得税		
可供分配利润	本年净利润＋年初未分配利润		
法定盈余公积金	可供分配利润×10％		
任意盈余公积金	可供分配利润×15％		
可供投资者分配的利润	可供分配利润－提取的公积金		
应向股东分配的利润	可供投资者分配的利润×分配比例		
年末未分配利润	可供投资者分配的利润－应向股东分配的利润		

进行决策

(1)各组派代表阐述大华公司 2020 年利润分配核算方案。
(2)各组对其他组的利润分配核算方案提出自己的看法和意见。
(3)教师结合大家完成的情况进行点评,选出正确方案。

工作实施

(1)各组分别阅读、研究大华公司利润分配管理的相关数据和资料。
(2)各组自行制订学习计划,分配学习任务,根据相关知识点,完成大华公司 2018 年年末未分配利润计算表,填制表 6-3;完成大华公司 2019 年可供分配利润计算表,填制表 6-4;核算大华公司 2020 年利润分配核算表,填制表 6-5。
(3)各组派代表阐述 2018—2020 年利润分配的计算思路、计算步骤和计算结果。
(4)各组对其他小组的利润核算进行点评、提问,完成小组互评。
(5)每个同学完成自评。

(6)每个小组完成对本组成员的组内点评。
(7)教师结合大家的完成情况和现场表现进行点评,填写教师综合评价表。
(8)最后,教师运用加权平均方法,完成本学习情境最终的考评。

 评价反馈

各组代表展示作品,介绍任务的完成过程。作品展示前应准备阐述材料,最好以思维导图等方式进行呈现。每个学习情境的成绩评定将按学生自评、组内点评、小组互评、教师评价四个阶段进行,并按自评占10%、组内点评占20%、小组互评占20%、教师评价占50%计算每个学生的综合评价结果。

(1)学生进行自我评价,并将结果填入表6-6所示的学生自评表中。

表6-6 学生自评表

班级		组名		姓名	
学习情境		利润分配概述			
评价项目		评价标准		分值	得分
应缴纳企业所得税		能准确计算应缴纳企业所得税		5	
净利润		能正确计算净利润		10	
可供分配利润		能正确计算可供分配利润		10	
法定盈余公积金		能正确计算法定盈余公积金		5	
任意盈余公积金		能正确计算任意盈余公积金		5	
可供投资者分配的利润		能正确计算可供投资者分配的利润		10	
应向股东分配的利润		能正确计算应向股东分配的利润		5	
年末未分配利润		能正确计算年末未分配利润		10	
工作态度		态度端正,无无故缺勤、迟到、早退		10	
工作质量		能按计划完成工作任务		10	
团队合作能力		与小组成员、同学之间能合作交流,共同完成工作任务		10	
创新意识		利润分配的理解或计算有创新之处		10	
合计				100	

(2)学生以小组为单位,对组内各位成员的表现进行客观公正的评价。以4人小组为例,组长比重占40%,其他两个组员各占30%,总评分加权平均得出,并将点评结果填入表6-7所示的组内点评表。

表 6-7 组内点评表

班级		组名		姓名		
学习情境			利润分配概述			
评价项目	分值	组长点评(40%)	组员点评(30%)	组员点评(30%)	评分	
工作态度	20					
工作质量	10					
工作效率	10					
工作完整	15					
工作贡献	15					
团队合作	20					
是否有创新之处	10					
合计	100					

(3)学生以小组为单位,对企业利润分配的计算过程和结果进行互评,将互评的结果填入表 6-8 所示的小组互评表。每个组须经其他两个组点评,最终被评小组互评成绩采用两个小组的平均数。

表 6-8 小组互评表

班级		被评小组		
学习情境		利润分配概述		
评价项目	分值	得分		
		第 1 小组	第 2 小组	平均得分
计划合理	15			
组织有序	10			
团队合作	15			
工作质量	15			
工作效率	10			
工作完整	10			
工作规范	10			
成果展示	15			
合计	100			

(4)教师对学生工作过程与工作结果进行评价,并将评价结果填入表 6-9 所示的教师综合评价表。组内点评在 90 分以上的组长,在综合得分基础上乘 1.1 的系数;组内点评在 80~90 分的组长,在综合得分基础上乘 1.05 的系数;组内点评在 70~80 分的组长,在综合得分基础上乘 1.02 的系数。每个组的组长采用轮值制,保证每位学生都有当组长的机会。

表 6-9 教师综合评价表

班级			组名		姓名		
学习情境			利润分配概述				
评价项目			评价标准			分值	得分
考勤(10%)			无无故迟到、早退、旷课现象			10	
工作过程(60%)	可供分配的利润		能准确计算企业可供分配利润			5	
	公积金		能计算法定盈余公积金和任意盈余公积金			5	
	可供投资者分配的利润		能正确计算可供投资者分配的利润			10	
	向股东分配的利润		能正确计算向股东分配的利润			10	
	年末未分配利润		能正确计算年末未分配利润			15	
	工作态度		态度端正、工作认真、主动			5	
	团队合作精神		与小组成员、同学之间能合作交流,共同完成工作任务			5	
	创新意识		在工作中有创新之处			5	
项目成果(30%)	工作完整		能按时完成工作任务			5	
	工作规范		能按照规范要求计算			5	
	企业利润分配方案		能准确核算企业连续多年的利润分配方案			10	
	成果展示		能准确表达、汇报企业利润分配方案			10	
			合计			100	
综合评价	学生自评(10%)	组内点评(20%)		小组互评(20%)	教师评价(50%)	综合得分	

拓展思考题

(1)净利润的计算有其他思路吗?

学习情境相关知识点

利润分配是企业按照国家有关法律、法规以及企业章程的规定,在兼顾股东与债权人及其他利益相关方的利益关系基础上,将实现的利润在企业与企业所有者之间、企业内部的有关项目之间、企业所有者之间进行分配的活动。利润分配决策是股东当前利益与企业未来发展之间权衡的结果,将引起企业的资金存量与股东权益规模及结构的变化,也将对企业内部的筹资活动和投资活动产生影响。

一、利润分配的基本原则

(一)依法分配原则

为规范企业的利润分配行为,国家制定和颁布了若干法规,这些法规规定了企业利润分配的基本要求、一般程序和重大比例。国家有关利润分配的法律法规主要有公司法、外商投资企业法等。企业的利润分配必须依法进行,这是正确处理企业各项财务关系的关键。

(二)兼顾各方面利益原则

企业是经济社会的基本单元,企业的利润分配直接关系到各方的切身利益。企业除依法纳税外,投资者作为资本投入者、企业的所有者,依法享有净收益的分配权。企业的债权人,在向企业投入资金的同时也承担了一定的风险,企业的利润分配中应当体现出对债权人利益的充分保护,不能损害债权人的利益。另外,企业的员工是企业净收益的直接创造者,企业的利润分配应当考虑员工的长远利益。因此,企业进行利润分配时,应当统筹兼顾,维护各利益相关者的合法权益。

(三)分配与积累并重原则

企业的利润分配,要正确处理长期利益和近期利益这两者的关系,坚持分配与积累并重。企业除按规定提取法定盈余公积金以外,可适当留存一部分利润作为积累,这部分未分配利润仍归企业所有者。这部分积累的净利润不仅可以为企业扩大生产筹措资金,增强企业发展能力和抵抗风险的能力,同时,还可以供未来年度进行分配,起到以丰补歉、平抑利润分配数额波动、稳定投资报酬率的作用。

(四)投资与收益对等原则

企业利润分配应体现"谁投资谁受益"、收益大小与投资比例相匹配,即投资与收益对等的原则,这是正确处理企业与投资者利益关系的立足点。投资者由于其投资而享有收益权,在利润分配上各投资者是平等一致的,这就要求企业在向投资者分配利润时,要一视同仁地对待所有投资者,任何人不得以企业中的特殊地位谋取私利,这样才能从根本上保护投资者的利益,鼓励其投资。

二、利润分配的顺序

公司向投资者分配利润,应按一定的顺序进行。按照我国《公司法》等法律法规的有关规定,股份公司当年实现的利润总额依据有关规定调整后,依法缴纳企业所得税,然后按下列顺序进行分配:

第一,计算可供分配的利润。将本年净利润(或亏损)与年初未分配利润(或亏损)合并,计算出可供分配的利润。如果可供分配的利润为负数(即亏损),则不能进行后续分配;如果可供分配的利润为正数(即本年累计盈利),则进行后续分配。

第二,计提法定盈余公积金。可供分配利润大于零是计提法定盈余公积金的必要条件。法定盈余公积金以净利润扣除以前年度亏损为基数,按10%提取。当企业法定盈余公积金累计达到注册资本的50%时,可不再提取。

第三,计提任意盈余公积金。任意盈余公积金是根据企业发展的需要自行提取的公积金,其提取基数与计提法定盈余公积金的基数相同,计提比例由股东大会根据需要决定。

第四,按照分配与积累并重原则,向投资者分配利润。一般情况下,公司无利润时不得向投资者分配股利,但也可以用公积金补亏后,经股东大会特别决议,按照不超过股票面值6%的比率用公积金向股东分配股利,不过留存的法定盈余公积金不得低于注册资本的25%。

公司股东大会如果违反上述利润分配顺序,在抵补亏损和提取法定盈余公积金之前向股东分配利润的,必须将违反规定发放的利润退还公司。

三、利润分配的计算步骤

第一步:计算可供分配的利润。

$$可供分配的利润 = 本年净利润 + 年初未分配利润$$

如果为负数,不能进行后续分配;如果为正数,进行后续分配。

第二步:计提法定盈余公积金。

法定盈余公积金按照抵减年初累计亏损后的本年净利润计提。

年初存在累计亏损:

$$法定盈余公积金 = 抵减年初累计亏损后的本年净利润 \times 10\%$$

年初不存在累计亏损:

$$法定盈余公积金 = 本年净利润 \times 10\%$$

第三步:计提任意盈余公积金,由股东大会决定。

第四步:向股东支付股利(向投资者分配利润)。

$$可供股东分配的利润 = 可供分配的利润 - 本年净利润中提取的公积金$$

学习任务2 企业利润分配政策

学习情境描述

假设你因为工作能力强,工作成果出色,被调到大华公司的母公司希望集团,担任集团财务部利润核算岗位的工作人员,主要工作职责是:从集团的角度,编制利润计划,并落实到有关部门,经常督促检查,采取有效的检查制度,保证利润指标的实现;根据账簿记录和有关会计准则,编制集团公司利润表和利润分配表;分析考核利润计划的执行情况,找出偏离计划的原因,预测市场销售情况,提出扩大销售、增收节支和增加利润的建议和措施。

学习目标

(1)通过本学习情境,理解各种股利政策的基本原理;

(2)能够计算不同股利政策下,应分配的股利金额、每股股利、股利支付率和下年投资需要额外筹集的资金额;

(3)能够根据各种股利政策的优缺点和集团的实际情况,为企业选择股利分配政策提供合理建议。

任务书

集团财务主管要求你根据相关数据和资料,计算剩余股利政策下,应分配的现金股利金额、每股股利、股利支付率和下年投资需要额外筹集的资金额;固定股利政策下,应分配的现金股利金额、股利支付率和下年投资需要额外筹集的资金额;固定股利支付率政策下,应分配的现金股利、每股股利和下年投资需要额外筹集的资金额;低正常股利加额外股利政策下,应分配的现金股利、每股股利、股利支付率和下年投资需要额外筹集的资金额,并根据集团公司的实际情况,提出应采用的股利政策,供股东大会决策参考。

任务分组

学生任务分配表如表 6-10 所示。

表 6-10　学生任务分配表

班级		组名		指导老师	
	姓名	学号	姓名	学号	
组长					
组员					

任务分工:

小提示:

①组队规则:3~5名同学自由组队,选取一名同学做组长,组长负责分配工作,安排工作进度,组织课外讨论,最后做案例呈现,可以得到额外加分。组员需听从组长的安排,大家齐心协力,以小组名义奋斗。

②团队合作是考核评价的重要内容。

获取信息

(1)希望集团2020年实现的净利润为2 000万元,年初未分配利润为0,年末公司股东大会讨论决定股利分配的数额。

(2)预计2021年需要增加投资资金3 000万元。

(3)若采用剩余股利政策,目标资本结构为权益资本占55%,债务资本占45%。

(4)希望集团是上交所主板上市公司,近几年公司普通股股数均为5 000万股。

(5)集团公司目前股利支付方式为现金股利。

(6)集团公司目前处于高速发展阶段,资金需求量大,经营规模不断扩大,市场前景良好。

工作计划

引导问题 1 根据企业利润分配政策相关知识和相关数据及资料,计算剩余股利政策下,应分配的现金股利、每股股利和股利支付率,并填制表 6-11。

表 6-11 剩余股利政策计算表

项目	计算过程	计算结果
2021年投资所需的权益资金		
2020年应分配的现金股利		
2020年年末未分配利润		
2020年每股股利		
2020年股利支付率		
2021年投资需要额外筹集的资金额		

引导问题 2 假设希望集团近年分配的股利均为 1 080 万元,根据企业利润分配政策相关知识和相关数据及资料,计算固定股利政策下,应分配的现金股利和股利支付率,并填制表 6-12。

表 6-12 固定股利政策计算表

项目	计算过程	计算结果
近年分配的现金股利		
2020年应分配的现金股利		
2020年年末未分配利润		
2020年每股股利		
2020年股利支付率		
2021年投资需要额外筹集的资金额		

引导问题 3 假设希望集团固定股利支付率为 60%,根据企业利润分配政策相关知识和相关数据及资料,计算固定股利支付率政策下,应分配的现金股利和每股股利,并填制表 6-13。

表 6-13 固定股利支付率政策计算表

项目	计算过程	计算结果
2020年股利支付率		
2020年应分配的现金股利		
2020年年末未分配利润		

续表

项目	计算过程	计算结果
2020年每股股利		
2021年投资需要额外筹集的资金额		

引导问题4 公司规定如果采用低正常股利加额外股利政策,每股正常股利为0.1元,按净利润超过最低股利部分的30%分配额外股利,计算应分配的现金股利和每股股利,并填制表6-14。

表6-14 低正常股利加额外股利政策计算表

项目	计算过程	计算结果
公司支付的最低股利额		
额外股利		
2020年应分配的股利总额		
2020年年末未分配利润		
每股股利		
2020年股利支付率		
2021年投资需要额外筹集的资金额		

引导问题5 对比分析四种股利支付政策下,2020年应分配的现金股利、每股股利、股利支付率和2021年投资需要额外筹集的资金额,根据四种股利政策的优缺点和希望集团的具体情况,得出股利政策选择的最终结论,并填制表6-15。

表6-15 四种股利政策对比表

项目	剩余股利政策	固定股利政策	固定股利支付率政策	低正常股利加额外股利政策
2020年应分配的股利总额				
每股股利				
股利支付率				
2021年投资需要额外筹集的资金额				
最终结论				

小提示:
①公司发展阶段与股利政策简表如表6-16所示。

表 6-16　公司发展阶段与股利政策简表

公司发展阶段	特点	适用股利政策
初创期	经营风险大、融资能力差	剩余股利
高速发展期	大规模投资	低正常股利加额外股利
稳定增长期	收入与盈利稳定增长	固定或持续增长股利
成熟期	盈利稳定	固定股利支付率
衰退期	收入与盈利减少	剩余股利

②希望集团正处于快速发展阶段,经营规模不断扩大,在保障公司正常经营和长远发展的前提下,也要注意兼顾股东的即期利益和长远利益,体现公司积极回报股东的原则,符合公司战略规划和发展预期。

进行决策

(1)各组派代表阐述四种股利分配政策的计算过程、计算结果和分析结论。
(2)各组派代表就为什么选择低正常股利加额外股利政策进行总结发言。
(3)各组对其他组股利分配政策结论提出自己的看法和意见。
(4)教师结合大家完成的情况进行点评,选出正确方案。

工作实施

(1)各组分别阅读、研究给出的股利分配政策相关数据和资料。
(2)各组自行制订学习计划,分配学习任务,根据相关知识点,完成剩余股利分配政策的计算分析,填制表 6-11;完成固定股利政策计算,填制表 6-12;完成固定股利支付率政策计算,填制表 6-13;完成低正常股利加额外股利政策计算,填制表 6-14。
(3)根据表 6-11 至表 6-14,填制四种股利政策对比表表 6-15,并得出适合集团的股利分配政策结论。
(4)各组派代表阐述四种股利分配政策的计算步骤和计算结果,说明哪种是适合集团的股利分配政策。
(5)各组对其他小组的股利分配政策计算结果和分析结论进行点评、提问,完成小组互评。
(6)每个同学完成自评。
(7)每个小组完成对本组成员的组内点评。
(8)教师结合大家的完成情况和现场表现进行点评,填写教师综合评价表。
(9)最后,教师运用加权平均方法,完成本学习情境最终的考评。

评价反馈

各组代表展示作品,介绍任务的完成过程。作品展示前应准备阐述材料,可以利用各种形式进行呈现。每个学习情境的成绩评定将按学生自评、组内点评、小组互评、教师评价四个阶段进行,并按自评占10%、组内点评占20%、小组互评占20%、教师评价占50%计算每个学生的综合评价结果。
(1)学生进行自我评价,并将结果填入表 6-17 所示的学生自评表中。

表 6-17　学生自评表

班级		组名		姓名	
学习情境		企业利润分配政策			
评价项目		评价标准		分值	得分
剩余股利政策		能正确计算分析剩余股利政策		15	
固定股利政策		能正确计算分析固定股利政策		10	
固定股利支付率政策		能正确计算分析固定股利支付率政策		10	
低正常股利加额外股利政策		能正确计算分析低正常股利加额外股利政策		15	
综合评价		能综合评价股利分配政策的适用性		10	
工作态度		态度端正，无无故缺勤、迟到、早退		10	
工作质量		能按计划完成工作任务		10	
团队合作能力		与小组成员、同学之间能合作交流，共同完成工作任务		10	
创新意识		股利政策的理解或计算有创新之处		10	
合计				100	

（2）学生以小组为单位，对组内各位成员的表现进行客观公正的评价。以 4 人小组为例，组长比重占 40%，其他两个组员各占 30%，总评分加权平均得出，并将点评结果填入表 6-18 所示的组内点评表。

表 6-18　组内点评表

班级		组名		姓名	
学习情境		企业利润分配政策			
评价项目	分值	组长点评（40%）	组员点评（30%）	组员点评（30%）	评分
工作态度	20				
工作质量	10				
工作效率	10				
工作完整	15				
工作贡献	15				
团队合作	20				
是否有创新之处	10				
合计	100				

（3）学生以小组为单位，对股利分配政策的计算结果和分析结论进行互评，将互评的结果填入表 6-19 所示的小组互评表。每个组须经其他两个组点评，最终被评小组互评成绩采用两个小组的平均数。

表 6-19 小组互评表

班级		被评小组		
学习情境		企业利润分配政策		
评价项目	分值	得分		
		第1小组	第2小组	平均得分
计划合理	15			
组织有序	10			
团队合作	15			
工作质量	15			
工作效率	10			
工作完整	10			
工作规范	10			
成果展示	15			
合计	100			

(4)教师对学生工作过程与工作结果进行评价,并将评价结果填入表6-20所示的教师综合评价表。组内点评在90分以上的组长,在综合得分基础上乘1.1的系数;组内点评在80~90分的组长,在综合得分基础上乘1.05的系数;组内点评在70~80分的组长,在综合得分基础上乘1.02的系数。每个组的组长采用轮值制,保证每位学生都有当组长的机会。

表 6-20 教师综合评价表

班级		组名		姓名	
学习情境			企业利润分配政策		
	评价项目	评价标准		分值	得分
	考勤(10%)	无无故迟到、早退、旷课现象		10	
工作过程(60%)	剩余股利政策	能正确计算分析剩余股利政策		10	
	固定股利政策	能正确计算分析固定股利政策		10	
	固定股利支付率政策	能正确计算分析固定股利支付率政策		10	
	低正常股利加额外股利政策	能正确计算分析低正常股利加额外股利政策		10	
	项目方案	能完成股利政策选择		5	
	工作态度	态度端正、工作认真、主动		5	
	团队合作精神	与小组成员、同学之间能合作交流,共同完成工作任务		5	
	创新意识	在工作中有创新之处		5	
项目成果(30%)	工作完整	能按时完成工作任务		5	
	工作规范	能按照规范要求计算分析		5	
	项目评价	能准确计算分析股利政策		10	
	成果展示	能准确表达、汇报股利分配政策的分析结论		10	

续表

班级		组名		姓名	
学习情境			企业利润分配政策		
评价项目		评价标准		分值	得分
		合计		100	
综合评价	学生自评（10%）	组内点评（20%）	小组互评（20%）	教师评价（50%）	综合得分

拓展思考题

（1）假设你退休后想依靠公司股利维持日常生活，那么你对公司的股利政策有怎样的期望？你希望公司采用哪种股利分配政策？

学习情境相关知识点

支付给股东的盈余与留在企业的保留盈余，存在此消彼长的关系。所以，股利分配既决定给股东分配多少红利，也决定有多少净利留在企业。减少股利分配，会增加保留盈余，相当于把股东投资的报酬作为对企业的再投资，从而减少了外部筹资需求。股利决策也是内部筹资决策。

在股利分配实务中，常用的股利政策主要有以下几种类型。

一、剩余股利政策

剩余股利政策就是企业在保持其最佳资本结构的前提下，税后利润的分配首先满足企业发展资金的需要，如果仍有剩余就将剩余的税后利润用于发放股利，如果没有剩余就不发股利的分配政策。

剩余股利政策的股利分配与公司的资本结构相关，而资本结构又是由投资所需资金构成的，因此实际上股利政策要受到投资机会及其资本成本的双重影响。

剩余股利政策的优点是，它可以最大限度地满足企业对再投资的权益资金的需要，保持理想的资本结构，并能使综合资本成本最低；它的缺点是忽略了不同股东对资本利得与股利的偏好，损害那些偏好现金股利的股东的利益，从而可能影响股东对企业的信心。此外，公司的投资需求各年之间变化很大，因此采取这种股利分配政策会导致各年之间分配给股东的股利变化很大；企业每年支付的股利额是随投资机会变化的，不能与企业的盈余较好地配合。

二、固定或持续增长的股利政策

固定或持续增长的股利政策是指将每年发放的股利固定在某一水平上并在较长时期内不变，只有当公司认为未来盈余会显著地、不可逆转地增长时，才提高股利发放额，表现为每股股利支付额固定。

实行固定或持续增长股利政策的主要目的是避免出现由于经营不善而减发股利的情况。

这种股利政策的优点有：

第一，稳定的股利向市场传递公司正常发展的信息，有利于公司树立良好的形象，有利于股票价格的稳定，从而增强投资者对公司的信心。

第二，稳定的股利有利于投资者安排股利收入与支出，特别是对那些对股利有着很强依赖性的股东更是如此。而股利忽高忽低的股票，则不受这些股东的欢迎，股票价格会因此下降。

第三，稳定的股利政策可能会不符合剩余股利理论。但考虑到市场会受多种因素的影响，其中包括股东的心理状态和其他要求，因此为了将股利维持在稳定的水平上，即使推迟某些投资方案或者暂时偏离目标资本结构，也可能要比降低股利或降低股利增长率更为有利。

该股利政策的缺点在于股利的支付与公司盈利能力脱节，当盈利能力较低时仍然要支付固定的股利，这可能引起公司资金短缺，财务状况恶化；同时不能像剩余股利政策那样保持较低的资本成本。

三、固定股利支付率政策

固定股利支付率政策，也叫固定股利比例政策，是公司每年按固定的股利支付率从净利润中支付股利的政策。

由于各年公司的经营状况有所不同，采取固定股利支付率政策，各年股利额随公司经营状况而上下波动，经营状况较好的年份获得的盈余较多，股利额高；经营状况较差的年份获得的盈余较少，股利额低。

固定股利支付率政策的优点是公司股利与公司经营状况紧密地配合，以体现利多多分、利少少分、无利不分的原则，才算真正公平地对待了每一位股东；而且公司分配股利与经营状况相联系，不会像固定或持续增长股利政策那样，引起资金短缺和财务状况恶化的窘迫情况出现。

固定股利支付率政策的缺点是，各年的股利变动较大，极易造成公司不稳定的感觉，对于股票价格稳定不利。

四、低正常股利加额外股利政策

低正常股利加额外股利政策，是指公司一般情况下每年只支付固定的、数额较低的股利，在经营状况较好的年份，再根据实际情况向股东临时发放一些额外股利。但额外股利的发放并不固定，而只是在经营状况好时临时发放。净利润与现金流量不稳定的公司宜采用这种政策。

这种政策的优点是公司具有较大的灵活性。当公司盈余较少或投资需用较多资金时，可维持设定的较低但正常的股利，股东不会有股利跌落感；而当盈余有较大幅度增加时，则可适度增发股利，把经济繁荣的部分利益分配给股东，使他们增强对公司的信心，这有利于稳定股票价格。这种股利政策可使那些依靠股利度日的股东每年至少可以得到虽然较低但比较稳定的股利收入，从而吸引住这部分股东。

低正常股利加额外股利政策的缺点是，平时发放股利较低，可能满足不了某些股东收入稳定的要求，而且企业未来未必大幅盈利，未必发放额外股利，在某些股东看来，偶然的额外股利不如"在手之鸟"。

以上各种股利政策各有所长，公司在分配股利时应借鉴其基本决策思想，制定适合本公司具体情况的股利政策。

五、制定股利分配政策应考虑的因素

在现实生活中,公司的股利分配是在种种制约因素下进行的,采取何种股利政策虽然由管理层决定,但是实际上在其决策过程中会受到诸多主观与客观因素的影响。制定股利分配政策应考虑的主要因素如下。

(一)法律因素

为了保护债权人和股东的利益,《公司法》《证券法》等都对公司的利润分配有一定的限制,主要包括:

1. 资本保全的限制

资本保全是为了保护投资者的利益而做出的法律限制。公司发放股利或投资分红不能用资本(包括股本和资本公积),只能用当期利润或留存收益,目的是维护债权人的利益。

2. 企业积累的限制

公司必须按规定的比例和基数提取各种公积金。

3. 净利润的限制

公司年度累计净利润必须为正数才能发放股利,以前年度亏损必须足额弥补。

4. 偿债能力的限制

基于对债权人的利益保护,如果一个公司已经无力偿付负债或股利支付会导致公司失去偿债能力,则不能支付股利。

(二)股东因素

股东从自身利益出发,对公司的股利分配往往产生如下影响:

1. 稳定的收入和避税

一些依靠股利维持生活的股东,往往要求公司支付稳定的股利;若公司留存较多的利润,会遭到这部分股东的反对。另一方面,一些高股利收入的股东出于避税的考虑,往往反对公司发放较多的股利。

2. 控制权的稀释

公司发放较高的股利,就会导致留存盈余减少,这又意味着将来发行新股的可能性加大,而发行新股必然稀释公司的控制权,这是公司拥有控制权的股东们所不愿看到的局面。因此,若他们拿不出更多的资金购买新股,宁肯不分配或者少分配股利。

(三)公司因素

公司的经营情况和经营能力,影响其股利政策。

1. 盈余的稳定性

盈余相对稳定的公司能够较好地把握自己,有可能支付比盈余不稳定的公司更高的股利;而盈余不稳定的公司一般采取低股利政策,低股利政策可以减少因盈余下降而造成的股利无法支付、股价急剧下降的风险,还可将更多的盈余转作再投资,以提高公司权益资本比重,减少财务风险。

2. 资产的流动性

较多地支付现金股利,会减少公司的现金持有量,使资产的流动性降低。而保持一定的资

产流动性,是公司经营所必需的,也是实施股利分配方案时需要权衡的。

3. 举债能力

举债能力较强的公司,因为能够及时地筹措到所需的现金,有可能采取较宽松的利润分配政策;而举债能力弱的公司宜保留较多盈余,因而往往采取较紧的利润分配政策。

4. 投资机会

有良好投资机会的公司,需要有强大的资金支持,因而往往少发股利,将大部分盈余用于投资。缺乏良好投资机会的公司,保留大量现金会造成资金的闲置,于是倾向于支付较高的股利。

5. 资本成本

与发行新股或银行借款等筹资方式相比,保留盈余不需要花费筹资费用,资本成本低,是一种比较经济的筹资渠道。所以,许多公司将净利润作为筹资的第一可选渠道,特别是负债较多、资金结构欠佳时。此时,公司宜采取低股利政策。

6. 债务需要

具有较高债务偿还需要的公司,往往会倾向于采取低股利政策,减少股利的支付,用于偿还债务。

(四)其他因素

1. 债务合同约束

公司的债务合同,尤其是长期债务合同,为了保护债权人的利益,往往有限制企业现金股利支付程度的条款,这使得公司只能采取低股利政策。

2. 通货膨胀

在通货膨胀的情况下,公司固定资产折旧的购买力会下降,会导致没有足够的资金来源重置固定资产。这时较多的留存利润就会当作弥补固定资产折旧购买力水平下降的资金来源,因此,通货膨胀时期,企业股利政策往往偏紧。

学习任务3　企业利润分配流程

学习情境描述

通过学习任务二,希望集团确定了2020年应采用的股利分配政策、应发股利金额、每股股利、股利支付率和2021年需要额外筹集的资金额,现在要确定股利支付的程序。而且需要明确如果公司改为发放股票股利,会给公司和股东带来哪些影响,计算出相关数据,供公司领导决策参考。

学习目标

(1)通过本学习情境,理解股利支付程序。
(2)懂得企业利润分配的方式。
(3)能够确定企业股利支付的方式。
(4)能够计算不同股利支付方式给公司和股东带来的影响。

(5)能够根据公司实际情况,确定适合的股利支付方式。

现在你已经完成了本学习情境的第二个学习任务,希望集团确定了2020年应采用的股利分配政策、应发股利金额、每股股利、股利支付率和2021年需要额外筹集的资金额,现在要确定股利支付的程序,股东需要知道哪个时间持有公司股票能够分到股利、股利什么时候发放等信息。而且需要明确如果公司改为发放10%的股票股利,会给公司和股东带来哪些影响,计算出相关数据,供公司领导决策参考。

任务分组

学生任务分配表如表6-21所示。

表6-21 学生任务分配表

班级		组名		指导老师	
	姓名	学号		姓名	学号
组长					
组员					

任务分工:

小提示:

①组队规则:3~6名同学自由组队,选取一名同学做组长,组长负责分配工作,安排工作进度,组织课外讨论,最后做案例呈现,可以得到额外加分。组员需听从组长的安排,大家齐心协力,以小组名义奋斗。

②团队合作是考核评价的重要内容。

(1)希望集团分红派息公司公告:

希望集团2020年度利润分配方案已经由2021年4月30日召开的2021年度股东大会审议通过。现将本次公司A股分红派息事宜公告如下:

分红派息方案:本次分红派息以截止分红派息股权登记日2021年5月13日的总股本5 000万股为基数,每10股派发现金股息人民币1.9元(含税),本次派息现金股息共约950万元。

发放范围:截至2021年5月13日上海证券交易所收市后,在中国证券登记结算有限责任公司上海分公司登记在册的本集团全体A股股东。

分红派息具体实施日期:

股权登记日:2021年5月13日。

除息日:2021年5月14日。

现金股息发放日:2021年6月12日。

(2)希望集团在发放股票股利前,股东权益如表6-22所示。

表6-22 发放股票股利前的股东权益情况表

单位:万元

项目	2020年12月31日
股本(面值1元,已发行5 000万股)	5 000
盈余公积	6 000
资本公积	4 000
未分配利润	2 000
股东权益合计	17 000

工作计划

引导问题1 希望集团分红派息公告发布后,有个投资者李松咨询你分红派息的关键时间节点,请你用图示的方式进行解释说明。

2021-4-30　　　　　　2021-5-13　　　　　　2021-5-14　　2021-6-12

引导问题2 假设希望集团因为发展需要,资金紧张,取消现金股利,改为采取股票股利方式进行股利分配,公司宣告发放10%的股票股利,现有股东每持100股可得10股新发股票。假设该股票当时市价为2元,发放股票股利以市价计算。计算分析股票股利发放的相关项目,并填制表6-23。

表6-23 股票股利计算表

项目	计算过程	计算结果
增发的普通股股数		
划出的未分配利润资金		
按面值计算的普通股股本增加额		
资本公积增加额		

引导问题3 根据股票股利计算表表6-23,通过计算分析后列示公司股票股利发放后股东

权益的变化情况,并填制表 6-24。

表 6-24　发放股票股利后的股东权益情况表

项目	计算过程	计算结果
股本(面值 1 元,已发行 5 500 万股)		
盈余公积		
资本公积		
未分配利润		
股东权益合计		

引导问题 4　根据相关数据和资料,假设你通过员工持股计划持有希望集团 10 000 股普通股,请问发放股票股利对你的财富是否产生影响？将计算过程呈现在表 6-25 所示的发放股票股利对股东的影响计算表中。

表 6-25　发放股票股利对股东的影响计算表

项目	股票股利发放前	股票股利发放后
每股收益/元		
每股市价/元		
持股比例		
所持股票总价/万元		

小提示:
计算结果四舍五入保留到小数点后两位。

进行决策

(1)各组派代表阐述投资者李松哪个时间点持有公司的股票才能分配股利,并说明原因。

(2)各组派代表阐述股票股利发放后股东权益情况和发放股票股利对股东的影响。

引导问题 5　短期来看,股票股利是否会引起股东财富的变动？为什么？

(3)各组根据其他组的意见和建议,讨论分析本组的计算过程和结果是否正确,并更正错误之处。

(4)教师结合大家完成的情况进行点评,并选出最佳方案。

工作实施

(1)各组分别阅读、研究给出的利润分配流程的相关数据和资料。

(2)各组自行制订学习计划,分配学习任务,根据相关知识点,完成股利分配关键时间节点图,并进行阐述。

(3)根据本学习任务的资料(2)和相关知识点,计算股票股利发放后带来的影响,并填制股票股利计算表表6-23;根据表6-23,再填制股票股利发放后股东权益情况表表6-24。

(4)根据相关知识点,计算股票股利对股东的影响,填制表6-25。判断短期来看,发放股票股利是否会引起股东财富的变化,回答引导问题5。

(5)各组派代表阐述股票股利、发放股票股利后股东权益情况和发放股票股利对股东的影响的计算思路、步骤、结果和分析结论。

(6)各组对其他小组的计算过程和分析结果进行点评、提问,完成小组互评。

(7)每个同学完成自评。

(8)每个小组完成对本组成员的组内点评。

(9)教师结合大家的完成情况和现场表现进行点评,填写教师综合评价表。

(10)最后,教师运用加权平均方法,完成本学习情境最终的考评。

评价反馈

各组代表展示作品,介绍任务的完成过程。作品展示前应准备阐述材料,可以利用各种形式进行呈现。每个学习情境的成绩评定将按学生自评、组内点评、小组互评、教师评价四个阶段进行,并按自评占10%、组内点评占20%、小组互评占20%、教师评价占50%计算每个学生的综合评价结果。

(1)学生进行自我评价,并将结果填入表6-26所示的学生自评表中。

表6-26 学生自评表

班级		组名		姓名	
学习情境		企业利润分配流程			
评价项目		评价标准		分值	得分
股利支付程序		能正确判断股利支付的关键时间节点		10	
股票股利		能正确计算发放股票股利带来的影响		15	
股东权益变动		能正确计算发放股票股利后股东权益情况		10	
对股东财富影响		能正确计算股票股利对股东财富的影响		15	
综合评价		能判断股票股利对公司和股东财富的影响		10	
工作态度		态度端正,无无故缺勤、迟到、早退		10	
工作质量		能按计划完成工作任务		10	
团队合作能力		与小组成员、同学之间能合作交流,共同完成工作任务		10	
创新意识		发放股票股利的思路或计算分析过程有创新之处		10	
合计				100	

(2)学生以小组为单位,对组内各位成员的表现进行客观公正的评价。以4人小组为例,组长比重占40%,其他两个组员各占30%,总评分加权平均得出,并将点评结果填入表6-27所示的组内点评表。

表 6-27 组内点评表

班级		组名		姓名		
学习情境		企业利润分配流程				
评价项目	分值	组长点评（40%）	组员点评（30%）	组员点评（30%）	评分	
工作态度	20					
工作质量	10					
工作效率	10					
工作完整	15					
工作贡献	15					
团队合作	20					
是否有创新之处	10					
合计	100					

(3)学生以小组为单位,针对股票股利、发放股票股利后股东权益情况和发放股票股利对股东的影响的计算分析过程和结果进行互评,将互评的结果填入表 6-28 所示的小组互评表。每个组须经其他两个组点评,最终被评小组互评成绩采用两个小组的平均数。

表 6-28 小组互评表

班级		被评小组			
学习情境		企业利润分配流程			
评价项目	分值	得分			
		第1小组	第2小组	平均得分	
计划合理	15				
组织有序	10				
团队合作	15				
工作质量	15				
工作效率	10				
工作完整	10				
工作规范	10				
成果展示	15				
合计	100				

(4)教师对学生工作过程与工作结果进行评价,并将评价结果填入表 6-29 所示的教师综合评价表。组内点评在 90 分以上的组长,在综合得分基础上乘 1.1 的系数;组内点评在 80～90 分的组长,在综合得分基础上乘 1.05 的系数;组内点评在 70～80 分的组长,在综合得分基础上乘 1.02 的系数。每个组的组长采用轮值制,保证每位学生都有当组长的机会。

表 6-29 教师综合评价表

班级		组名		姓名	
学习情境			企业利润分配流程		
评价项目		评价标准		分值	得分
考勤(10%)		无无故迟到、早退、旷课现象		10	
工作过程 (60%)	股利支付程序	能正确判断股利支付的关键时间节点		10	
	股票股利	能正确计算股票股利带来的影响		10	
	股东权益变动	能正确计算发放股票股利后股东权益情况		10	
	对股东财富影响	能正确计算股票股利对股东财富的影响		10	
	工作态度	态度端正、工作认真、主动		5	
	团队合作精神	与小组成员、同学之间能合作交流，共同完成工作任务		10	
	创新意识	在工作中有创新之处		5	
项目成果 (30%)	工作完整	能按时完成工作任务		5	
	工作规范	能按照规范要求计算分析		5	
	项目评价	能准确计算分析股票股利发放前后股东权益情况		10	
	成果展示	能准确表达、汇报股票股利发放后股东权益变动情况		10	
合计				100	
综合评价	学生自评(10%)	组内点评(20%)	小组互评(20%)	教师评价(50%)	综合得分

拓展思考题

(1)为什么发放股票股利不能影响股东财富，但公司还是会选择发放？
(2)进行股票分割与发放股票股利对公司财务产生的影响是否相同？

学习情境相关知识点

一、股利支付的方式

股利支付方式常见的有现金股利、股票股利、财产股利和负债股利。

现金股利就是以现金支付的股利，即企业将应分配给投资者的股利直接用现金支付。它是股利支付的主要方式。

股票股利是公司以增发的股票作为股利的支付方式。股票股利并不直接增加股东的财富，不会导致公司资产的流出或负债的增加，因而不是公司资金的使用，同时也并不因此增加公司的财产,但会引起所有者权益各项目的结构发生变化。

财产股利是以现金以外的资产支付给股东的股利,主要是以公司所拥有的其他企业的有价证券作为股利支付给股东。

负债股利是公司以负债支付的股利,通常以公司的应付票据支付给股东,不得已的情况下也有发行公司债券抵付股利的。财产股利和负债股利实际上是现金股利的替代。

二、股利发放的日期

股份有限公司向股东发放股利,前后也有一定过程,主要经历:股利宣告日、股权登记日、除息日和股利支付日。

1. 股利宣告日

股利宣告日是指董事会将股东大会决议通过的分红方案(或发放股利情况)予以公告的日期。在公告中将宣布每股股利、股权登记日、除息日和股利支付日等事项。

2. 股权登记日

股权登记日是指有权领取股利的股东资格登记截止日期。只有在股权登记日前在公司股东名册上登记的股东,才有权分享当期股利;在股权登记日以后列入名单的股东无权领取股利。

3. 除息日

除息日是指领取股利的权利与股票相互分离的日期。在除息日前,股利权从属于股票,持有股票者即享有领取股利的权利;除息日开始,股利权与股票相分离,新购入股票的人不能享有权利。在我国,由于采用次日交割方式,除息日与股权登记日差一个工作日。

4. 股利支付日

股利支付日即向股东发放股利的日期。

学习情境7
企业财务预算

CAIWU GUANLI SHIWU

学习情境描述

2018年1月,A公司成立,主要经营中药养生茶。企业生产经营活动刚刚开始展开,市场占有率低,营业收入很少,投入大于产出,利润连续两年都为负数。但由于市场定位准确,2020年1月,公司进入成长期,中药养生茶系列产品开始为顾客所接受,战略重点为市场营销,抢占市场、提高市场占有率是企业发展的第一要务。为了实现该战略目标,A公司应该在生产销售活动展开前,重点从哪些方面做好经营准备工作呢?如果公司在以后几年,市场占有状况已成定局,大量资本渗入并使得超额利润下降甚至丧失,那么从长远发展的角度,财务预算管理的重点又应转向哪些方面呢?

学习目标

(1)通过学习情境,了解财务预算的含义、作用、基本程序与方法。

(2)熟悉财务预算编制的主要内容。

(3)熟悉企业全面预算管理组织机构的设置及主要职能,并能对预算期基本财务状况进行解读。

(4)通过现金收入、支出及余缺的计算,运用固定预算法,完成现金预算的编制,掌握现金预算编制的基本方法。

(5)根据现金预算,掌握编制企业预计财务报表的基本方法。

任务书

公司董事会根据《公司法》的相关规定,以及企业战略规划和年度经营目标,拟定了预算目标,并确定了预算目标的分解方案及预算编制方法和程序。我们作为财务部门,需完成有关预算编制工作。首先,要全面充分地搜集预算编制所需的资料,然后根据预算编制指导原则和经营目标,对预算期内公司日常生产经营活动所引发的收入、成本、费用进行相关的预算编制,包括编制经营预算、专门预算,最后在经营预算和专门预算的基础上编制财务预算,包括现金预算和预计财务报表,以便从价值的角度对企业预算期内所有业务进行整体反映。

任务分组

学生任务分配表如表7-1所示。

表7-1 学生任务分配表

班级		组名		指导老师	
	姓名		学号	姓名	学号
组长					
组员					

续表

班级		组名		指导老师	

任务分工：

小提示：

①组队规则：3～5名同学自由组队，选取一名同学做组长，组长负责分配工作，安排工作进度，组织课外讨论，最后做案例呈现，可以得到额外加分。组员需听从组长的安排，大家齐心协力，以小组名义奋斗。

②团队合作是考核评价的重要内容。

 获取信息

（1）公司基本资料。

公司的主营业务为中药养生茶的研发、生产与销售。该产品深受广大消费者的喜爱。

公司产品主要面向国内销售，特别是在西南地区，市场份额远高于其他地区。公司通过经销商、商业超市、电子商务等多种销售渠道进行产品销售，公司目前以经销商代理销售的销售渠道为主，通过进驻各大商场、超市进行产品的展销、促销。此外，公司大力开拓电子商务、直播等线上销售渠道市场，以争取更大的市场份额。

公司采用以销定产的模式安排生产、组织原材料采购、协同各部门安排生产时间等。目前，公司设有三个生产车间，分别用于三七养心茶、三七补血茶和三七调经茶的生产，生产环境严格按照GMP标准进行管理。

（2）公司销售部、生产部、采购部、人力资源部、仓储部、研发部已完成相关销售、生产、采购和成本等经营预算的编制，如表7-2至表7-7所示。

表7-2 销售预算

产品	项目	线上	线下
三七养心茶	销售量/箱	7 699.00	54 610.00
	销售价格/(元/箱)	4 500.00	2 700.00
	销售收入/元	34 645 500.00	147 447 000.00
三七补血茶	销售量/箱	9 329.00	55 340.00
	销售价格/(元/箱)	1 500.00	1 000.00
	销售收入/元	13 993 500.00	55 340 000.00
三七调经茶	销售量/箱	22 343.00	93 150.00
	销售价格/(元/箱)	1 700.00	1 200.00
	销售收入/元	37 983 100.00	111 780 000.00

表 7-3 生产预算

产品	需求数量/箱	期初数量/箱	期末数量/箱	生产数量/箱
三七养心茶	62 309.00	100.00	0.00	62 209.00
三七补血茶	64 669.00	335.00	0.00	64 334.00
三七调经茶	115 493.00	25.00	0.00	115 468.00

表 7-4 直接材料预算

材料	需求数量/kg	期初数量/kg	期末数量/kg	采购数量/kg	采购价格/(元/kg)	采购金额/元
三七粉	366 429.00	10 000.00	9 450.00	365 879.00	600.00	219 527 400.00
艾叶	62 209.00	1 400.00	750.00	61 559.00	30.00	1 846 770.00
甘草	62 209.00	1 100.00	750.00	61 859.00	50.00	3 092 950.00
炮干姜	62 209.00	900.00	750.00	62 059.00	80.00	4 964 720.00
黄芪	179 802.00	2 500.00	1 800.00	179 102.00	10.00	1 791 020.00
当归	64 334.00	2 000.00	600.00	62 934.00	10.00	629 340.00
红花	115 468.00	4 000.00	1 200.00	112 668.00	30.00	2 253 360.00
牡丹皮	115 468.00	4 000.00	1 200.00	112 668.00	20.00	3 380 040.00

表 7-5 制造费用预算

项目	产品	金额/元
水费	三七养心茶	298 603.00
水费	三七补血茶	386 004.00
水费	三七调经茶	277 123.20
电费	三七养心茶	298 603.00
电费	三七补血茶	386 004.00
电费	三七调经茶	277 123.20
辅料费	三七养心茶	179 161.80
辅料费	三七补血茶	154 401.60
辅料费	三七调经茶	138 561.60
折旧费	三七养心茶	920 000.00
折旧费	三七补血茶	720 000.00
折旧费	三七调经茶	500 000.00
维修费	三七养心茶	100 000.00
维修费	三七补血茶	100 000.00
维修费	三七调经茶	100 000.00
车间管理人员工资		750 000.00
车间管理人员社保费		240 000.00
车间管理人员福利费		15 000.00

表 7-6 产品成本预算

产品	期初成本/元	生产成本/元	销售成本/元	期末成本/元
三七养心茶	209 321.70	124 528 735.35	124 738 057.05	0.00
三七补血茶	232 069.50	43 030 928.18	43 262 997.68	0.00
三七调经茶	17 825.35	78 939 067.94	78 956 893.29	0.00

表 7-7 期末存货预算

名称	分类	期末数量	期末成本/元
三七养心茶/箱	产品	0.00	0.00
三七补血茶/箱	产品	0.00	0.00
三七调经茶/箱	产品	0.00	0.00
三七粉/kg	材料	9 450.00	5 678 135.38
艾叶/kg	材料	750.00	22 262.91
甘草/kg	材料	750.00	37 416.00
炮干姜/kg	材料	750.00	60 236.00
黄芪/kg	材料	1 800.00	18 390.00
当归/kg	材料	600.00	6 100.00
红花/kg	材料	1 200.00	36 015.32
牡丹皮/kg	材料	1 200.00	23 605.32

(3)公司其他资料。

①期间费用说明及预算数据。

2020年期间费用严格按照预算管理制度执行,管理费用归集的部门包含总经办、财务部、人力资源部、采购部、仓储部和研发部;销售费用归集的部门包含销售部门;财务费用归集的费用为借款利息费用、借款费用和债券的发行费用。管理费用归集的费用为除车间和销售部门外,各部门的办公费、运输费、职工薪酬和折旧费等。

期间费用预算如表 7-8 所示。

表 7-8 期间费用预算

项目	金额/元	备注
广告费	12 035 673.00	说明:销售部门广告费、电商费、差旅费和业务招待费为变动费用;职工薪酬、办公费、运输费和折旧费为固定费用。2020年研发支出不满足资产确认条件,计入管理费用
电商费	16 047 564.00	
差旅费	2 005 945.50	
办公费	564 000.00	
运输费	60 000.00	
业务招待费	2 005 945.5	

办公费 564 000.00 元,其中销售部 168 000 元、管理部门 396 000 元;
销售部运输费 15 000 元,管理部运输费 45 000 元。

②资金收支说明。

公司资产负债表货币资金全部为活期银行存款,可立即提取使用;销售现金收入包括2020年本期现金收入回款和以前年度收入回款。其中:本期现金收入回款为本期含税收入的60%,以前年度收入回款为上期应收账款期末余额。本期含税收入的40%为应收账款。销售产品增值税税率为13%。材料采购支出包含2020年材料采购付款支出和以前年度材料采购付款支出。其中:本期采购现金支出为采购金额的75%,以前年度采购支出为上期应付账款期末余额。本期采购金额的25%为应付账款。采购材料增值税税率如表7-9所示。

表7-9 采购材料增值税税率

品名	单位	单价(不含税)/元	单价(含税)/元	税率
三七粉	kg	600	678	13%
艾叶	kg	30	32.7	9%
甘草	kg	50	54.5	9%
炮干姜	kg	80	87.2	9%
黄芪	kg	10	10.9	9%
当归	kg	10	11.3	13%
红花	kg	30	32.7	9%
牡丹皮	kg	20	21.8	9%

期初余额如表7-10所示。

表7-10 期初余额

资产	年初金额/元	负债与所有者权益	年初金额/元
流动资产:		流动负债:	
货币资金	58 924 327.45	短期借款	
交易性金融资产		交易性金融负债	
衍生金融资产		衍生金融负债	
应收票据		应付票据	
应收账款	116 598 033.00	应付账款	49 078 674.00
应收款型融资		预收款项	
预付款项		合同负债	
其他应收款		应付职工薪酬	
存货	7 170 123.55	应交税费	25 818 810.00
合同资产		其他应付款	
持有待售资产		持有待售负债	
一年内到期的非流动资产		一年内到期的非流动负债	
其他流动资产		其他流动负债	
流动资产合计	182 692 484.00	流动负债合计	74 897 484.00

续表

资产	年初金额/元	负债与所有者权益	年初金额/元
非流动资产:		非流动负债:	
债券投资		长期借款	30 000 000.00
其他债券投资		应付债券	
长期应收款		其中:优先股	
长期股权投资		永续债	
其他权益工具投资		租赁负债	
其他非流动金融资产		长期应付款	
投资性房地产		预计负债	
固定资产	64 500 000.00	递延收益	
在建工程		递延所得税负债	
生产性生物资产		其他非流动负债	
油气资产		非流动负债合计	30 000 000.00
使用权资产		负债合计	104 897 484.00
无形资产	9 000 000.00	所有者权益(或股东权益):	
开发支出		实收资本(或股本)	20 000 000.00
商誉		其他权益工具	
长期待摊费用		其中:优先股	
递延所得税资产		永续债	
其他非流动资产		资本公积	
非流动资产合计	73 500 000.00	减:库存股	
		其他综合收益	
		专项储备	
		盈余公积	13 328 500.00
		未分配利润	117 966 500.00
		所有者权益(或股东权益)合计	151 295 000.00
资产总计	256 192 484.00	负债及所有者权益总计	256 192 484.00

③2020年职工薪酬全部在当年支付。职工薪酬包含职工工资、社保费和福利费。
职工薪酬总额为25 687 800.00元,其中财务部1 675 000元、采购部2 345 000元、仓储部2 881 000元、总经办1 259 600元、人力资源部2 077 000元、生产部6 793 800元、销售部7 061 800元、研发部1 594 600元。

④2020年,公司计划建设三七美白茶厂房和购买生产设备,预计当年建成。购建厂房及设备共支出24 814 500.00元,购建资金来源为向银行借入长期借款和发行债券,长期借款11 650 000元,发行债券13 164 500元,发行费用计入当期损益。

公司期初固定资产原值为 89 314 500 元,每年计提的累计折旧金额为 4 140 000 元。

⑤预计 2020 年财务费用包含以前年度借款利息以及本年度银行借款费用和债券发行费用,利息金额为 1 321 581.55 元。利息费用在发生时直接支付,不需计提。

⑥2020 年制造费用、销售费用、管理费用和财务费用全部在当年支付,即预算口径与资金支出一致。研发支出为 2 095 150.00 元。

⑦2020 年税费支出为 2019 年应交税费,本年度应交税费在下年支出。企业所得税税率为 25%,不考虑以前年度纳税调整事项,所得税费用为税前利润乘以所得税税率。

⑧2020 年偿还前期全部长期借款。

⑨产品成本采用变动成本法进行管理。销售费用分为变动销售费用和固定销售费用,管理费用和财务费用均为固定费用。销售部门折旧费用计入固定性销售费用,其他部门折旧费用计入固定性管理费用,无形资产摊销计入固定性管理费用,如表 7-11 所示。2020 年研发支出包含对已有产品的进一步更新优化和新产品的研发支出,研发支出均不满足资产确认条件,计入固定性管理费用。

表 7-11 折旧及摊销费用计提

部门	固定资产折旧	无形资产摊销
总经办	69 767.00	
销售部	534 884.00	
采购部	302 325.00	
仓储部	418 605.00	
研发部	139 535.00	600 000.00
人力资源部	302 326.00	
财务部	232 558.00	

引导问题 1 根据所给 A 公司的相关资料,计算销售现金收入、采购直接材料现金支出、支付职工薪酬的现金、期末现金余额的金额,同时分析计算其他现金收入、支出项目的金额。运用固定预算法,完成现金预算的编制,填制表 7-12。

表 7-12 现金预算

项目	金额/元
期初现金余额	
加:销售现金收入	
可供使用现金	
减:现金支出	
直接材料	
水费	
电费	

续表

项目	金额/元
维修费	
辅料	
职工薪酬	
广告费	
电商费	
差旅费	
办公费	
运输费	
业务招待费	
研发支出	
购建厂房设备支出	
财务费用	
支付税费	
本期现金支出合计	
现金余缺	
现金筹措与运用：	
加：长期借款	
加：发行债券	
加：短期借款	
减：长期借款归还	
减：债券归还	
减：短期借款归还	
期末现金余额	

小提示：

可按以下步骤完成工作任务。

(1)期初现金余额。

查看期初余额表 7-10 中货币资金项目栏金额。

(2)计算销售现金收入。

销售现金收入＝本期现销收入＋收回前期赊销款

本期现销收入＝本期全部销售收入(含税)×60％

本期全部销售收入(含税)＝线上收入×(1＋13％)＋线下收入×(1＋13％)

查看销售预算表 7-2，分别计算 3 种产品线上和线下销售收入的合计数。

收回前期赊销款为收回上期全部应收账款，见期初余额表 7-10 应收账款项目金额，销售产品增值税税率为 13％。

(3) 可供使用现金。

$$可供使用现金＝期初现金余额＋销售现金收入$$

(4) 计算采购直接材料现金支出。

$$直接材料＝本期材料采购现金支出＋支付前期赊购款$$

$$本期材料采购现金支出＝全部材料采购金额(含税)×75\%$$

$$全部材料采购金额(含税)＝采购数量×含税采购单价$$

其中：不含税的采购金额见直接材料预算表 7-4 中 8 种材料的采购金额，再分别乘以采购材料增值税税率表 7-9 中的进项税率，最后计算 8 种材料含税的采购金额，即全部材料采购金额(含税)。

支付前期赊购款为支付上期全部应付账款，见期初余额表 7-10 应付账款项目金额。

(5) 水费、电费、维修费和辅料费见制造费用预算表 7-5。

(6) 职工薪酬查找公司其他资料③。

(7) 广告费、电商费、差旅费、业务招待费、办公费、运输费，见期间费用预算表 7-8。

(8) 研发支出见公司其他资料⑥。

(9) 购建厂房设备支出、财务费用和支付税费，分别见公司其他资料④⑤⑦。

(10) 长期借款和发行债券见公司其他资料④。

(11) 长期借款归还见公司其他资料⑧，长期借款期初余额见期初余额表 7-10。

(12) 计算期末现金余额。

$$期末现金余额＝现金余缺＋筹资现金收入－归还借款支出$$

引导问题 2 根据所给 A 公司的相关资料，计算变动生产成本、变动非生产成本的金额，同时分析计算固定的制造费用、销售费用、管理费用和财务费用等项目的金额。运用固定预算法，完成预计利润表的编制，填制表 7-13。

表 7-13 预计利润

项目	金额/元
营业收入	
减：变动成本	
变动生产成本	
变动非生产成本	
变动成本总额	
边际贡献	
减：固定成本	
固定性制造费用	
固定性销售费用	
固定性管理费用	
固定性财务费用	
固定成本总额	

续表

项目	金额/元
营业利润	
加:营业外收入	
减:营业外支出	
利润总额	
减:所得税费用	
净利润	

小提示:

可按以下步骤完成工作任务。

(1)营业收入:根据现金预算表7-12,计算本期全部销售收入(不含税)金额填列。

(2)变动生产成本:查找产品成本预算表7-6中3种产品的销售成本,计算其合计数,即变动生产成本。因为假设当期生产的产品全部销售出去,销售成本就是生产成本,而销售成本等于销售数量乘以单位生产成本,在单位生产成本不变的情况下,销售数量越多,销售成本越大,因此销售成本属于变动生产成本,随销售量的变动而变动。

(3)变动非生产成本:根据公司其他资料①,可知变动非生产成本包括广告费、电商费、差旅费、业务招待费,计算该4项费用的合计数,即变动非生产成本金额。

(4)变动成本总额=变动生产成本+变动非生产成本。

(5)边际贡献=营业收入-变动成本总额。

(6)固定成本:包括固定性制造费用、固定性销售费用、固定性管理费用、固定性财务费用4个项目的金额。根据公司其他资料①⑨及制造费用预算表7-5,查找折旧费、维修费及车间管理人员工资、社保费和福利费的金额并计算合计数,即为固定性制造费用;固定性销售费用包括销售部门的人员工资、办公费、运输费和折旧,销售部门的人员工资查找公司其他资料③,办公费、运输费查找期间费用预算表7-8及说明,折旧查找折旧及摊销费用计提表7-11;固定性管理费用包括管理部门职工薪酬合计数(财务部、采购部、仓储部、总经办、人力资源部、研发部)、办公费、运输费、折旧、摊销和研发费用,职工薪酬查找公司其他资料③,办公费和运输费查找期间费用预算表7-8及说明,折旧、摊销和研发费用查找公司其他资料⑥和折旧及摊销费用计提表7-11;固定性财务费用查找现金预算表7-12中的财务费用项目金额。

(7)营业利润=边际贡献-固定成本总额。

(8)利润总额=营业利润+营业外收入-营业外支出,A公司预算期内没有发生营业外收支。

(9)所得税费用=利润总额×25%。

(10)净利润=利润总额-所得税费用。

引导问题3 根据所给A公司的相关资料,计算货币资金、应收账款、存货、固定资产、无形资产、应付账款、应交税费、长期借款、应付债券、未分配利润等项目的金额。运用固定预算法,完成预计资产负债表的编制,填制表7-14。

表 7-14　预计资产负债表

资产	年末金额/元	负债与所有者权益	年末金额/元
流动资产：		流动负债：	
货币资金		短期借款	
交易性金融资产		交易性金融负债	
衍生金融资产		衍生金融负债	
应收票据		应付票据	
应收账款		应付账款	
应收款项融资		预收款项	
预付款项		合同负债	
其他应收款		应付职工薪酬	
存货		应交税费	
合同资产		其他应付款	
持有待售资产		持有待售负债	
一年内到期的非流动资产		一年内到期的非流动负债	
其他流动资产		其他流动负债	
流动资产合计		流动负债合计	
非流动资产：		非流动负债：	
债券投资		长期借款	
其他债券投资		应付债券	
长期应收款		其中：优先股	
长期股权投资		永续债	
其他权益工具投资		租赁负债	
其他非流动金融资产		长期应付款	
投资性房地产		预计负债	
固定资产		递延收益	
在建工程		递延所得税负债	
生产性生物资产		其他非流动负债	
油气资产		非流动负债合计	
使用权资产		负债合计	
无形资产		所有者权益（或股东权益）：	
开发支出		实收资本（或股本）	
商誉		其他权益工具	
长期待摊费用		其中：优先股	
递延所得税资产		永续债	

续表

资产	年末金额/元	负债与所有者权益	年末金额/元
其他非流动资产		资本公积	
非流动资产合计		减:库存股	
		其他综合收益	
		专项储备	
		盈余公积	
		未分配利润	
		所有者权益(或股东权益)合计	
资产总计		负债及所有者权益总计	

小提示:

可按以下步骤完成工作任务。

(1)货币资金:查找现金预算表7-12中"期末现金余额"。

(2)应收账款:根据现金预算表7-12中本期现销收入计算。公式:本期现销收入=本期全部销售收入(含税)×60%,剩余的40%就是本预算年度内的应收账款的期末数。

(3)存货:包括库存商品和原材料两个账户的期末余额。查找期末存货预算表7-7,3种产品的期末成本均为0,因此只需把表中8种原材料的期末成本进行加总,得出合计数,即为存货的期末余额。

(4)流动资产合计=货币资金+应收账款+存货。

(5)固定资产=固定资产原值+本年新增的固定资产-本年计提的累计折旧,固定资产原值和本年计提的累计折旧,可查找公司其他资料④;本年新增的固定资产,可查找现金预算表7-12中"购建厂房设备支出"金额或公司其他资料④。

(6)无形资产=无形资产期初数-本年累计摊销,无形资产期初数可查找期初余额表7-10,本年累计摊销可查找折旧及摊销费用计提表7-11。

(7)非流动资产合计=固定资产+无形资产。

资产总计=流动资产合计+非流动资产合计。

(8)应付账款:根据现金预算表7-12中本期材料采购现金支出计算。公式:本期材料采购现金支出=全部材料采购金额(含税)×75%,剩余的25%就是本预算年度内的应付账款的期末数。

(9)应交税费=期初金额+本期应交增值税和所得税-本期已交税费。期初金额查找期初余额表7-10,本期应交增值税=本期销项税额-本期进项税额,可先查找现金预算表7-12中本期全部销售收入(含税)金额,除以(1+13%),再乘以13%,即为本期销项税额;然后再查找直接材料预算表7-4中8种材料的采购金额,再分别乘以采购材料增值税税率表7-9中8种材料采购对应的进项税率,合计数即为本期进项税额。本期应交所得税查找预计利润表7-13中"所得税费用"金额,本期已交税费查找现金预算表7-12中"支付税费"的金额。

(10)流动负债合计=应付账款+应交税费。

(11)长期借款和应付债券,查找公司其他资料④填列。

(12)非流动负债合计＝长期借款＋应付债券。

负债合计＝流动负债合计＋非流动负债合计。

(13)实收资本与期初一致,未发生变动。假设预算期内不计提盈余公积,因此也与期初一致。

(14)未分配利润＝期初数＋本期净利润,因为不计提盈余公积和支付股利,预算期内的净利润没有进行分配,全部留存,所以未分配利润的期末数用期初数加净利润即可。期初数查找期初余额表 7-10,本期净利润查找预计利润表 7-13 中"净利润"金额。

进行决策

引导问题 4 预算要经过专门的预算管理委员会或由董事会授权的机构审查通过后方可执行,上网查询企业预算的组织机构,画出企业预算组织机构图,并说出预算管理决策机构的主要职能。

_____
_____
_____
_____
_____
_____
_____
_____

引导问题 5 完成年度预算和月度预算的编制后,还需要按资产负债表、利润表和现金预算表的三个关键指标(负债率、利润和现金)进行预算期基本财务状况解读。根据表 7-12 至表 7-14,结合 A 公司年度预算基本财务数据表 7-15 中的指标,计算每月和全年的负债率,并进行解读。

表 7-15 基本财务数据

(单位:十万元)

	1	2	3	4	5	6	7	8	9	10	11	12	全年
资产合计	2 562	2 661	2 662	2 723	2 859	2 928	3 046	3 138	3 338	3 464	3 472	3 566	3 566
负债合计	1 049	1 064	905	898	914	907	974	972	1 168	1 247	1 284	1 354	1 354
负债率													
利润	22	19	34	44	72	94	82	73	71	55	47	127	698
现金	589	347	341	366	406	462	535	616	717	707	691	758	758

学习情境 7 企业财务预算

_____
_____
_____
_____
_____
_____
_____
_____
_____
_____
_____

小提示：

从表 7-15 可以明显看出，A 公司的资产负债率一直保持相对稳定的水平，从 1 月份最高的 _____%逐渐下降到 6 月份的 _____%，又回升到 12 月的 _____%；从利润的角度来看，公司每月均处于盈利状态；从资金的角度来看，由于 2 月份销售进入淡季，现金比 1 月份大幅下降，而后总体逐步上升，到年末达到 7 580 万元。

工作实施

(1) 各组分别阅读、研究给出的 A 公司相关数据和信息表，即表 7-2 至表 7-11。
(2) 各组自行制订学习计划，分配学习任务，计算、填制表 7-12 至表 7-15。
(3) 各组统一提交现金预算表、预计利润表和预计资产负债表。
(4) 各组派代表说出编制财务预算过程中的分工和协作情况，并分享编制过程中遇到的问题及解决的方法。
(5) 各组对其他小组的财务预算编制过程进行点评、提问，完成小组互评。
(6) 每个同学完成自评。
(7) 每个小组完成对本组成员的组内点评。
(8) 教师结合大家的完成情况和现场表现进行点评，填写教师综合评价表。
(9) 最后，教师运用加权平均方法，完成本学习情境最终的考评。

评价反馈

各组代表展示作品，介绍任务的完成过程。作品展示前应准备阐述材料，最好以 PPT 的形式进行呈现。每个学习情境的成绩评定将按学生自评、组内点评、小组互评、教师评价四个阶段进行，并按自评占 10%、组内点评占 20%、小组互评占 20%、教师评价占 50%计算每个学生的综合评价结果。

(1) 学生进行自我评价，并将结果填入表 7-16 所示的学生自评表中。

表 7-16　学生自评表

班级		组名		姓名	
学习情境		企业财务预算			
评价项目		评价标准		分值	得分
财务预算编制的内容		能准确说出企业财务预算的主要内容		10	
现金预算表各项目的计算		能独立、正确计算各项目的金额		10	
预计利润表各项目的计算		能独立、正确计算各项目的金额		10	
预计资产负债表各项目的计算		能独立、正确计算各项目的金额		15	
财务预算的编制方法		能准确判断企业财务预算编制使用的方法		15	
工作态度		态度端正,无无故缺勤、迟到、早退		10	
工作质量		能按计划完成工作任务		10	
团队合作能力		与小组成员、同学之间能合作交流,共同完成工作任务		10	
创新意识		能使用 Excel 表编制财务预算		10	
合计				100	

(2)学生以小组为单位,对组内各位成员的表现进行客观公正的评价。以 4 人小组为例,组长比重占 40%,其他两个组员各占 30%,总评分加权平均得出,并将点评结果填入表 7-17 所示的组内点评表。

表 7-17　组内点评表

班级		组名		姓名	
学习情境		企业财务预算			
评价项目	分值	组长点评（40%）	组员点评（30%）	组员点评（30%）	评分
工作态度	20				
工作质量	10				
工作效率	10				
工作完整	15				
工作贡献	15				
团队合作	20				
是否有创新之处	10				
合计	100				

(3)学生以小组为单位,对财务预算编制的过程和结果进行互评,将互评的结果填入表 7-18 所示的小组互评表。每个组须经其他两个组点评,最终被评小组互评成绩采用两个小组的平均数。

表 7-18　小组互评表

班级		被评小组		
学习情境		企业财务预算		
评价项目	分值	得分		
		第1小组	第2小组	平均得分
计划合理	15			
组织有序	10			
团队合作	15			
工作质量	15			
工作效率	10			
工作完整	10			
工作规范	10			
成果展示	15			
合计	100			

（4）教师对学生工作过程与工作结果进行评价，并将评价结果填入表 7-19 所示的教师综合评价表。组内点评在 90 分以上的组长，在综合得分基础上乘 1.1 的系数；组内点评在 80～90 分的组长，在综合得分基础上乘 1.05 的系数；组内点评在 70～80 分的组长，在综合得分基础上乘 1.02 的系数。每个组的组长采用轮值制，保证每位学生都有当组长的机会。

表 7-19　教师综合评价表

班级		组名	姓名		
学习情境		企业财务预算			
评价项目		评价标准	分值	得分
考勤(10%)		无无故迟到、早退、旷课现象	10	
工作过程（60%）	财务预算编制的内容	能准确说出企业财务预算的主要内容	5	
	现金预算表各项目的计算	能独立、正确计算各项目的金额	5	
	预计利润表各项目的计算	能独立、正确计算各项目的金额	10	
	预计资产负债表各项目的计算	能独立、正确计算各项目的金额	10	
	财务预算的编制方法	能准确判断企业财务预算编制使用的方法	15	
	工作态度	态度端正、工作认真、主动	5	
	团队合作精神	与小组成员、同学之间能合作交流，共同完成工作任务	5	
	创新意识	在工作中有创新之处	5	

续表

班级		组名		姓名		
学习情境			企业财务预算			
	评价项目		评价标准		分值	得分
项目成果（30%）	工作完整		能按时完成工作任务		5	
	工作规范		能按照规范要求计算		5	
	现金预算及预计报表的编制		能准确无误地编制现金预算、预计利润表和预计资产负债表		10	
	成果展示		能准确说出三张预算表的钩稽关系		10	
			合计		100	
综合评价	学生自评（10%）	组内点评（20%）		小组互评（20%）	教师评价（50%）	综合得分

拓展思考题

（1）自从预算被加上了"全面"这个定语，很多人认为既然是全面管理，那么预算就是"什么都管，什么人都参与管理"。但是，全面预算果真如此吗？请查阅相关资料回答该问题。

（2）全面预算是在财务收支预算基础上的延伸和发展，以至于很多人认为预算是财务行为，应由财务部门负责预算的制定和控制。这种想法正确吗？

（3）预算不是精确的，那预算一旦不准确，是否存在这样的一种可能——它不仅未起到激励作用，反而会使执行者放弃目标呢？

学习情境相关知识点

一、认知财务预算

（一）财务预算的概念

财务预算是指在财务预测、财务决策的基础上，围绕企业战略规划与经营目标，对一定时期内的资金取得与投放、各项收入和支出、企业经营成果及其分配等资金运动所做的具体安排。财务预算是全面预算的组成部分，主要关注价值管理，即未来资金活动的计划与安排。

（二）预算的分类

预算种类繁多，可以从不同角度按照不同的标准将其划分为若干类型。

（1）根据内容不同，预算可以分为经营预算、专门预算和财务预算。

经营预算亦称业务预算，是指与企业日常经营活动直接相关的经营业务的各种预算。按照其涉及的业务内容，经营预算可以进一步细分为销售预算、生产预算、存货预算和期间费用预算四类。由于存货种类繁多，结合预算管理要求，存货预算可以分为采购环节、生产环节和销售环节三类预算。其中，采购环节的存货包括外购商品、外购原材料、低值易耗品和包装物等；生环节的存货预算包括直接材料、直接人工、制造费用三种,直接材料是生产产品所需的各种直接材料,直接人工是生产产品所需的直接人工和福利费,制造费用是为生产多种产品共同耗用的间接费用;销售环节的存货指验收入库后、对外销售前的产成品。

专门预算是指企业不经常发生的、一次性的重要决策预算,主要包括长期投资预算和筹资预算两类。长期投资预算亦称资本预算,是对预算期内各种资本性投资的预算,主要包括固定资产投资预算、权益性投资预算、债券投资预算、研发预算;筹资预算是对预算期内企业各种融资方式,如长短期借款、发行债券、发行股票、利润分配、还本付息的预算,可以细分为经营筹资预算和项目筹资预算,两者分别是对短期融资和长期融资的预算。

财务预算是指企业在预算期内反映有关财务状况、经营成果和现金收支的预算,主要包括资产负债表预算、利润表预算和现金预算。财务预算是在经营预算和专门预算的基础上,从价值的角度对企业预算期业务的总括反映。也就是说,业务预算和专门预算中的资料都将以货币金额反映在财务预算之中,从而使财务预算成为各项业务预算和专门预算的整体反映,所以财务预算亦称总预算,而其他预算可以相应地认为是辅助预算或者是分预算。

(2)按业务量基础不同,预算分为固定预算和弹性预算。

固定预算,亦称静态预算,是指编制预算时,只将预算期内正常可实现的某一固定业务量(如销售量、产量)水平作为唯一基础编制的预算。固定预算方法由于存在适应性差、可比性差的缺陷,一般仅适用于经营业务稳定、产品产销量稳定,能够相对准确地预测产品需求及产品成本的企业。

弹性预算,亦称动态预算,是在成本性态分析的基础上,依据业务量、成本、利润间的联动关系,按照预算期内可能的一系列业务量(如产量、销量、生产工时、机器工时等)水平编制的系列预算。理论上该方法适用于企业预算中所有与业务量相关的预算,但实务中主要用于编制成本预算和利润预算。

(3)按与基期水平的关系,预算分为增量预算和零基预算。

增量预算是以基期水平为基础,分析预算期内业务量水平及其他相关影响因素的变动情况,通过调整基期项目及数额而编制的预算。增量预算编制的有效性有两个前提,即现有业务活动是企业所必需的、原有业务是合理的,该方法主要适用于销售收入预算。

零基预算是以零为基础编制的预算,预算编制时不考虑以往期间的项目和数额,而主要根据预算期内的需要和可能分析项目与数额的合理性,综合平衡编制预算。该方法主要适用于费用的预算。

(4)按预算期的时间特征不同,预算分为定期预算和滚动预算。

定期预算是以固定不变的会计期间作为预算期间编制的预算。理论上,定期预算有长期预算与短期预算之分,其中预算期在一年以上的预算称为长期预算,预算期在一年以内(含一年)的预算称为短期预算。实践中,是不存在长期预算的。定期预算可以保证预算期间与会计期间在时期上配比,便于依据会计报告的数据与预算进行比较,评价与考核预算的执行情况。

滚动预算是在上期预算完成的基础上,调整和编制下期预算,并将预算期间逐期连续向后滚动推移,使预算期保持一定的时间跨度,在具体的预算编制过程中可分为逐月滚动、逐季滚动和混合滚动。理论上,滚动预算能够保持预算的连续性,有利于考虑未来业务活动,结合企业近期和长期目标,使预算随时间的推进不断调整和修订,从而充分发挥预算的指导和控制作用。

(5)按预算的主体不同,预算分为部门预算和总预算。

部门预算就是以企业各职能部门或责任中心为主体编制的预算;总预算是反映企业总体情况的预算。商业银行总行的预算属于总预算,而各分行、支行的预算属于部门预算。

(三)财务预算的作用

财务预算是企业全面预算体系中的组成部分,它在全面预算体系中有以下重要作用。

1.财务预算使决策目标具体化、系统化和定量化

在现代企业财务管理中,财务预算能够全面、综合地协调、规划企业内部各部门、各层次的经济关系与职能,使之统一服从于未来经营总体目标的要求;同时,财务预算又能使决策目标具体化、系统化和定量化,能够明确规定企业有关生产经营人员各自的职责及相应的奋斗目标,做到人人事先心中有数。

财务预算作为全面预算体系中的最后环节,可以从价值方面总括地反映经营期特种决策预算与业务预算的结果,使预算执行情况一目了然。

2.财务预算有助于财务目标的顺利实现

通过财务预算,可以建立评价企业财务状况的标准。将实际数与预算数对比,可及时发现问题和调整偏差,使企业的经济活动按预定的目标进行,从而实现企业的财务目标。

3.财务预算是总预算

财务预算是总预算,又是作为全面预算体系中的最后环节的预算,它可以从价值方面总括反映经营期特种决策预算与业务预算的结果,使预算执行一目了然。其余预算均是财务预算的辅助预算。

二、财务预算编制的程序

财务预算编制程序不规范,横向、纵向信息沟通不畅,预算编制方法选择不当,或强调采用单一的方法,均可能导致预算目标缺乏科学性与可行性。因此,对于任何一个企业而言,选择适合自己的预算编制程序和方法,是预算目标科学、编制合理的前提条件。

在实践中,企业应该以《关于企业实行财务预算管理的指导意见》为指导,根据自身情况灵活掌握,尤其是民营企业,不一定严格按照指导意见中的实践要求编制预算。但无论采用何种方法,预算编制一般都分为启动、编制、审批三个基本环节。

(一)启动环节

启动环节是预算管理机构根据预算年度面临的形势,在对本年度预算完成情况和下一年度经营环境等进行综合分析的基础上,依照企业发展战略,提出下一年度预算编制指导原则,确定预算关键绩效指标、预算编制具体时间进度要求等,并下发启动预算编制的流程。为保证企业预算编制的科学性、合理性和效率性,企业在启动环节应当重点做好以下工作:

(1)全面充分地收集预算编制所需资料,包括反映外部经营环境并与预算编制相关的现在及未来期间发展变化的资料,企业内部与预算编制相关的历史、现在及未来期间发展变化的资料,尤其不能忽视历史经验、制约因素等信息资料,为确定科学的预算方针、指标等奠定基础。

(2)统筹兼顾并协调企业的人、财、物等各项资源,从实现企业利润最大化目标出发,在努力挖掘能够提高经济效益的各种潜力,综合平衡企业资金运用与资金来源、财务收入与财务支出的基础上制定财务指标。

(3)确定合适的预算编制时间。预算编制是一个系统性工程,其具体时间进度的要求,直接影响到预算编制工作的质量和效率,如果不能在预算年度开始前完成预算的编制工作,必然会影响到预算的执行,最终造成预算管理无法正常实施。确定合适的预算编制时间,要考虑企业自身规模大小、组织结构和产品结构的复杂性、预算编制工具和预算开展的广度与深度等因素,以合理安排预算编制的时间。

(二) 编制环节

编制环节是预算编制单位根据下达的报表格式和编制要求,编制初步预算草案并上报审核,直至形成企业预算报表的编制流程。其中的重点工作内容包括:

(1)各单位根据预算编制指导原则和经营目标,编制本单位的预算草案。

(2)财务部门根据指导原则和企业经营目标,平衡各职能部门或责任中心的预算草案,编制企业预算草案。

(3)预算管理机构召开各职能部门或责任中心预算规划会议,讨论、平衡各单位预算草案,编制平衡后的企业预算草案。

(4)各职能部门或责任中心结合目标、平衡结果,调整、修改本单位或部门的预算草案。

(5)将财务部门汇总调整后的各职能部门或责任中心的预算,上报预算管理机构。

(三) 审批环节

审批环节是预算管理机构对各职能部门或责任中心上报的预算进行审核,在分析企业生产经营情况和预算的主要因素后,对预算编制存在的问题提出修改意见,并对审核结束后经修改汇总编制的企业预算进行批复的流程。其中的重点工作内容包括:

(1)预算管理机构通过召开企业预算质询会等方式,对各职能部门或责任中心汇报的预算组织、编制流程、编制依据、编制方法、预算结果等进行审核。

(2)预算管理机构依照权限审批企业预算。企业根据批复的预算目标修正企业预算,并将指标逐级分解,下达至各相关职能部门或责任中心执行。

三、财务预算编制的方法

财政部会计司《解读企业内部控制应用指引第 15 号——全面预算》,在谈及预算编制方法时指出,企业应当本着遵循经济活动规律,充分考虑符合企业自身经济业务特点、基础数据管理水平、生产经营周期和管理需要的原则,选择或综合运用固定预算、弹性预算、滚动预算等方法编制预算。

(一) 固定预算法

固定预算法,亦称静态预算法,是指编制预算时,只将预算期内正常可实现的某一固定业务量(如销售量、产量)水平,作为唯一基础编制预算的方法。企业在传统的预算管理中大多采用该法,因此它是编制预算最基本的方法。固定预算法的基本原理是不考虑预算期内业务量水平可能发生的变动,只以某一确定的业务量水平为基础制定有关的预算,并在预算执行期末将预算的实际执行结果与固定的预算水平加以比较,据此进行业绩考评。

例如:ABC 公司 2016 年度分季度预计 A 产品销售量分别为 100 吨、120 吨、150 吨、130 吨,销售单价为 1 万元/吨,预计当季收回货款的 80%,剩余货款下季收回。预算期初应收账款余额为 0(为简化计算,不考虑税金因素),采用固定预算法编制的销售预算表如表 7-20 所示。

表 7-20　ABC 公司 2016 年产品销售预算

项目	单位	一季度	二季度	三季度	四季度	全年
A 产品销量	吨	100	120	150	130	500
销售单价	万元	1	1	1	1	1
销售收入	万元	100	120	150	130	500
一季度现金收入	万元	80	20			100
二季度现金收入	万元		96	24		120
三季度现金收入	万元			120	30	150
四季度现金收入	万元				104	104
现金收入合计	万元	80	116	144	134	474

固定预算法的优点是简便易行；缺点是不考虑预算期内业务量水平可能发生的变动，当固定预算预计业务量与实际业务量出现较大差异时，会导致实际结果与预算水平因业务量基础不同而不具有可比性，使预算失去了客观性，从而不利于对经济活动进行控制与考核。固定预算法适用于业务量比较稳定的企业，以及企业中某些相对固定的成本费用支出。

(二)弹性预算法

弹性预算法，亦称动态预算法，是指在成本性态分析的基础上，依据业务量、成本、利润间的联动关系，按照预算期内可能的一系列业务量（如产量、销量、生产工时、机器工时等）水平编制预算的方法。该方法是针对固定预算法的缺陷而设计的。弹性预算法的重点在于业务量与业务范围的确定。其中业务量的选择通常包括产量、销量、直接人工工时、机器工时、材料消耗量或直接人工工资等；业务量范围即弹性预算所使用的业务量区间，一般根据企业的实际情况而定，如选择企业正常生产能力的 70%～110%，或选取历史上最高业务量水平和最低业务量水平为其上下限。

弹性预算的具体编制方法有列表法和回归分析法两种。

1.列表法

列表法也称多水平法，是在确定业务量范围内按照一定的业务量标准，将其划分为若干不同的水平，然后分别计算各项预算数额，最后汇总列入一个预算表格中的方法。应用列表法时，业务量的间隔应根据实际情况确定。间隔越大，水平级别就越少，可简化预算编制工作，但间隔太大就会丧失弹性预算法的优势；间隔越小，用来控制成本费用的标准就较为准确，但又会增加预算编制的工作量。一般情况下，业务量的间隔以 5%～10% 为宜。

例如：ABC 公司 2016 年预计 B 产品销量为 500～600 吨，单价为 1 万元/吨，平均可变成本为 0.6 万元/吨，固定成本为 100 万元。采用列表法，按 5% 的间隔编制收入、费用和利润预算表，如表 7-21 所示。

表 7-21　收入、费用和利润预算

项目	单位	方案 1	方案 2	方案 3	方案 4	方案 5
销售量	吨	500	525	550	575	600
销售收入	万元	500	525	550	575	600

续表

项目	单位	方案1	方案2	方案3	方案4	方案5
变动成本	万元	300	315	330	345	360
边际贡献	万元	200	210	220	230	240
固定成本	万元	100	100	100	100	100
利润	万元	100	110	120	130	140

2. 回归分析法

回归分析法也称公式法,是利用系列历史数据求得某项预算变量与业务量之间的函数关系的方法。通常假设预算变量与业务量之间存在线性关系,使用直线方程 $y=a+bx$,根据历史资料和回归分析的最小二乘法求出直线方程的系数 a 和 b,然后将业务量的预测数值代入方程,求得预算变量的预测数值。回归分析法的优点在于便于计算任何业务量所对应的预算变量。但是任何事物都有一个从量变到质变的过程,当业务量变化到一定限度时,代表固定成本的 a 和代表单位变动成本的 b 就会发生变化。从统计学和计量经济学的角度看,a 与 b 两个系数的确定取决于很多数学假设和统计假设,尤其在预售期业务量偏离历史业务量均值较大时,y 的预测将极不准确。

例如:ABC公司2011年至2016年的销售量与管理费用的历史资料如表7-22所示,假定2017年预计销售量为1 500万件,预测2017年的管理费用。

表7-22 6年销售量与管理费用资料

年度	销售量 x/万件	管理费用 y/万元
2011	1 200	1 000
2012	1 100	950
2013	1 000	900
2014	1 200	1 000
2015	1 300	1 050
2016	1 400	1 100

$$\sum_{t=1}^{n} y_t = na + b\sum_{t=1}^{n} x_t$$

$$\sum_{t=1}^{n} x_t y_t = a\sum_{t=1}^{n} x_t + b\sum_{t=1}^{n} x_t^2$$

利用克莱姆法则可以计算 a 与 b:

$$a = \frac{\sum_{t=1}^{n} x_t^2 \sum_{t=1}^{n} y_t - \sum_{t=1}^{n} x_t \sum_{t=1}^{n} x_t y_t}{n\sum_{t=1}^{n} x_t^2 - (\sum_{t=1}^{n} x_t)^2}$$

$$b = \frac{n\sum_{t=1}^{n} x_t y_t - \sum_{t=1}^{n} x_t \sum_{t=1}^{n} y_t}{n\sum_{t=1}^{n} x_t^2 - (\sum_{t=1}^{n} x_t)^2}$$

根据上述资料,可以计算 a 与 b 的相关条件,如表 7-23 所示。

表 7-23 系数 a 与 b 的相关条件

年度	销售量 x/万件	管理费用 y/万元	xy	x^2
2011	1 200	1 000	1 200 000	1 440 000
2012	1 100	950	1 045 000	1 210 000
2013	1 000	900	900 000	1 000 000
2014	1 200	1 000	1 200 000	1 440 000
2015	1 300	1 050	1 365 000	1 690 000
2016	1 400	1 100	1 540 000	1 960 000
合计	7 200	6 000	7 250 000	8 740 000

代入公式之中,可得 $a=400$,$b=0.5$,2017 年的管理费用 $y=(400+1\,500\times0.5)$ 万元 $=1\,150$ 万元。

弹性预算法的优点是,提供了与预算期内和一定相关范围内可预见的多种业务量水平相对应的不同预算额,扩大了预算的适用范围,在预算期实际业务量与预计业务量不一致的情况下,可以将实际指标与实际业务量相应的预算额进行对比,使企业对预算执行的评价与考核的基础更加客观,从而更好地发挥预算的控制作用;弹性预算法的缺点是,工作量大,其灵活性如果掌握不好,会使预算控制作用的有效性大大降低。弹性预算法适用于经营活动变动比较大的企业,在经营活动中的某些变动性成本费用和企业利润预算。

(三)增量预算法

增量预算法亦称调整预算法,是在基期预算项目水平的基础上,充分考虑预算期内各种因素的变动,结合预算期业务量水平及有关降低成本的措施,通过调整有关原有预算项目而编制预算的方法。增量预算法的显著特点是,从基期实际水平出发,对预算期内业务活动预测一个变动量,然后按比率测算收入和支出指标。也就是说,根据业务活动的增减,对基期预算的实际发生额进行增减调整,确定预算期的收支预算指标。增量预算法有三个假定前提:一是基期的各项业务活动都是企业所必需的;二是基期的各项成本费用支出都是合理的、必需的;三是预算期内根据业务量变动增加或减少预算指标是合理的。

例如:ABC 公司 2017 年营业收入预算为 500 万元,比 2016 年增长 10%,采用增量预算法编制 2017 年的销售费用预算。销售费用中的折旧费用、销售管理人员工资等项目一般为固定费用,不会因产品销售收入的增减而发生变化,因此只对变动费用项目按增量预算法预算,相应地增加预算数额。预算编制的基本程序如下:

第一,分析成本习性,区分固定成本与可变成本。

第二,固定成本采用固定预算法确定预算指标,变动成本采用增量预算法。

第三,汇总明细费用指标,确定销售费用总额。

采用增量预算法编制的销售费用预算如表 7-24 所示。

表 7-24　ABC 公司的销售费用增量预算

	明细项目	2016 年实际发生额/万元	2017 年增减比率/(%)	增减额/万元	2017 年预算指标/万元
一	固定费用小计	15			15
1	管理人员工资	3			3
2	租赁费	7			7
3	折旧费	3			3
4	其他	2			2
二	变动费用小计	50	10	5	55
1	销售人员工资	10	10	1	11
2	运输费	10	10	1	11
3	差旅费、会务费	5	10	0.5	5.5
4	广告宣传费	15	10	1.5	16.5
5	业务招待费	5	10	0.5	5.5
6	其他	5	10	0.5	5.5
三	合计	65		5	70

增量预算法的优点是，编制方法简单，容易操作，便于理解，同时由于考虑了上年度预算的实际情况，所编制出的收支预算，容易得到公司各层级的理解与认同；缺点是，由于假定上年度的经济活动在新的预算期内仍然会发生，而且过去发生数额是合理的、必需的，该预算法就有可能保护落后，使得一些不合理的开支合理化，同时出现"年初抢指标、年末抢花钱"的"两抢预算"，不合理因素因而得到长期沿袭，这在制度经济学中称为"路径依赖"。该方法主要适用于以前年度预算基本合理的企业和项目。从中国目前的整体发展情况来看，在销售收入的预算中更适合使用增量预算法。

（四）零基预算法

零基预算法，是指在预算编制时，不受过去实际情况的约束，不以已有预算、上期实际发生项目及发生额为基础，而从实际需要和可能出发，逐项审议预算期内各项费用，在成本-效益分析基础上，编制当期预算的方法。预算编制前须明确 4 个问题：一是业务活动的目标是什么？二是能从此项活动中获得什么效益？此项活动为什么是必要的？不开展行不行？三是可选择的方案有哪些？目前方案是不是最好的？四是各项业务次序如何排列？从实现目标的角度看，需要多少资金？

零基预算的编制总共有 4 个步骤：

(1)提出预算目标。在正式编制预算之前，应根据企业的战略规划与经营目标，综合考虑各种资源条件，提出预算构想和预算目标，规范各预算部门的预算行为。

(2)确定部门预算目标。企业内部各有关单位根据企业的总体目标和本部门的具体目标，以零为基础，提出本部门在预算期内为完成预算目标需要发生哪些费用开支项目，并对每一费用项目详细说明开支的性质、用途、必要性及开支的具体数额。

(3) 成本-效益分析。公司预算管理部门对各部门提报的预算项目进行成本-效益分析,将其投入和产出进行对比,根据轻重缓急将费用项目归纳为"确保开支项目"和"可适当增减项目",前者一般为约束性费用,后者一般为酌量性开支项目。

(4) 分配资金,落实与编制预算。根据预算项目的排列顺序,对预算期内可动用的资金进行合理安排,首先满足确保开支项目,剩余的资金再按成本-效益率或缓急程度进行分配,做到保证重点、兼顾一般。

例如:ABC 公司拟采用零基预算法,编制 2017 年度管理费用预算,根据公司经营目标和总体预算安排,2017 年度管理费用方面的资金支出总额为 60 万元。公司管理部门编制的管理费用预案如表 7-25 所示。

表 7-25 管理部门管理费用预案

	项目	支出金额/万元
1	工资	20
2	办公费	8
3	差旅费	10
4	技术开发费	5
5	培训费	15
6	保险费	3
7	业务招待费	7
8	税费	2
	合计	70

由于费用预案超过公司的要求,管理部门经过对各项费用的分析研究,将 8 类费用项目区分为约束性费用和酌量性开支的费用,认为工资、差旅费、技术开发费、保险费、税费为约束性费用,应首先满足;而办公费、培训费、业务招待费为酌量性开支项目,这三者的重要程度通过成本-效益分析来确定,如表 7-26 所示。

表 7-26 成本-效益分析

项目	前三年平均发生额/万元	各期平均收益额/万元	收益率/(%)	重要性程度
办公费	7	35	5	0.357
培训费	12	72	6	0.429
业务招待费	6	18	3	0.214
合计	25	125	14	1

首先满足约束性费用的资金需求,总额为(20+10+5+3+2)万元=40 万元。然后将剩余资金 20 万元按照成本-效益分析确定的重要性程度在剩下的三种酌量性费用项目中分配:办公费分配资金数=20×0.357 万元=7.14 万元,培训费分配资金数=20×0.429 万元=8.58 万元,业务招待费分配资金数=20×0.214 万元=4.28 万元。最后编制 2017 年管理费用资金支出预算表,如表 7-27 所示。

表 7-27　管理费用资金预算

	项目	支出金额/万元
一	约束性费用支出	40
1	工资	20
2	差旅费	10
3	税费	2
4	技术开发费	5
5	保险费	3
二	酌量性费用支出	20
6	办公费	7.14
7	培训费	8.58
8	业务招待费	4.28
三	合计	60

零基预算法的优点是以零为起点,不受过去的限制,不受现行预算的约束,单独考虑预算期业务需要来确定各项费用。预算细致、具体,将有限的资金按照功能、重要性等相关因素进行合理、有效的资源配置,有利于合理使用资金,提高资金使用效率。缺点是,由于一切以零为起点,需要对历史资料、现有情况和投入产出进行分析,预算编制工作相对繁重,需要花费大量的人、财、物和时间,预算成本较高,编制时间较长。该方法主要适用于销售费用、管理费用等间接费用的预算,包括各职能部门的费用预算和行政事业单位的费用预算。

(五)定期预算法

定期预算是以一个会计年度、季度或月度作为预算编制的时期,如固定预算法、弹性预算法、增量预算法、零基预算法,它们的预算期与会计期一致,便于实际数与预算数的相互比较,有利于对预算执行情况和执行结果进行分析和评价。但缺点是,定期预算编制时间始于预算年度前三个月左右,此时预算编制部门对预算期内企业的一些经营活动情况并不是十分了解,从而无法做到准确预算,尤其是预算后半期的预算数据较为粗略,使得在预算执行中可能遇到较多的困难和障碍;未来情况可能有较大变化,定期预算不能及时根据变化了的情况进行适时的调整;预算时期是固定的,随着预算的执行,预算期会越来越短,使得管理人员只考虑较短的预算期间的经营活动,尤其是预算后期常常引发"突击花钱"等短期行为;市场经济体制下,很多企业靠客户的产品订单组织生产,而订单产品生产时段可能很短,甚至只有一两周,此种情况下,按月按年编制预算不仅难度大,而且编制的预算可能是"闭门造车",缺乏可执行性。

(六)滚动预算法

滚动预算法是指随着时间的推移与预算的执行,其预算时间不断延伸,预算内容不断补充,整个预算处于永续滚动状态的一种预算方法。滚动预算法按照"近细远粗"的原则,采用了长计划、短安排方法,即在基期编制年度预算时,先将第一季度按月划分,建立各月份的明细预算数字,以方便执行与控制,至于其他三个季度的预算则可"粗"一些,只列各季度的总数;等到第一季度临近结束时,再将第二季度的预算按月细分,第三、第四季度以及新增列的下一年度的第一季度预算,则只需列出各季度的预算总数,以此类推,使预算不断滚动下去。

理论上的滚动预算要保持 12 个月的固定预算期,进而引发了月月编制预算的尴尬,但是定期预算的确会出现由于客观情况发生重大变化,需要调整预算的情况。因此现实中的滚动预算经常作为预算调整的一种方式,其调整的不是未来的 12 个月,而是本年度剩余的月份。

学习情境 8

企业财务控制

CAIWU GUANLI SHIWU

学习情境描述

俗语讲"一个和尚挑水吃,两个和尚抬水吃,三个和尚没水吃",为什么三个和尚没水吃呢?因为没有明确的责任,或者没有建立明确的责任机制。企业是一个有组织的较为复杂的系统,要保证企业活动有序进行,必须要建立责任系统,划分责任单位,建立责任中心,明确责任中心的职责与权利,并对每个责任中心进行考核。如果你是某个企业的会计主管,如何划分责任中心?如何运用责任中心实施财务控制?在财务活动的进行过程中如果发现偏差,应如何进行纠正?

学习目标

（1）通过学习情境,了解财务控制的含义、方法。
（2）了解责任中心的含义和类型。
（3）理解内部转移价格的含义,熟悉内部转移价格的制定要求和形式。
（4）通过理解责任中心的含义和类型,能正确划分企业的各个责任中心,并能列举每个责任中心的职能权限。
（5）能运用协商转移定价法,制定公司内部转移价格。
（6）能对成本中心采用标准成本法计算相关差异并进行分析,实施财务控制。

任务书

A公司2019年的经营结束了,为更好地控制生产成本,我们将采用标准成本法对2019年的生产成本进行分析,及时发现偏差并做好差异分析,以期达到财务控制的目标;2020年的经营即将开始,需要划分好企业内部各责任中心,完成财务预算编制;最后,为了有效地防止成本转移引起的责任中心之间的责任转嫁,使每个责任中心的利益与企业整体利益保持一致,我们还需要制定出合理的内部转移价格。

任务分组

学生任务分配表如表8-1所示。

表8-1 学生任务分配表

班级		组名		指导老师	
	姓名		学号	姓名	学号
组长					
组员					

续表

班级		组名		指导老师	

任务分工：

小提示：

①组队规则：3~5 名同学自由组队，选取一名同学做组长，组长负责分配工作，安排工作进度，组织课外讨论，最后做案例呈现，可以得到额外加分。组员需听从组长的安排，大家齐心协力，以小组名义奋斗。

②团队合作是考核评价的重要内容。

获取信息

(1) 公司基本资料。

公司的主营业务为中药养生茶的研发、生产与销售。该产品深受广大消费者的喜爱。

(2) 公司的组织结构如图 8-1 所示。

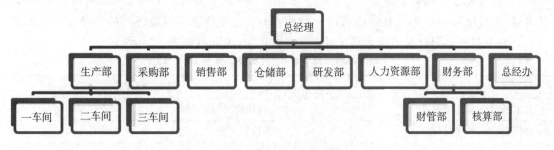

图 8-1　A 公司的组织结构

(3) 公司的标准成本和实际成本数据如表 8-2 所示。

表 8-2　A 公司标准成本与实际成本

产品	项目	标准耗量/ 标准工时	标准价格/ 标准分配率	实际耗量/ 实际工时	实际价格/ 实际分配率
三七养心茶	三七粉	217 350	596.79	220 972.50	605.61
三七养心茶	艾叶	72 450	28.96	72 450.00	30.01
三七养心茶	甘草	72 450	48.14	72 450.00	50.00
三七养心茶	炮干姜	72 450	78.45	72 450.00	81.98

续表

产品	项目	标准耗量/标准工时	标准价格/标准分配率	实际耗量/实际工时	实际价格/实际分配率
三七养心茶	直接人工	7 245	223.33	7 245.00	262.10
三七养心茶	变动制造费用	7 245	130	7 245.00	130.00
三七养心茶	固定制造费用	7 245	219.54	7 245.00	184.17
三七补血茶	三七粉	43 965	596.79	50 120.10	605.61
三七补血茶	黄芪	43 965	9.49	43 965.00	10.00
三七补血茶	当归	43 965	8.48	43 965.00	10.00
三七补血茶	直接人工	5 275.8	223.33	7 913.70	262.10
三七补血茶	变动制造费用	5 275.8	120	7 913.70	135.00
三七补血茶	固定制造费用	5 275.8	154.96	7 913.70	146.73
三七调经茶	三七粉	116 495	596.79	118 824.90	605.61
三七调经茶	黄芪	116 495	9.49	116 495.00	10.00
三七调经茶	红花	116 495	29.47	116 495.00	31.94
三七调经茶	牡丹皮	116 495	19.25	116 495.00	20.01
三七调经茶	直接人工	6 989.7	223.33	8 154.65	262.10
三七调经茶	变动制造费用	6 989.7	100	8 154.65	100.00
三七调经茶	固定制造费用	6 989.7	135.34	8 154.65	116.44

（4）假设三七补血茶车间和三七调经茶车间均为利润中心。三七补血茶既可以直接在市场上出售，也可以作为生产三七调经茶的一种配料；三七调经茶作为最终产品向外部市场销售。三七补血茶和三七调经茶的投入产出比例为1∶1。有关资料如表8-3所示。

表 8-3 相关收入、成本及利润资料

三七补血茶		三七调经茶	
市场价格/(元/箱)	200	市场价格/(元/箱)	400
单位变动成本/(元/箱)	160	单位加工费/(元/箱)	164
		单位销售费/(元/箱)	52
		预计销售量/箱	1 000

情况一：三七补血茶车间的最大产能为1 000箱，全部可以在外部市场上找到销路，且该生产车间没有剩余生产能力。三七调经茶生产车间要求按三七补血茶车间的单位变动成本作为内部转移价格，即按160元/箱的价格，全部销售给三七调经茶车间，否则将不予购买。

情况二：三七补血茶车间的最大产能为1 000箱，全部可以在外部市场上找到销路，且该生产车间没有剩余生产能力。三七补血茶生产车间要求按三七补血茶的外销单价作为内部转移价格，即按200元/箱的价格，全部销售给三七调经茶生产车间，否则不予销售。

工作计划

引导问题 1 根据 A 公司的组织结构图,结合学习情境的相关知识,分析判断 A 公司各个部门分别属于哪种责任中心,并说出理由。

_____
_____
_____
_____
_____
_____
_____
_____
_____
_____

小提示:
(1)先熟悉各责任中心的类型及特征。
(2)为了保证企业预算编制、执行、分析、控制和考核的完整性,我们需要根据各责任中心的特点,对 A 公司的组织部门进行责任中心的划分。在划分责任中心时,需说出划分的依据或理由。

引导问题 2 企业为了控制生产成本,需要分析直接材料差异的大小,以及直接材料引起差异的原因,即直接材料差异是耗量引起的还是材料价格引起的,从而深层次挖掘生产流程或供应商管理的问题,继而针对这些问题制订具体的解决方案。通过直接材料的标准成本和实际成本,采用标准成本法,计算分析直接材料的价格差异和数量差异,填制表 8-4。

表 8-4 直接材料差异分析

项目	数量差异/元	价格差异/元
三七粉		
艾叶		
甘草		
炮干姜		
黄芪		
当归		
红花		
牡丹皮		

小提示:
(1)查找标准成本与实际成本表 8-2 中各类产品直接材料标准耗量、标准价格、实际耗量和

实际价格。

(2)根据下列公式计算各类产品各种材料耗用的数量差异。

直接材料数量差异＝(实际耗量－标准耗量)×标准价格

(3)根据下列公式计算各类产品各种材料耗用的价格差异。

直接材料价格差异＝(实际价格－标准价格)×实际耗量

(4)汇总相同材料的数量差异。

(5)汇总相同材料的价格差异。

引导问题 3 企业为了更好地控制生产成本,需要分析直接人工差异的大小和原因,即直接人工差异是生产效率引起的还是车间工人工资引起的,从而深层次挖掘生产流程或人力资源管理的问题,继而针对这些问题制订具体的解决方案。通过直接人工的标准成本和实际成本,采用标准成本法,计算分析各类产品下直接人工的生产效率差异和工资率差异,填制表 8-5。

表 8-5 直接人工差异分析

项目	效率差异/元	工资率差异/元
三七养心茶		
三七补血茶		
三七调经茶		

小提示：

(1)查找标准成本与实际成本表 8-2 中各类产品直接人工的标准工时、标准工资率、实际工时和实际工资率。

(2)根据下列公式计算各类产品直接人工的效率差异。

直接人工效率差异＝(实际工时－标准工时)×标准工资率

(3)根据下列公式计算各类产品直接人工的工资率差异。

直接人工工资率差异＝(实际工资率－标准工资率)×实际工时

引导问题 4 企业为了控制生产成本,需要分析变动制造费用差异的大小和原因,即变动制造费用差异是生产效率引起的还是支出的费用引起的,从而深层次挖掘生产流程中的问题,继而针对这些问题制订具体的解决方案。通过变动制造费用的标准成本和实际成本,采用标准成本法,计算各类产品下变动制造费用的效率差异和耗费差异,填制表 8-6。

表 8-6 变动制造费用差异分析

项目	效率差异/元	耗费差异/元
三七养心茶		
三七补血茶		
三七调经茶		

小提示：

(1)查找标准成本与实际成本表 8-2 中各类产品变动制造费用的标准工时、标准分配率、实际工时和实际分配率。

(2)根据下列公式计算各类产品变动制造费用的效率差异。

变动制造费用效率差异＝(实际工时－标准工时)×标准费用分配率

(3) 根据下列公式计算各类产品变动制造费用的耗费差异。

变动制造费用耗费差异＝(实际费用分配率－标准费用分配率)×实际工时

引导问题 5 企业为了更好地控制生产成本，需要分析固定制造费用差异的大小和原因，即固定制造费用差异是产量没有达到预算产量而造成的差异还是预算的差异，从而深层次挖掘生产流程中的问题，继而针对这些问题制订具体的解决方案。通过固定制造费用的标准成本和实际成本，采用标准成本法，计算各类产品下固定制造费用的能量差异和耗费差异，填制表 8-7。

表 8-7 固定制造费用差异分析

项目	能量差异/元	耗费差异/元
三七养心茶		
三七补血茶		
三七调经茶		

小提示：

(1) 查找标准成本与实际成本表 8-2 中各类产品固定制造费用的标准工时、标准分配率、实际工时和实际分配率。

(2) 根据下列公式计算各类产品固定制造费用的能量差异。

固定制造费用能量差异＝(预算工时－标准工时)×标准费用分配率

(3) 根据下列公式计算各类产品固定制造费用的耗费差异。

固定制造费用耗费差异＝实际费用分配率×实际工时－标准费用分配率×预算工时

引导问题 6 根据 A 公司给出的资料(4)，分别计算情况一中两个生产车间的销售收入、变动成本和边际贡献，并进行如何确定内部转移价格的分析。

小提示：

(1) 可以从三七补血茶车间的角度，编制边际贡献比较表 8-8。

表 8-8 边际贡献比较

项目	三七补血茶车间全部销售 1 000 箱		三七调经茶车间对外销售（以 160 元进行采购）	以 160 元结算时的相关边际贡献总额
	以 160 元对内销售	以 200 元对外销售		
销售收入				
变动成本				
边际贡献				

三七调经茶车间的单位变动成本＝(160＋164＋52)元。

(2) 分析。

如果两个车间以三七补血茶车间的变动成本 160 元作为内部转移价格成交，三七补血茶车间的边际贡献会减少_____元，因此，三七补血茶车间应该会考虑以_____元的价格对外销售。

从整个企业的角度看，如果按 160 元的价格作为内部转移价格，一共可获得_____元的边际贡献，比三七补血茶车间直接对外销售减少_____元的边际贡献，因此，不宜采取 160 元的单位变动成本作为内部转移价格。

引导问题 7 根据 A 公司给出的资料(4)，分别计算情况二中两个生产车间的销售收入、变动成本和边际贡献,进行如何确定内部转移价格的分析。

小提示:

(1)可以从三七调经茶车间的角度,编制边际贡献比较表8-9。

表 8-9 边际贡献比较

项目	三七补血茶车间全部销售1 000箱(以200元销售)	三七调经茶车间对外销售		以200元结算时的相关边际贡献总额
		以200元采购	以160元采购	
销售收入				
变动成本				
边际贡献				

以160元采购的销售收入、变动成本和边际贡献计算结果,参照表8-8中的数据,以200元采购的单位变动成本=(200+164+52)元。

(2)分析。

如果两个车间以三七补血茶的对外销售价格200元/箱,作为内部转移价格成交的话,三七调经茶车间将会减少_____元的边际贡献,则三七调经茶车间不会考虑采用200元的转移价格从三七补血茶车间购买该产品,而是转向市场,寻求价格更低的原材料或是转产其他产品。但这并不妨碍三七补血茶车间按市场价格对外销售。

从企业整体利益来看,如果两个车间以三七补血茶的对外销售价格200元/箱,作为内部转移价格成交,企业虽然可以获得_____元的边际贡献,但还是不如三七补血茶车间直接按200元的售价对外出售全部产品获得的边际贡献_____元多。

综合以上两种情况的分析,可以得出以下结论:

在供应部门生产能力可以充分利用、市场销路不受限制的情况下,如果以市场价格为基础进行内部产品的转移,将不会对该部门的边际贡献产生影响,但会对需求部门的成本和边际贡献产生影响。

进行决策

引导问题8 根据表8-4至表8-7中计算的差异结果,将相关差异的数据填入表8-10中,并进行差异产生的原因分析。

表 8-10 差异分析

项目		差异数		原因
		数量/效率/能量	价格/工资率/耗费	
直接材料	三七粉			
	艾叶			
	甘草			
	炮干姜			

续表

项目		差异数		原因
		数量/效率/能量	价格/工资率/耗费	
直接材料	黄芪			
	当归			
	红花			
	牡丹皮			
三七养心茶	直接人工			
	变动制造费用			
	固定制造费用			
三七补血茶	直接人工			
	变动制造费用			
	固定制造费用			
三七调经茶	直接人工			
	变动制造费用			
	固定制造费用			

在预算的执行过程中,标准成本可能与实际成本不符,会产生不同的差异。为了消除这种偏差,我们要对产生的成本差异进行分析,找出责任单位及原因,提出对策,以便消除不利差异,保证预算目标的实现。

工作实施

(1)各组分别阅读、研究给出的财务信息表,即表8-2和表8-3。
(2)各组自行制订学习计划,分配学习任务,计算、填制表8-4至表8-10。
(3)各组统一划分A公司的责任中心,并说出各责任中心的特征;利用协商转移定价法,进行如何确定内部转移价格的分析,学习内部转移价格制定的方法。
(4)各组计算并编制成本中心的差异及分析表。
(5)各组对其他小组的内部转移价格分析、差异分析进行点评、提问,完成小组互评。
(6)每个同学完成自评。
(7)每个小组完成对本组成员的组内点评。
(8)教师结合大家的完成情况和现场表现进行点评,填写教师综合评价表。
(9)最后,教师运用加权平均方法,完成本学习情境最终的考评。

评价反馈

各组代表展示作品,介绍任务的完成过程。作品展示前应准备阐述材料,最好以PPT的形式进行呈现。每个学习情境的成绩评定将按学生自评、组内点评、小组互评、教师评价四个阶段进行,并按自评占10%、组内点评占20%、小组互评占20%、教师评价占50%计算每个学生的综合评价结果。

(1)学生进行自我评价,并将结果填入表 8-11 所示的学生自评表中。

表 8-11　学生自评表

班级		组名		姓名	
学习情境		企业财务控制			
评价项目		评价标准		分值	得分
责任中心的划分		能正确划分企业的责任中心并说出理由		10	
标准成本与实际成本的差异计算		能独立、正确计算各项差异指标		10	
标准成本与实际成本的差异分析		能说出差异产生的原因,并提出合理建议		10	
内部转移价格的制定		能运用协商转移定价法,分析确定责任中心之间合理的内部转移价格		15	
财务控制的方法		能列举出多种财务控制方法并进行简要说明		15	
工作态度		态度端正,无无故缺勤、迟到、早退		10	
工作质量		能按计划完成工作任务		10	
团队合作能力		与小组成员、同学之间能合作交流,共同完成工作任务		10	
创新意识		企业财务控制方法有创新之处		10	
		合计		100	

(2)学生以小组为单位,对组内各位成员的表现进行客观公正的评价。以 4 人小组为例,组长比重占 40%,其他两个组员各占 30%,总评分加权平均得出,并将点评结果填入表 8-12 所示的组内点评表。

表 8-12　组内点评表

班级		组名		姓名		
学习情境		企业财务控制				
评价项目	分值	组长点评（40%）	组员点评（30%）	组员点评（30%）	评分	
工作态度	20					
工作质量	10					
工作效率	10					
工作完整	15					
工作贡献	15					
团队合作	20					
是否有创新之处	10					
合计	100					

(3)学生以小组为单位,对财务控制的过程和结果进行互评,将互评的结果填入表 8-13 所示的小组互评表。每个组须经其他两个组点评,最终被评小组互评成绩采用两个小组的平均数。

表 8-13 小组互评表

班级		被评小组		
学习情境		企业财务控制		
评价项目	分值	得分		
		第1小组	第2小组	平均得分
计划合理	15			
组织有序	10			
团队合作	15			
工作质量	15			
工作效率	10			
工作完整	10			
工作规范	10			
成果展示	15			
合计	100			

(4)教师对学生工作过程与工作结果进行评价,并将评价结果填入表 8-14 所示的教师综合评价表。组内点评在 90 分以上的组长,在综合得分基础上乘 1.1 的系数;组内点评在 80~90 分的组长,在综合得分基础上乘 1.05 的系数;组内点评在 70~80 分的组长,在综合得分基础上乘 1.02 的系数。每个组的组长采用轮值制,保证每位学生都有当组长的机会。

表 8-14 教师综合评价表

班级		组名		姓名		
学习情境			企业财务控制			
评价项目		评价标准			分值	得分
考勤(10%)		无无故迟到、早退、旷课现象			10	
工作过程(60%)	责任中心的划分	能正确划分企业的责任中心并说出理由			5	
	标准成本与实际成本的差异计算	能独立、正确计算各项差异指标			5	
	标准成本与实际成本的差异分析	能说出差异产生的原因,并提出合理建议			10	
	内部转移价格的制定	能运用协商转移定价法,分析确定责任中心之间合理的内部转移价格			10	
	财务控制的方法	能举例说出多种财务控制方法并进行简要说明			15	
	工作态度	态度端正、工作认真、主动			5	
	团队合作精神	与小组成员、同学之间能合作交流,共同完成工作任务			5	
	创新意识	在工作中有创新之处			5	

续表

班级		组名		姓名		
学习情境			企业财务控制			
评价项目		评价标准			分值	得分
项目成果（30%）	工作完整	能按时完成工作任务			5	
	工作规范	能按照规范要求计算			5	
	计算成本差异	能正确计算直接材料、直接人工、变动和固定制造费用差异			10	
	成果展示	能准确表达、汇报成本差异产生的原因			10	
		合计			100	
综合评价	学生自评（10%）	组内点评（20%）	小组互评（20%）	教师评价（50%）	综合得分	

拓展思考题

（1）企业都应编制全面预算，在实行财务内部控制的企业还应编制责任预算，请问全面预算与责任预算存在什么样的关系？

（2）在企业内部按成本费用的归属部门建立成本中心，实施财务控制，对确立的成本中心运用成本变动额和变动率指标进行考核，请问考核的目的是什么？

学习情境相关知识点

一、认知财务控制

（一）财务控制的概念

财务控制作为现代企业管理水平的重要标志，它是运用特定的方法、措施和程序，通过规范化的控制手段对企业的财务活动进行控制和监督。它是财务管理的重要环节，并与财务预测、财务决策、财务分析一起构成财务管理系统；它是内部控制的一个重要组成部分，是内部控制的核心，是内部控制在资金和价值方面的体现。

企业为了有效地进行内部控制，会将整个企业逐级划分为若干个责任范围，在各个责任范围内，相关人员对其行为具有决策权，从而形成了若干个富有控制职权的责任中心。各个责任中心目标如果能顺利实现，也可以保证企业内部控制目标，尤其是财务控制目标的有效实现。

（二）财务控制的主要方法

1. 制度控制法

制度控制法指按照国家和企业制定的法令、条例、制度、办法等进行的控制，包括财产物资、现金收支的管理及清查盘点制度，岗位责任制，财务管理基本业务流程制度。制度控制通常规定只能做什么、不能做什么。制度控制通常具有防护性特征。

2. 定额控制法

定额控制法是指以定额为标准对经济活动或资金运动所进行的控制。符合定额的经济业务要给予支持,保证资金需要。超过定额的经济业务,要分析超过的原因再分别处理。一般地说,财务管理中的定额管理,本质上是对财务管理各方面的工作明确提出定量、定时的要求,建立各种各样有科学依据、切实可行的定额,并按照它们的内在联系组成一个定额体系。这个体系按内容分资金定额、成本费用定额、设备定额、物资定额;按性质分状态定额、消耗定额和效率定额。定额管理的实施要求企业做好两项基础性工作。一是计量与验收工作。计量与验收工作包括明确企业各种计量检测工具的配置、使用、管理、维修要求,规范企业商品、材料、物资的购进、入库、领用、转移、出库等各环节的管理工作。二是信息工作,包括建立健全原始记录和财务资料的编制、审核、传递、反馈、档案管理的责任制,财务管理要求信息工作全面、及时、准确。

3. 授权控制法

授权控制法是指在某项财务活动发生之前,按既定的程序对其正确性、合理性、合法性加以核准,并确定是否让其发生的控制。授权管理的原则是对授权范围内的行为给予充分信任,但对授权以外的行为不予认可。授权通常分为一般授权和特别授权。一般授权是指企业内较低层次的管理人员,根据既定的预算、计划、制度等标准,在其权限范围内对正常的经济行为进行的授权。例如因公出差,只要出差人员所在部门的负责人按照工作计划和制度授权即可。特别授权是指对非经常经济行为进行专门研究做出的授权。与一般授权不同,特别授权的对象是某些例外的经济业务。这些例外的经济业务往往是个别的、特殊的,一般没有既定的预算、计划等标准所依,需要根据具体情况进行具体的分析和研究。例如授权购买一项重要设备,授权降价出售商品等都是特别授权的事例。

4. 责任制度控制法

在现代企业组织形式下,科学的组织结构、合理分工管理的基础上,进而建立适当的责任制度是组织控制的一项重要内容。责任制度具有三大特点:职责和权利结合起来,工作任务和方法结合起来,纵向和横向工作结合起来。责任制度的具体形式主要有两种:部门责任制和岗位责任制。部门责任制是指按照企业各部门具备的职能来明确责任、考核责任的制度。实行部门责任制,首先要明确各个部门的工作内容、责任范围及部门之间的联系。其次要制定各个部门的工作标准,以及各部门之间的联系、协调制度,并经常检查执行情况,以使企业内部各部门既能各司其职,又能协调配合,从而有条不紊地完成各自的工作任务,实现企业的整体目标。岗位责任制是按照岗位明确责任、考核责任的制度。建立岗位责任制的目的是使企业内部各组织和人员都有明确而具体的职权范围和工作责任,以做到人人有专责、事事有人管、办事有标准、工作有检查。

5. 预算控制法

预算是一种控制机制,预算表现了执行主体的责任和奋斗目标,因而能约束预算执行主体的行为,最大限度地保证预算目标的实现。通过预算目标与实际业绩的比较,能使经理人员随时了解预算主体范围内的企业实际业绩的进展情况,通过分析目标与实际的差异揭示产生差异的原因,以便反映原始预算的现实性与可行性,并由此决定是否修改原始预算,以使目标变得科学合理。通过实际业绩与预算业绩的定期比较,可以最大限度地提高企业的经营效率。在集团内实施预算控制,更有利于落实责任,有利于企业的控制与经营。

以上5种财务控制方法,分别从企业制度的建立、成本管理、经济行为授权范围、责任中心及预算管理5个角度进行财务控制,我们重点学习责任制度控制法。

二、责任中心

(一)责任中心的定义

企业为了实行有效的内部控制,通常都要采用统一领导、分级管理的原则,在其内部合理地划分责任单位,承担经济责任并赋予相应的权限,促使下属单位各尽其责并协调配合。

责任中心是指承担一定的经济责任,并享有一定权利的企业内部责任单位。

(二)责任中心的类型

责任中心按其控制范围和责任范围的大小,一般可分为成本中心、利润中心和投资中心三类。

1. 成本中心

一个责任中心如果不形成或者不考核其收入,而只考核其所发生的成本或费用,则这类中心称为成本中心。凡是企业内部有可由其控制的成本发生的区域,均可以形成成本中心,所谓由其控制的成本是指它可以对成本的发生数额负责。成本中心的规模大小不一,各个较小的成本中心可以共同组成一个较大的成本中心,各个较大的成本中心又可以共同构成一个更大的成本中心,从而在企业内部形成一个逐级控制并层层负责的成本中心体系。例如企业基层的各个作业组、工段、班组可以分别形成成本中心,而这些成本中心又可以组成一个较大的成本中心,如车间或部门,由车间或部门这些较大的成本中心又可以形成更大的成本中心,如分厂、分公司。

2. 利润中心

利润中心是指除了能够控制成本以外,还能控制收入和利润的责任中心。也就是说这种责任中心既要对成本负责,又要对收入和利润负责。利润中心一般适用于企业中有独立收入来源的较高的责任单位,例如分公司、分厂等。利润中心生产的产品可以是物质产品,也可以是劳务。每一个利润中心都应该进行独立的会计核算,向上一级责任中心报送规定的收益报表资料。

利润中心分为自然利润中心和人为利润中心两种。自然利润中心是企业内部的一个责任中心,一般是一个独立核算的内部责任单位,可以直接在外界市场上销售产品或提供劳务,因而它能获得收入,为企业带来利润。但是在一个企业内部能够作为自然利润中心的责任中心,毕竟不会很多,因为大多数责任中心不可能直接对外开放销售产品或提供劳务,获取会计准则所认可的收入和利润。为了拓展利润中心的适用范围,企业还可以设置人为的利润中心。人为的利润中心只对本企业内部各责任中心按照内部转移价格提供产品或劳务,而不直接对外经营业务。例如一个企业开采铁矿,制成钢材,钢材加工,制成产品并对外销售商品,这个企业的各个生产阶段都能建立利润中心,当然这些利润中心是管理当局以内部转移价格作为"售价"人为"创造"出来的。由于将成本中心转化为利润中心来考核,往往能够加强管理人员的责任心,因此人为的利润中心越来越普遍。

3. 投资中心

投资中心是指除了能够控制成本、收入和利润以外,还能对投资的效果负责的责任中心。

由于投资的目的是获得利润,因而投资中心同时也是利润中心,但它又不同于利润中心,其主要区别有二。一是权力不同,利润中心没有投资决策权,它只能在项目投资形成生产能力后,进行具体的经营活动;而投资中心则不仅在产品生产和销售上享有决策权,而且对投放于经营项目上的机器设备、工艺技术、应收账款、存货以及开拓市场等活动上的资金量享有决策权。二是考核办法不同,考核利润中心业绩时只对其可控收入减可控成本后的边际利润进行考核,不联系投资多少或不进行投入产出的比较;而在考核投资中心业绩时,不仅要考核其利润,还必须考核其投资效果。

(三)责任中心的特征

(1)收入中心是对收入负责的责任中心,其特点是所承担的经济责任只有收入,不对成本负责。因此,对收入中心只考核其收入实现情况。此类责任中心一般是创造收入的部门。

(2)成本费用中心包括技术性成本中心和酌量性成本中心。技术性成本是指发生的数额通过技术分析可以相对可靠地估算出来的成本,如产品生产过程中发生的直接材料、直接人工、间接制造费用等。技术性成本在投入量与产出量之间存在密切联系,可以通过弹性预算予以控制。酌量性成本是否发生以及发生数额的多少是由管理人员的决策所决定的,主要包括各种管理费用和某些间接成本费用,如研究开发费用、广告宣传费、职工培训费等。酌量性成本在投入量与产出量之间没有直接关系,其控制应着重于预算总额的审批上。

成本费用中心具有只考虑成本费用、只对可控成本承担责任、只对责任成本进行考核控制的特点。其中可控成本具备三个条件,即可以预计、可以计量和可以控制。

(3)利润中心的类型包括自然利润中心和人为利润中心两种。自然利润中心具有全面的产品销售权、价格制定权、材料采购权及生产决策权。人为利润中心也有部分的经营权,能自主决定本利润中心的产品品种(含劳务)、产品产量、作业方法、人员调配、资金使用等。

利润中心是指既对成本负责,又对收入和利润负责的责任中心。一般来说,只要能够制定出合理的内部转移价格,就可以将企业大多数生产半成品或提供劳务的成本中心改造成人为利润中心。

(4)投资中心是指既对成本、收入和利润负责,又对投资效果负责的责任中心。投资中心是最高层次的责任中心,它拥有最大的决策权,也承担最大的责任。投资中心必然是利润中心,但利润中心并不是投资中心。利润中心没有投资决策权,而且在考核利润时也不考虑所占用的资产。

三、内部转移价格

内部转移价格可以合理界定各责任中心的经济责任,有效测定各责任中心的资金流量,科学考核各责任中心的经营业绩,因此合理制定公司内部转移价格,是加强企业内部各利润中心之间的经济联系和内部控制的一种手段。

(一)内部转移价格制定的要求

内部转移价格就是指企业内各部门之间由于相互提供产品、半成品或劳务而引起的相互结算、相互转账所需要的一种计价标准。企业在制定内部转移价格时,应注意以下几点要求。

1.目标一致性

采用内部转移价格的各部门同属一个企业,总的利益是一致的。制定内部转移价格,只是为了分清各部门的责任,有效地考核评价各部门的业绩,根本目的仍是为了企业的整体利益。各部门经理都应选择能使公司总体利润最大的行动取向。制定内部转移价格的目标,就是通过建立有效的激励机制,使自主的部门经理做出有利于组织整体目标的决策。

2. 准确的业绩评价

没有任何一个部门经理可以以牺牲其他部门的利益为代价而获利,内部转移价格的制定应避免主观随意性,客观公正地反映各部门的业绩,进行准确的考核和相应的激励,来调动各部门的工作积极性,促使各部门服从整体利益,并以最大努力来完成目标。

3. 保持各部门的自主性

高层管理者不应干预各个部门经理的决策自由,在整体利益最大化的前提下,各部门有一定的做出决策的自主权,公司高层直接干涉分部制定具体的转移价格并不可取,但是由高层制定一些通用的指导方法是适宜的。

(二)内部转移价格的形式

目前制定内部转移价格的方法,根据不同的计价基础,大致可以分为三大类。

1. 以市场为基础的转让定价

在存在完全竞争的市场条件下,一般采用市场价格。采用市场价格法可以解决各部门间可能产生的冲突,生产部门有权选择其产品是内部转移还是卖给外部市场,而采购部门也有权自主决定。如果与市场价格偏离,将会使整个公司的利润下降。市场价格比较客观,能够体现责任会计的基本要求,但市场价格容易波动,在我国现阶段信息处理能力较低,市场价格的准确性与可靠性受影响,甚至有些产品无市场价格作为参考,市场价格作为内部转移价格有很大的限制。

2. 以成本为基础的转让定价

它包括完全成本法、成本加成法、变动成本加固定费用等方法。这里的成本不是采取公司的实际成本,而是标准成本,以避免把转出部门经营管理中的低效率和浪费转嫁给转入部门。这种方法应用简单,以现成的数据为基础,但标准成本的制定会有偏差,不能促进企业控制生产成本,容易忽视竞争性的供需关系。

3. 协商价格

还有一类介于市场定价和成本定价之间,即协商价格。协商价格是以外部市场价格为起点,参考独立企业之间或企业与无关联的第三方之间发生类似交易时的价格,共同协商确定一个双方都愿意接受的价格作为内部转移价格。协商价格,在各责任中心独立自主制定价格的基础上,充分考虑了企业的整体利益和供需双方的利益。这种方法运用恰当,将会发挥很大的作用。但在实际操作中,由于存在质量、数量、商标、品牌,甚至市场的经济水平的差别,与市场价格直接对比很困难。

学习情境9
企业财务分析

CAIWU GUANLI SHIWU

学习情境描述

假设你是新上任的锦绣公司财务总监(CFO),总经理给你一份经处理的 2018—2020 年公司三张基本财务报表、部分公司其他资料和可比公司康盛公司的历年部分财务指标,请你尽快分析出结果,写出一份有针对性的财务分析报告。

学习目标

(1)通过学习情境,了解财务分析的含义、目的和基本程序。
(2)理解财务分析各项指标的含义和内容。
(3)掌握财务指标计算与分析方法以及杜邦分析体系的应用。
(4)能够熟练运用因素分析法,从数量上确定各因素对指标的影响程度。
(5)能够根据企业的财务报表资料,分析与评价企业的各项能力。
(6)能对企业综合财务状况进行财务分析与评价。

任务书

你接到了上任以来的第一个工作任务:根据总经理给你的一份 2018—2020 年的经处理的公司三张基本财务报表、部分公司其他资料和可比公司康盛公司的历年部分财务指标,分析评价公司近年的偿债能力、营运能力、获利能力、发展能力,最后运用因素分析法分析 2020 年公司净资产收益率与康盛公司存在差距的原因,找出公司财务管理中存在的问题并提出改善财务状况的具体方案和建议,最终形成一份财务分析报告。

任务分组

学生任务分配表如表 9-1 所示。

表 9-1 学生任务分配表

班级		组名		指导老师	
	姓名		学号	姓名	学号
组长					
组员					

任务分工:

小提示:

①组队规则:3~5 名同学自由组队,选取一名同学做组长,组长负责分配工作,安排工作进度,组织课外讨论,最后做案例呈现,可以得到额外加分。组员需听从组长的安排,大家齐心协力,以小组名义奋斗。

②团队合作是考核评价的重要内容。

(1)公司基本资料。

公司的主营业务为现代中药及中药饮片的研发、生产与销售,辅之医疗器械、保健用品、软饮料、少量西药产品及医药流通等业务,于 2015 年在创业板上市。

(2)公司处理后的资产负债表、利润表及现金流量表如表 9-2 至表 9-4 所示。

表 9-2 锦绣公司资产负债表

单位:元

项目	2020-12-31	2019-12-31	2018-12-31
流动资产:			
货币资金	650 107 000	1 413 791 000	835 787 000
以公允价值计量且其变动计入当期损益的金融资产	23 337 000		26 364 000
应收票据	62 902 000	74 838 000	83 374 000
应收账款	835 703 000	808 223 000	795 181 000
预付款项	58 277 000	808 223 000	71 104 000
其他应付款	1 138 460 000	630 545 000	273 180 000
存货	590 062 000	504 547 000	503 133 000
一年内到期的非流动资产	10 844 000		
其他流动资产	548 892 000	632 213 000	392 688 000
流动资产合计	3 918 584 000	4 872 380 000	2 980 811 000
非流动资产:			
可供出售金融资产	360 994 000	319 650 000	268 650 000
持有至到期投资		10 044 000	
长期股权投资	5 200 000	5 197 000	960 000
固定资产	1 855 003 000	1 539 687 000	1 544 434 000
在建工程	827 985 000	858 971 000	1 321 174 000
生产性生物资产	429 000	1 212 000	452 000
无形资产	687 218 000	380 629 000	265 909 000
开发支出	91 133 000	179 192 000	135 258 000

续表

项目	2020-12-31	2019-12-31	2018-12-31
商誉	644 667 000	646 661 000	634 536 000
长期待摊费用	15 558 000	14 959 000	15 257 000
递延所得税资产	31 449 000	27 005 000	18 346 000
其他非流动资产	187 389 000	385 100 000	802 942 000
非流动资产合计	4 707 025 000	4 368 307 000	5 007 918 000
资产总计	8 625 609 000	9 240 687 000	7 988 729 000
流动负债：			
短期借款	1 463 100 000	1 649 381 000	1 095 000 000
应付票据	20 052 000	53 217 000	101 110 000
应付账款	431 384 000	407 839 000	416 494 000
预收账款	63 239 000	79 988 000	36 786 000
应付职工薪酬	25 359 000	19 607 000	15 526 000
应交税费	23 267 000	36 216 000	31 922 000
其他应付款	343 136 000	240 599 000	355 518 000
一年内到期的非流动负债	852 900 000		500 055 000
其他流动负债		748 619 000	848 729 000
流动负债合计	3 222 437 000	3 235 466 000	3 401 140 000
非流动负债：			
长期借款	212 200 000	926 000 000	754 000 000
应付债券	1 096 219 000	895 696 000	
长期应付款	9 407 000	235 750 000	200 000 000
递延收益	58 557 000	64 043 000	49 234 000
递延所得税负债	14 521 000		
非流动负债合计	1 390 904 000	2 121 489 000	1 003 234 000
负债合计	4 613 341 000	5 356 955 000	4 404 374 000
所有者权益：			
股本	661 476 000	661 476 000	661 476 000
资本公积	2 134 326 000	2 134 326 000	2 134 326 000
减：库存股	71 886 000		
其他综合收益	3 256 000	−719 000	−65 000
盈余公积	174 675 000	150 827 000	139 206 000
未分配利润	1 110 421 000	937 822 000	649 412 000

续表

项目	2020-12-31	2019-12-31	2018-12-31
所有者权益合计	4 012 268 000	3 883 732 000	3 584 355 000
负债和所有者权益总计	8 625 609 000	9 240 687 000	7 988 729 000

表 9-3 锦绣公司利润表

单位：元

项目	2020 年度	2019 年度	2018 年度
一、营业收入	2 504 252 000	2 187 317 000	1 862 088 000
减：营业成本	1 591 112 000	1 542 067 000	1 274 021 000
税金及附加	18 637 000	19 104 000	15 928 000
销售费用	373 306 000	308 114 000	251 072 000
管理费用	224 310 000	218 247 000	187 053 000
研发费用	38 671 000		
财务费用	157 816 000	123 039 000	60 536 000
资产减值损失	60 727 000	59 002 000	21 358 000
加：其他收益	35 410 000		
公允价值变动损益	−5 543 000		3 489 000
投资收益	56 805 000	171 805 000	3 601 000
资产处置损益	−320 000		
二、营业利润	126 025 000	89 549 000	59 210 000
加：营业外收入	1 766 000	37 975 000	59 407 000
减：营业外支出	15 789 000	1 625 000	4 018 000
三、利润总额	112 002 000	125 899 000	114 599 000
减：所得税费用	24 033 000	13 774 000	16 962 000
四、净利润	87 969 000	112 125 000	97 637 000

表 9-4 锦绣公司现金流量表

单位：元

项目	2020 年度	2019 年度	2018 年度
一、经营活动产生的现金流量			
销售商品、提供劳务收到的现金	2 371 673 000	2 315 776 000	2 172 670 000
收到的税费返还	10 350 000	8 685 000	5 646 000
收到的其他与经营活动有关的现金	143 891 000	345 214 000	305 023 000
经营活动现金流入小计	2 525 914 000	2 669 675 000	2 483 339 000
购买商品、接受劳务支付的现金	1 608 868 000	1 724 622 000	1 351 304 000
支付给职工及为职工支付的现金	294 183 000	260 349 000	212 332 000

续表

项目	2020 年度	2019 年度	2018 年度
支付的各项税费	115 769 000	124 577 000	141 407 000
支付的其他与经营活动有关的现金	415 855 000	450 595 000	579 813 000
经营活动现金流出小计	2 434 675 000	2 560 143 000	2 284 856 000
经营活动产生的现金流量净额	91 239 000	109 532 000	198 483 000
二、投资活动产生的现金流量			
收回投资收到的现金	19 150 000	27 284 000	17 000 000
取得投资收益收到的现金	76 919 000	2 274 000	4 148 000
处置固定资产、无形资产和其他长期资产收回的现金净额	1 134 000 000	485 624 000	
收到的其他与投资活动有关的现金	478 680 000	687 114 000	1 044 549 000
投资活动现金流入小计	1 708 749 000	1 202 296 000	1 065 697 000
购建固定资产、无形资产和其他长期资产支付的现金	495 464 000	777 865 000	1 966 047 000
投资支付的现金	22 241 000	91 565 000	183 000 000
取得子公司及其他营业单位支付的现金	35 750 000	141 826 000	104 355 000
支付的其他与投资活动有关的现金	1 008 779 000	884 690 000	1 387 000 000
投资活动现金流出小计	1 562 235 000	1 895 946 000	3 640 402 000
投资活动产生的现金流量净额	146 515 000	−693 650 000	−2 574 705 000
三、筹资活动产生的现金流量			
吸收投资收到的现金	0	1 000 000	32 095 000
取得借款收到的现金	1 642 870 000	2 147 661 000	2 121 000 000
发行债券收到的现金	199 000 000	2 391 075 000	747 600 000
收到的其他与筹资活动有关的现金	145 689 000	93 380 000	2 935 000
筹资活动现金流入小计	1 987 559 000	4 633 116 000	2 903 630 000
偿还债务支付的现金	2 370 051 000	3 421 335 000	523 940 000
分配股利、利润或偿付利息支付的现金	207 381 000	172 230 000	157 262 000
支付的其他与筹资活动相关的现金	167 609 000	76 136 000	1 333 000
筹资活动现金流出小计	2 745 041 000	3 669 701 000	682 535 000
筹资活动产生的现金流量净额	−757 482 000	963 415 000	2 221 095 000
四、汇率变动对现金及现金等价物的影响	706 000	−1 898 000	1 945 000
五、现金及现金等价物净增加额	−519 022 000	377 399 000	−153 182 000
加:期初现金及现金等价物余额	854 509 000	477 110 000	630 292 000
六、期末现金及现金等价物余额	335 487 000	854 509 000	477 110 000

财务报表特别说明：

①本学习情境没有考虑合并报表的问题，股东权益及净利润不存在区分归属于母公司或归属于少数股东的情况。如果是在合并财务报表中计算有关财务比率，涉及股东权益和净利润时则要注意区分和匹配。

②《企业会计准则第 30 号——财务报表列报》规定，财务报表由资产负债表、利润表、现金流量表、所有者权益变动表及报表附注构成。但由于基本财务分析中对所有者权益变动表和报表附注涉及较少，本书没有对这两个部分进行介绍。

③以上三张报表主要项目根据财政部《关于修订印发合并财务报表格式（2019 版）的通知》（财会〔2019〕16 号）进行列示。

④每股面值 1 元，发行在外的普通股股数是 66 147.6 万股，且近三年不变，锦绣公司尚未发行优先股。

(3) 公司其他资料。

①公司历年利润分配及股价如表 9-5 所示。

表 9-5 公司历年利润分配方案及年度股票价格

年度	利润分配方案	年底股票价格/（元/股）
2020 年	10 派 3.4 元（含税）	6.14
2019 年	10 派 0.30 元（含税）	8.97
2018 年	10 派 1.0 元（含税）	12.90

②公司历年利息金额如表 9-6 所示。

表 9-6 公司历年利息金额

单位：元

项目	2020 年	2019 年	2018 年
资本化利息	42 236 000	61 975 000	20 700 000
费用化利息	145 682 000	150 926 000	68 164 000

(4) 可比公司历年财务指标。

可比公司康盛公司是一家集药品研发、生产和营销于一体的高新技术企业，目前的主营业务是中成药、化学药、中药材和中药饮片、化学原料药的研发、生产和销售。两家公司在上市时间、所处行业、营业收入、总市值等方面具有较高的可比性。康盛公司部分历年的财务指标如表 9-7 所示。

表 9-7 可比公司部分历年财务指标

项目	2020 年	2019 年	2018 年
一、偿债能力			
流动比率	2.69	2.25	2.92
速动比率	2.37	2.01	2.57
现金比率	1.04	0.84	0.39
现金流量比率	0.38	0.34	0.45

续表

项目	2020 年	2019 年	2018 年
资产负债率/(%)	24.66	23.18	18.96
产权比率/(%)	32.73	30.17	23.40
平均权益乘数	1.31	1.30	1.23
利息保障倍数/倍	15.68	64.95	81.77
现金负债总额比率/(%)	0.31	0.48	0.51
二、营运能力			
应收账款周转率/次	3.63	3.44	3.09
应收账款周转期/天	99.17	104.65	116.50
存货周转率/次	3.17	3.01	1.96
存货周转期/天	113.56	119.60	183.67
流动资产周转率/次	0.99	0.79	0.77
流动资产周转期/天	363.64	455.70	467.53
固定资产周转率/次	8.63	6.28	4.81
固定资产周转期/天	41.71	57.32	74.84
总资产周转率/次	0.45	0.40	0.40
总资产周转期/天	800	900	900
三、获利能力			
营业毛利率/(%)	61.72	58.70	69.50
营业利润率/(%)	21.21	25.13	27.33
营业净利率/(%)	18.23	21.54	24.84
总资产报酬率/(%)	8.21	8.71	9.95
净资产收益率/(%)	11.38	11.87	16.20
每股收益/元	0.54	0.52	0.55
每股现金流量/元	0.40	0.45	0.42
每股股利/元	0.2	0.18	0.18
每股净资产/元	4.85	4.58	4.20
市盈率/倍	15.46	24.23	22.45
四、发展能力			
营业收入增长率/(%)	20.23	16.06	—
净利润增长率/(%)	1.78	0.60	—
总资产增长率/(%)	7.01	10.65	—
净资产增长率/(%)	2.88	6.82	—

引导问题 1 基于学习情境中给定的锦绣公司财务报表等信息,结合反映短期偿债能力、长期偿债能力的指标的含义以及计算等相关知识点,使用偿债能力分析工具,对企业偿债能力进行分析,通过偿债能力分析揭示企业财务风险大小,并将计算与分析结论填入表 9-8 至表 9-21。

表 9-8　偿债能力分析表

偿债能力指标		计算结果			分析
		2020 年	2019 年	2018 年	
短期偿债能力指标	流动比率				
	速动比率				
	现金比率				
	现金流量比率				
长期偿债能力指标	资产负债率/(%)				
	产权比率				
	权益乘数				
	利息保障倍数				
	现金负债总额比率				

(1)流动比率指标计算:查找相应数据,分别计算 2018—2020 年度流动比率。公式:

$$流动比率 = \frac{流动资产}{流动负债}$$

表 9-9　流动比率计算表

项目	2020 年	2019 年	2018 年
流动资产/元			
流动负债/元			
流动比率			

(2)速动比率指标计算:

第一步:查找相应数据,分别计算 2018—2020 年度速动资产。公式:

$$速动资产 = 流动资产 - 存货$$

表 9-10　速动资产计算表

单位:元

项目	2020 年	2019 年	2018 年
流动资产			
存货			
速动资产			

第二步:查找及运用相应数据,分别计算2018—2020年度速动比率。公式:

$$速动比率 = \frac{速动资产}{流动负债}$$

表9-11 速动比率计算表

项目	2020年	2019年	2018年
速动资产/元			
流动负债/元			
速动比率			

(3)现金比率指标计算:
第一步:查找相应数据,分别计算2018—2020年度现金类资产。公式:
现金类资产=货币资金+以公允价值计量且其变动计入当期损益的金融资产

表9-12 现金类资产计算表

单位:元

项目	2020年	2019年	2018年
货币资金			
以公允价值计量且其变动计入当期损益的金融资产			
现金类资产			

第二步:查找及运用相应数据,分别计算2018—2020年度现金比率。公式:

$$现金比率 = \frac{现金类资产}{流动负债}$$

表9-13 现金比率计算表

项目	2020年	2019年	2018年
现金类资产			
流动负债			
现金比率			

(4)现金流量比率指标计算:查找相应数据,分别计算2018—2020年度现金流量比率。公式:

$$现金流量比率 = \frac{经营活动产生的现金流量净额}{流动负债}$$

表 9-14 现金流量比率计算表

项目	2020 年	2019 年	2018 年
经营活动产生的现金流量净额			
流动负债			
现金流量比率			

(5)资产负债率指标计算:查找相应数据,分别计算 2018—2020 年度资产负债率。公式:

$$资产负债率 = \frac{负债总额}{资产总额}$$

表 9-15 资产负债率计算表

项目	2020 年	2019 年	2018 年
负债总额			
资产总额			
资产负债率/(%)			

(6)产权比率指标计算:查找相应数据,分别计算 2018—2020 年度产权比率。公式:

$$产权比率 = \frac{负债总额}{股东权益总额}$$

表 9-16 产权比率计算表

项目	2020 年	2019 年	2018 年
负债总额			
股东权益总额			
产权比率			

(7)权益乘数指标计算:查找及运用相应数据,分别计算 2018—2020 年度权益乘数。公式:

$$权益乘数 = \frac{资产总额}{股东权益总额} = 1 + 产权比率$$

表 9-17 权益乘数计算表

项目	2020 年	2019 年	2018 年
产权比率			
权益乘数			

(8)利息保障倍数指标计算:

第一步:查找相应数据,分别计算 2018—2020 年度公司的息税前利润。公式:

息税前利润 = 利润总额 + 费用化利息

表 9-18　息税前利润计算表

单位：元

项目	2020 年	2019 年	2018 年
利润总额			
费用化利息			
息税前利润			

第二步：查找相应数据，分别计算 2018—2020 年度公司的总利息支出。公式：

$$总利息支出 = 费用化利息 + 资本化利息$$

表 9-19　总利息支出计算表

单位：元

项目	2020 年	2019 年	2018 年
资本化利息			
费用化利息			
总利息支出			

第三步：查找相应数据，分别套用公式计算 2018—2020 年度公司的利息保障倍数。公式：

$$利息保障倍数 = \frac{息税前利润}{总利息支出}$$

表 9-20　利息保障倍数计算表

项目	2020 年	2019 年	2018 年
息税前利润			
总利息支出			
利息保障倍数/倍			

（9）现金负债总额比率指标计算：查找及运用相应数据，分别计算 2018—2020 年度现金负债总额比率。公式：

$$现金负债总额比率 = \frac{经营活动现金净流量}{负债总额}$$

表 9-21　现金负债总额比率计算表

项目	2020 年	2019 年	2018 年
经营活动现金净流量			
负债总额			
现金负债总额比率			

小提示：

本学习情境所涉及的全部计算结果均四舍五入保留到小数点后两位。

引导问题 2 基于学习情境中给定的锦绣公司财务报表等信息,结合反映营运能力的指标的含义以及计算等相关知识点,使用营运能力分析工具,对企业营运能力进行分析,并将计算和分析结论填入表 9-22 至表 9-37。

表 9-22 营运能力分析表

营运能力指标		计算结果		分析
		2020 年	2019 年	
应收账款周转能力指标	应收账款周转率			
	应收账款周转期			
存货周转能力指标	存货周转率			
	存货周转期			
流动资产周转能力指标	流动资产周转率			
	流动资产周转期			
固定资产周转能力指标	固定资产周转率			
	固定资产周转期			
总资产周转能力指标	总资产周转率			
	总资产周转期			

小提示:

本学习情境一年按 360 天计算。

(1)应收账款周转能力指标计算:

第一步:查找相应数据,分别计算 2019—2020 年度应收账款平均余额。公式:

$$应收账款平均余额 = \frac{期初应收账款 + 期末应收账款}{2}$$

表 9-23 应收账款平均余额计算表

项目	2020 年	2019 年	2018 年
应收账款			
对应期数	2020 年期末	2019 年期末 2020 年期初	2018 年期末 2019 年期初
应收账款平均余额			

第二步:查找相应数据,分别计算 2019—2020 年公司的应收账款周转率。公式:

$$应收账款周转率(周转次数) = \frac{营业收入}{应收账款平均余额}$$

表 9-24 应收账款周转期计算表

项目	2020 年	2019 年
营业收入		
应收账款平均余额		
应收账款周转率/次		

第三步:查找相应数据,分别计算 2019—2020 年公司的应收账款周转期。公式:

$$应收账款周转期(周转天数) = \frac{360}{应收账款周转率}$$

表 9-25 应收账款周转期计算表

项目	2020 年	2019 年
应收账款周转率/次		
应收账款周转期/天		

(2)存货周转能力指标计算:

第一步:查找相应数据,分别计算 2019—2020 年度存货平均余额。公式:

$$存货平均余额 = \frac{期初存货余额 + 期末存货余额}{2}$$

表 9-26 存货平均余额计算表

单位:元

项目	2020 年	2019 年	2018 年
存货余额			
对应期数	2020 年期末	2019 年期末 2020 年期初	2018 年期末 2019 年期初
存货平均余额			

第二步:查找相应数据,分别计算 2019—2020 年公司的存货周转率。公式:

$$存货周转率(周转次数) = \frac{营业成本}{存货平均余额}$$

表 9-27 存货周转率计算表

项目	2020 年	2019 年
营业成本		
存货平均余额		
存货周转率/次		

第三步:查找相应数据,分别计算 2019—2020 年公司的存货周转期。公式:

$$存货周转期(周转天数) = \frac{360}{存货周转率}$$

表 9-28　存货周转期计算表

项目	2020 年	2019 年
存货周转率/次		
存货周转期/天		

(3) 流动资产周转能力指标计算：

第一步：查找相应数据，分别计算 2019—2020 年度流动资产平均余额。公式：

$$流动资产平均余额 = \frac{期初流动资产余额 + 期末流动资产余额}{2}$$

表 9-29　流动资产平均余额计算表

单位：元

项目	2020 年	2019 年	2018 年
流动资产余额			
对应期数	2020 年期末	2019 年期末 2020 年期初	2018 年期末 2019 年期初
流动资产平均余额			

第二步：查找相应数据，分别计算 2019—2020 年公司的流动资产周转率。公式：

$$流动资产周转率(周转次数) = \frac{营业收入}{流动资产平均余额}$$

表 9-30　流动资产周转率计算表

项目	2020 年	2019 年
营业收入		
流动资产平均余额		
流动资产周转率/次		

第三步：查找相应数据，分别计算 2019—2020 年公司的流动资产周转期。公式：

$$流动资产周转期(周转天数) = \frac{360}{流动资产周转率}$$

表 9-31　流动资产周转期计算表

项目	2020 年	2019 年
流动资产周转率/次		
流动资产周转期/天		

(4) 固定资产周转能力指标计算：

第一步：查找相应数据，分别计算 2019—2020 年度固定资产平均余额。公式：

$$固定资产平均余额 = \frac{固定资产期初净值余额 + 固定资产期末净值余额}{2}$$

表 9-32　固定资产平均余额计算表

单位:元

项目	2020 年	2019 年	2018 年
固定资产净值余额			
对应期数	2020 年期末	2019 年期末 2020 年期初	2018 年期末 2019 年期初
固定资产平均余额			

第二步:查找相应数据,分别计算 2019—2020 年公司的固定资产周转率。公式:

$$固定资产周转率(周转次数) = \frac{营业收入}{固定资产平均余额}$$

表 9-33　固定资产周转率计算表

项目	2020 年	2019 年
营业收入		
固定资产平均余额		
固定资产周转率/次		

第三步:查找相应数据,分别计算 2019—2020 年公司的固定资产周转期。公式:

$$固定资产周转期(周转天数) = \frac{360}{固定资产周转率}$$

表 9-34　固定资产周转期计算表

项目	2020 年	2019 年
固定资产周转率/次		
固定资产周转期/天		

(5)总资产周转能力指标计算:

第一步:查找相应数据,分别计算 2019—2020 年度资产平均总额。公式:

$$资产平均总额 = \frac{期初资产总额 + 期末资产总额}{2}$$

表 9-35　资产平均总额计算表

单位:元

项目	2020 年	2019 年	2018 年
资产总额			
对应期数	2020 年期末	2019 年期末 2020 年期初	2018 年期末 2019 年期初
资产平均总额			

第二步:查找相应数据,分别计算 2019—2020 年公司的总资产周转率。公式:

$$总资产周转率(周转次数) = \frac{营业收入}{资产平均总额}$$

表 9-36　总资产周转率计算表

项目	2020 年	2019 年
营业收入		
资产平均总额		
总资产周转率/次		

第三步：查找相应数据，分别计算 2019—2020 年公司的总资产周转期。公式：

$$总资产周转期（周转天数） = \frac{360}{总资产周转率}$$

表 9-37　总资产周转期计算表

项目	2020 年	2019 年
总资产周转率/次		
总资产周转期/天		

引导问题 3　基于学习情境中给定的锦绣公司财务报表等信息，结合反映业务获利能力、资产获利能力和市场获利能力的指标的含义以及计算等相关知识点，使用获利能力分析工具，对企业获利能力进行分析，并将计算与分析结论填入表 9-38 至表 9-50。

表 9-38　获利能力分析表

获利能力指标		计算结果			分析
		2020 年	2019 年	2018 年	
业务获利能力指标	营业毛利率				
	营业利润率				
	营业净利率				
资产获利能力指标	总资产报酬率				
	净资产收益率				
市场获利能力指标	每股收益				
	每股现金流量				
	每股股利				
	每股净资产				
	市盈率				

（1）营业毛利率指标计算：

第一步：查找相应数据，分别计算 2018—2020 年的毛利润。公式：

$$毛利润 = 营业收入 - 营业成本$$

表9-39　毛利润计算表

单位：元

项目	2020年	2019年	2018年
营业收入			
营业成本			
毛利润			

第二步：查找运用相应数据，分别计算2018—2020年公司的营业毛利率。公式：

$$营业毛利率 = \frac{毛利润}{营业收入} \times 100\%$$

表9-40　营业毛利率计算表

项目	2020年	2019年	2018年
毛利润			
营业收入			
营业毛利率/(%)			

（2）营业利润率指标计算：查找相应数据，分别计算2018—2020年的营业利润率。公式：

$$营业利润率 = \frac{营业利润}{营业收入} \times 100\%$$

表9-41　营业利润率计算表

项目	2020年	2019年	2018年
营业利润			
营业收入			
营业利润率/(%)			

（3）营业净利率指标计算：查找相应数据，分别计算2018—2020年的营业净利率。公式：

$$营业净利率 = \frac{净利润}{营业收入} \times 100\%$$

表9-42　营业净利率计算表

项目	2020年	2019年	2018年
净利润			
营业收入			
营业净利率/(%)			

（4）总资产报酬率指标计算：运用表9-35中相应数据并查找相关数据，分别计算2019—2020年公司的总资产报酬率。公式：

$$总资产报酬率 = \frac{净利润}{资产平均总额} \times 100\%$$

表 9-43 总资产报酬率计算表

项目	2020 年	2019 年	2018 年
净利润			
资产平均总额			
总资产报酬率/(%)			

(5)净资产收益率指标计算:

第一步:查找相应数据,分别计算 2018—2020 年的平均股东权益。公式:

$$平均股东权益=\frac{期初股东权益+期末股东权益}{2}$$

表 9-44 平均股东权益计算表

单位:元

项目	2020 年	2019 年	2018 年
股东权益			
相应期数	2020 年期末	2019 年期末 2020 年期初	2018 年期末 2019 年期初
平均股东权益			

第二步:查找运用相应数据,分别计算 2019—2020 年公司的净资产收益率。公式:

$$净资产收益率=\frac{净利润}{平均股东权益}\times100\%$$

表 9-45 净资产收益率计算表

项目	2020 年	2019 年
净利润		
平均股东权益		
净资产收益率/(%)		

(6)每股收益指标计算:查找相应数据,分别计算 2018—2020 年公司的每股收益。公式:

$$每股收益=\frac{净利润-优先股股利}{发行在外的普通股股数}$$

小提示:

该公司没有发行过优先股,故优先股股利为零。

表 9-46 每股收益计算表

项目	2020 年	2019 年	2018 年
净利润			
发行在外的普通股股数			
每股收益			

(7)每股现金流量指标计算:查找相应数据,分别计算 2018—2020 年公司的每股现金流量。

公式：

$$每股现金流量 = \frac{经营活动现金净流量 - 优先股股利}{发行在外的普通股股数}$$

表 9-47　每股现金流量计算表

项目	2020 年	2019 年	2018 年
经营活动现金净流量			
发行在外的普通股股数			
每股现金流量			

(8) 每股股利指标计算：查找相应数据，分别计算 2018—2020 年公司的每股股利。公式：

$$每股股利 = \frac{现金股利总额 - 优先股股利}{发行在外的普通股股数} = \frac{公司发放的每10股股利}{10}$$

表 9-48　每股股利计算表

单位：元

项目	2020 年	2019 年	2018 年
公司发放的股利			
每股股利			

(9) 每股净资产指标计算：查找相应数据，分别计算 2018—2020 年公司的每股净资产。公式：

$$每股净资产 = \frac{期末股东权益}{期末普通股股数}$$

表 9-49　每股净资产计算表

项目	2020 年	2019 年	2018 年
期末股东权益			
期末普通股股数			
每股净资产			

(10) 市盈率指标计算：查找相应数据，分别计算 2018—2020 年公司的市盈率。公式：

$$市盈率 = \frac{每股市价}{每股收益}$$

表 9-50　市盈率计算表

项目	2020 年	2019 年	2018 年
每股市价			
每股收益			
市盈率			

引导问题 4　基于学习情境中给定的锦绣公司财务报表等信息，结合反映发展能力的指标的含义以及计算等相关知识点，使用发展能力分析工具，对该公司发展能力进行分析，并将计算

与分析结论填入表 9-51 至表 9-59。

表 9-51　发展能力分析表

发展能力指标	计算结果		分析
	2020 年	2019 年	
营业收入增长率			
净利润增长率			
总资产增长率			
净资产增长率			

(1)营业收入增长率指标计算：

第一步：查找相应数据，分别计算 2019—2020 年的营业收入增长额。公式：

$$营业收入增长额 = 当期营业收入 - 上期营业收入$$

表 9-52　营业收入增长额计算表

单位：元

项目	2020 年	2019 年	2018 年
营业收入			
营业收入增长额			

第二步：查找运用相应数据，分别计算 2019—2020 年公司的营业收入增长率。公式：

$$营业收入增长率 = \frac{营业收入增长额}{上期营业收入} \times 100\%$$

表 9-53　营业收入增长率计算表

项目	2020 年	2019 年
营业收入增长额		
上期营业收入		
营业收入增长率/(%)		

(2)净利润增长率指标计算：

第一步：查找相应数据，分别计算 2019—2020 年的净利润增长额。公式：

$$净利润增长额 = 当期净利润 - 上期净利润$$

表 9-54　净利润增长额计算表

单位：元

项目	2020 年	2019 年	2018 年
净利润			
净利润增长额			

第二步：查找运用相应数据，分别计算 2019—2020 年公司的净利润增长率。公式：

$$净利润增长率 = \frac{净利润增长额}{上期净利润} \times 100\%$$

表 9-55　净利润增长率计算表

项目	2020 年	2019 年
净利润增长额		
上期净利润		
净利润增长率/(%)		

(3)总资产增长率指标计算：

第一步：查找相应数据，分别计算 2019—2020 年的总资产增长额。公式：

$$总资产增长额＝当期总资产－上期总资产$$

表 9-56　总资产增长额计算表

单位：元

项目	2020 年	2019 年	2018 年
总资产			
总资产增长额			

第二步：查找运用相应数据，分别计算 2019—2020 年公司的总资产增长率。公式：

$$总资产增长率 = \frac{总资产增长额}{上期总资产} \times 100\%$$

表 9-57　总资产增长率计算表

项目	2020 年	2019 年
总资产增长额		
上期总资产		
总资产增长率/(%)		

(4)净资产增长率指标计算：

第一步：查找相应数据，分别计算 2019—2020 年的净资产增长额。公式：

$$净资产增长额＝当期净资产－上期净资产$$

表 9-58　净资产增长额计算表

单位：元

项目	2020 年	2019 年	2018 年
净资产			
净资产增长额			

第二步：查找运用相应数据，分别计算 2019—2020 年公司的净资产增长率。公式：

$$净资产增长率 = \frac{净资产增长额}{上期净资产} \times 100\%$$

表 9-59 净资产增长率计算表

项目	2020 年	2019 年
净资产增长额		
上期净资产		
净资产增长率/(%)		

引导问题 5 基于学习情境中给出的和已得出的相关财务指标等信息,结合杜邦财务分析体系的相关知识点,运用连环替代法,分析 2020 年锦绣公司净资产收益率与康盛公司存在差异的情况及原因,并将计算与分析结论填入表 9-60 至表 9-64。

第一步:查找数据,计算平均权益乘数。公式:

$$平均权益乘数 = \frac{资产平均总额}{平均股东权益}$$

表 9-60 平均权益乘数计算表

项目	2020 年
资产平均总额	
平均股东权益	
平均权益乘数	

第二步:查找资料,构建锦绣公司 2020 年杜邦财务分析体系。公式:

$$净资产收益率 = 营业净利率 \times 总资产周转率 \times 平均权益乘数$$

表 9-61 锦绣公司净资产收益率计算表

财务指标	锦绣公司
净资产收益率/(%)	
营业净利率/(%)	
总资产周转率/次	
平均权益乘数	

小提示:

①因四舍五入保留两位小数,杜邦分析得出的净资产收益率结果与利用公式直接计算有细微误差,不影响分析结论,因此可以忽略不计。

②由于净资产收益率、总资产报酬率、营业净利率和总资产周转率都是时期指标,而权益乘数是时点指标,因此,为了使这些指标具有可比性,上表中的权益乘数采用的是平均数。

第三步:查找资料,将锦绣公司与康盛公司进行对比分析,就两家公司的营业净利率、总资产周转率和平均权益乘数对净资产收益率的影响进行初步判断。

表 9-62 两家公司净资产收益率结构对比表

财务指标	锦绣公司	康盛公司	初步判断
净资产收益率/(%)			锦绣公司较低
营业净利率/(%)			锦绣公司较低

续表

财务指标	锦绣公司	康盛公司	初步判断
总资产周转率/次			锦绣公司较低
平均权益乘数			锦绣公司较高

第四步：进行连环替代，计算出两家公司的营业净利率、总资产周转率和平均权益乘数对净资产收益率差异的影响程度。

表 9-63　连环替代计算表

序号	财务指标	连环替代	计算结果	差异额
①	康盛公司			
②	第一次替代			②－①＝
③	第二次替代			③－②＝
④	第三次替代			④－③＝
合计				④－①＝

第五步：将差异额分别与营业净利率、总资产周转率和平均权益乘数三个因素对应起来。

表 9-64　净资产收益率差异分析表

序号	财务指标	差异额	差异产生的原因
①	康盛公司		
②	第一次替代	②－①＝	
③	第二次替代	③－②＝	
④	第三次替代	④－③＝	
合计		④－①＝	

进行决策

引导问题 6　综合评价锦绣公司 2018—2020 年度财务状况，并阐述应该从哪些方面及采用何种措施加以改善。

引导问题 7 综合评价锦绣公司 2018—2020 年度的经营成果,并阐述应该从哪些方面及采用何种措施加以改善。

_____
_____
_____
_____
_____
_____

引导问题 8 综合评价锦绣公司 2019—2020 年度的经营效率,并阐述应该从哪些方面及采用何种措施加以改善。

_____
_____
_____
_____
_____
_____

引导问题 9 综合评价锦绣公司 2019—2020 年度的发展前景,并阐述应该从哪些方面及采用何种措施加以改善。

_____
_____
_____
_____
_____
_____

引导问题 10 根据表 9-64 所示的净资产收益率差异分析表的相关信息,提出提升锦绣公司净资产收益率的意见和建议,并填入表 9-65。

表 9-65　提升净资产收益率的意见和建议

财务指标	意见和建议
净资产收益率	
营业净利率	
总资产周转率	
平均权益乘数	

工作实施

(1)各组分别阅读、研究给出的财务信息表,即表 9-2 至表 9-7。
(2)各组自行制订学习计划,分配学习任务,计算、填制表 9-8 至表 9-65 并回答引导问题。
(3)各组统一撰写锦绣公司 2020 年财务分析报告。
(4)各组派代表阐述财务分析报告。
(5)各组对其他小组的财务分析报告进行点评、提问,完成小组互评。
(6)每个同学完成自评。
(7)每个小组完成对本组成员的组内点评。
(8)教师结合大家的完成情况和现场表现进行点评,填写教师综合评价表。
(9)最后,教师运用加权平均方法,完成本学习情境最终的考评。

评价反馈

各组代表展示作品,介绍任务的完成过程。作品展示前应准备阐述材料,最好以 PPT 的形式进行呈现。每个学习情境的成绩评定将按学生自评、组内点评、小组互评、教师评价四个阶段进行,并按自评占 10%、组内点评占 20%、小组互评占 20%、教师评价占 50% 计算每个学生的综合评价结果。

(1)学生进行自我评价,并将结果填入表 9-66 所示的学生自评表中。

表 9-66 学生自评表

班级		组名		姓名	
学习情境		企业财务分析			
评价项目	评价标准			分值	得分
财务报告的使用	能熟练阅读、使用财务报告、财务信息			10	
财务指标的计算	能独立、正确地计算各项财务指标			10	
单项能力的分析	能客观、公正地进行单项财务能力分析			10	
杜邦分析体系的构建	能根据已知信息,构建杜邦分析体系			15	
因素分析法的运用	能熟练运用因素分析法			15	
工作态度	态度端正,无无故缺勤、迟到、早退			10	
工作质量	能按计划完成工作任务			10	
团队合作能力	与小组成员、同学之间能合作交流,共同完成工作任务			10	
创新意识	企业财务分析有创新之处			10	
合计				100	

(2)学生以小组为单位,对组内各位成员的表现进行客观公正的评价。以 4 人小组为例,组长比重占 40%,其他两个组员各占 30%,总评分加权平均得出,并将点评结果填入表 9-67 所示的组内点评表。

表 9-67 组内点评表

班级		组名		姓名		
学习情境		企业财务分析				
评价项目	分值	组长点评（40%）	组员点评（30%）	组员点评（30%）	评分	
工作态度	20					
工作质量	10					
工作效率	10					
工作完整	15					
工作贡献	15					
团队合作	20					
是否有创新之处	10					
合计	100					

(3)学生以小组为单位，对财务分析的过程和结果进行互评，将互评的结果填入表 9-68 所示的小组互评表。每个组须经其他两个组点评，最终被评小组互评成绩采用两个小组的平均数。

表 9-68 小组互评表

班级		被评小组			
学习情境		企业财务分析			
评价项目	分值	得分			
		第1小组	第2小组	平均得分	
计划合理	15				
组织有序	10				
团队合作	15				
工作质量	15				
工作效率	10				
工作完整	10				
工作规范	10				
成果展示	15				
合计	100				

(4)教师对学生工作过程与工作结果进行评价，并将评价结果填入表 9-69 所示的教师综合评价表。组内点评在 90 分以上的组长，在综合得分基础上乘 1.1 的系数；组内点评在 80~90 分的组长，在综合得分基础上乘 1.05 的系数；组内点评在 70~80 分的组长，在综合得分基础上乘 1.02 的系数。每个组的组长采用轮值制，保证每位学生都有当组长的机会。

表 9-69 教师综合评价表

班级		组名		姓名		
	学习情境		企业财务分析			
	评价项目		评价标准		分值	得分
	考勤（10%）		无无故迟到、早退、旷课现象		10	
工作过程（60%）	财务报告的使用		能独立、准确地使用财务报告		5	
	财务指标计算		能正确进行财务指标的计算		5	
	财务分析能力		能独立、客观地进行财务分析		10	
	杜邦分析体系构建		能根据已知信息，构建杜邦分析体系		10	
	因素分析法运用		能熟练运用因素分析法做影响程度分析		15	
	工作态度		态度端正、工作认真、主动		5	
	团队合作精神		与小组成员、同学之间能合作交流，共同完成工作任务		5	
	创新意识		在工作中有创新之处		5	
项目成果（30%）	工作完整		能按时完成工作任务		5	
	工作规范		能按照规范要求计算		5	
	财务报告撰写		能写出一份完整的财务分析报告		10	
	成果展示		能准确表达、汇报财务分析结果		10	
			合计		100	
综合评价	学生自评（10%）	组内点评（20%）	小组互评（20%）	教师评价（50%）	综合得分	

拓展思考题

（1）请查阅并列举出我国上市公司财务报告披露时需要披露的主要财务指标，想想为什么要披露这些财务信息。

（2）财务分析存在哪些局限性？在财务分析过程中，针对这些局限性的不同影响因素，应该如何保证分析结果的正确性？

（3）除了杜邦财务分析法之外，还有其他综合财务分析方法吗？

学习情境相关知识点

一、认知财务分析

（一）财务分析的概念

财务分析是以企业财务报告及相关资料为依据，对企业财务状况、经营成果和现金流量进行分析和评价的一种方法。财务分析既是对已完成的财务活动的总结，又是财务预测的前提，在财务管理的循环中起着承上启下的作用。财务分析所提供的信息,不仅能说明公司目前的财务状况,更重要的是能为公司未来的财务决策和财务计划提供依据。

(二)财务分析的基本程序

财务分析是一项比较复杂的工作,必须按照科学的程序进行。财务分析的基本程序包括以下几个步骤。

1. 明确财务分析的目的

财务分析主体进行财务分析有多种目的,主要包括:帮助投资者进行权益性投资决策;帮助债权人进行贷款或购买公司债券决策;了解供应商经营状况和客户财务状况;评价竞争对手的获利能力和财务状况;改善企业内部管理水平等。不同财务分析主体进行财务分析的目的决定了要收集多少信息、选择何种财务分析方法等一系列问题,所以必须首先加以明确。

2. 收集有关信息资料

明确财务分析的目的后,就应根据这一目的来收集有关资料。财务分析所依据的最主要的资料是财务报表,因此,资产负债表、利润表和现金流量表便是最基本的分析材料。此外,还要收集企业内部供产销各方面的有关资料和企业外部的金融、财政、税收等方面的信息。

3. 选择适当的分析方法

财务分析的目的不一样,所选用的分析方法也不相同。常用的分析方法有比率分析法、比较分析法等,这些方法各有特点,在进行财务分析时可以结合使用。局部分析可以选择其中某一种方法,全面财务分析则应综合运用各种分析方法,以便进行对比,从而做出客观、全面的评价。

4. 发现财务管理中存在的问题

采用特定的分析方法,计算出有关指标并进行对比后,可以发现企业财务管理中存在的问题,对于一些重大的问题要进行深入细致的分析,找出问题的原因,以便采取对策。

5. 提出改善财务状况的具体方案

企业进行财务分析的最终目的是为财务决策提供依据。在发现问题的基础上,提出改善财务状况的各种方案,然后权衡各种方案的利弊得失,从中选出最佳方案,以便不断改善企业状况,实现企业财务管理的目标。

(三)财务分析的标准

财务分析评价必须选择合适的评价标准。所谓评价标准就是用以比较和衡量各项评价指标的基准指标。财务分析的标准主要有以下几种。

1. 以经验数据为标准

经验数据是在长期的财务管理实践中总结出来的,被实践证明是比较合理的数据。经验数据有绝对标准和相对标准之分:全部收入大于全部费用、资产总额大于负债总额等属于绝对标准;而流动比率等于 2 比较好、资产负债率在 50%~70% 之间比较合适则属于相对标准。

2. 以历史数据为标准

历史数据是企业在过去的财务管理工作中实际发生的一系列数据,如上年实际数据、上年同期数据、历史最好水平等。以历史数据进行对比时,要注意剔除物价变动、会计核算方法变更等带来的一系列不可比因素,以便合理判断企业的财务状况。

3. 以同行业数据为标准

同行业数据是同行业有关企业在财务管理中产生的一系列数据。如同行业平均数据、本国同行业先进企业数据、国际同行业先进企业数据等。通过与同行业数据对比,可以发现企业财务管理中存在的差距和不足,以便及时采取措施,赶超同行业先进水平。在用同行业指标对比时,要注意指标之间的可比性。

4. 以本企业预定数据为标准

预定数据是企业事先确定的力争达到的一系列数据。企业事先确定的目标、计划、预算、定额、标准等都可以看作预定数据。通过与预定数据进行对比,可以发现实际数据与预定数据存在的差异,以便及时加以改进,保证预定数据能够顺利实现。

二、财务指标分析

(一)企业偿债能力分析

企业偿债能力是指企业偿还其债务(含本金和利息)的能力。偿债能力分析包括短期偿债能力分析和长期偿债能力分析。通过偿债能力分析,能够揭示一个企业财务风险的大小。企业的投资者、银行、企业财务人员都十分重视对偿债能力的分析。

1. 短期偿债能力

企业短期偿债能力是指企业流动资产对流动负债及时足额偿还的保证程度,即支付其短期债务的能力。短期偿债能力分析关注即将到期债务的归还能力,因此其相关指标是银行和供应商最为关注的,主要包括流动比率、速动比率、现金比率、现金流量比率等。

(1)流动比率。

流动比率是指企业流动资产与流动负债的比值,反映了在某个分析时点上企业流动资产覆盖流动负债的程度。国际上一般认为最适当的流动比率为2。通常,流动比率越低,说明企业的短期偿债能力越差;流动比率越高,说明企业短期支付债务的能力越强,但也说明企业可能存在现金、存货等流动资产闲置或者利用不足的情况。应特别注意的是流动比率的标准因行业、企业战略等的不同有很大的差异,对目标企业流动比率指标的评价需考虑这些因素,并没有绝对统一的标准。通常,营业周期短的行业流动资产转换为现金的速度快,流动比率相对较低;营业周期长的行业流动资产转换为现金的速度慢,相应的资金来源中长期资金的比重要高一些,短期负债要相对少一些,流动比率较高。

$$流动比率 = \frac{流动资产}{流动负债}$$

(2)速动比率。

速动比率是指企业速动资产与流动负债的比值,反映了企业变现能力强的资产覆盖流动负债的程度。速动资产由现金和能够迅速转化为现金的流动性资产构成,后者包括交易性金融资产、应收账款、应收票据等金融资产。速动资产不包括存货,主要原因是存货销售变现过程存在很大的不确定性。因此,速动比率比流动比率更强调企业的即时变现能力。用速动比率来衡量企业的短期偿债能力比流动比率可信度更高。速动比率越高,表明企业偿还流动负债的能力越强。国际上一般认为速动比率最好为1,这样的比率说明企业既有好的债务偿还能力,又有合理的流动资产结构。在实际运用中,应当同流动比率一样,结合行业水平进行分析。

$$速动比率 = \frac{速动资产}{流动负债}$$

(3)现金比率。

现金比率是指企业现金类资产与流动负债的比率。企业现金类资产包括货币资金、以公允价值计量且其变动计入当期损益的金融资产等能够立即用于还债的资产。现金比率比速动比率更稳健地反映了企业即时偿还流动负债的能力,是对短期偿债能力要求最高的指标,主要适用于那些应收账款和存货变现能力都存在问题的企业。这个指标越高,说明企业短期偿债能力越强。

$$现金比率 = \frac{现金类资产}{流动负债}$$

(4)现金流量比率。

现金流量比率是指企业经营活动现金净流量与流动负债的比率。以收付实现制为基础的经营活动现金净流量同流动负债的对比,能充分体现企业经营活动所产生的现金净流量能在多大程度上保证当期流动负债的偿还。这个指标越高,说明企业偿还当期债务的能力越强;反之,则说明企业偿还当期债务的能力较差。

$$现金流量比率 = \frac{经营活动产生的现金流量净额}{流动负债}$$

上述四个指标是反映企业短期偿债能力的主要指标,在进行分析时,应注意以下几点:①上述指标各有侧重,在分析时应结合起来使用,以全面、准确地做出判断;②上述指标中的分母均是流动负债,包含近期到期的长期负债;③财务报表中没有列示的表外因素也会影响企业的短期偿债能力,甚至影响相当大,如可动用的银行授信额度、可快速变现的非流动资产、与担保有关的或有负债事项、经营租赁合同中的承诺付款事项等。

2. 长期偿债能力

企业长期偿债能力是指企业偿还长期负债的能力。企业的长期负债主要有长期借款、应付债券、长期应付款等。企业长期偿债能力与企业的获利能力、资本结构有着十分密切的关系。企业的债权人和所有者不仅关心企业的短期偿债能力,更关心企业长期偿债能力。因此,在进行短期偿债能力分析的同时,还需进行长期偿债能力分析,以便全面了解企业对总负债偿还的能力及所承担的财务风险。企业长期偿债能力的衡量指标主要有资产负债率、产权比率、权益乘数、利息保障倍数和现金负债总额比率等。

(1)资产负债率。

资产负债率又称负债比率,是企业负债总额与资产总额的比率。资产负债率一方面反映企业的总资产中有多大比例是通过举债取得的,另一方面反映资产对负债的保障程度。资产负债率是衡量企业负债水平及风险程度的重要指标。该指标不论对企业投资人还是债权人都十分重要。如果这一指标很高,说明所有者投入的资金在全部资金中所占比重很小,而借入资金所占比重很大,企业的风险主要由债权人承担。因此,该指标越高,说明长期偿债能力越差;反之,该指标越低,说明长期偿债能力越好。但是,资产负债率过低,往往是没有较好利用财务杠杆的表现。目前,国际上一般认为资产负债率在60%左右比较合适。当前,我国交通、运输、电力等基础行业的资产负债率一般平均为50%左右。

$$资产负债率 = \frac{负债总额}{资产总额}$$

(2)产权比率。

产权比率是指负债总额与股东权益总额的比率,也称负债权益率。产权比率一方面反映了债权人提供的资金与股东所提供资金的对比关系,另一方面反映了企业自有资金偿还全部债务的能力。产权比率与资产负债率对评价偿债能力的作用基本一致,只是资产负债率侧重于分析债务偿付安全性的物质保障程度,产权比率则侧重于揭示财务结构的稳健程度以及自有资金对偿债风险的承受能力。一般来说,产权比率越低,表明企业长期偿债能力越强,债权人权益保障程度越高。

$$产权比率 = \frac{负债总额}{股东权益总额}$$

(3)权益乘数。

权益乘数是指资产总额与股东权益总额的比率,即资产总额是股东权益的多少倍。权益乘数越大,说明股东投入的资本在资产中所占比重越小,企业的长期偿债能力越弱。

$$权益乘数 = \frac{资产总额}{股东权益总额}$$

(4)利息保障倍数。

利息保障倍数又称已获利息倍数,是指企业息税前利润与同期利息费用的比率,反映了企业使用获利偿付利息费用的保障程度。这一指标越大,说明企业支付利息的能力越强;反之,则说明支付利息的能力越弱。根据经验,利息保障倍数应该保持在3以上,若该指标低于1,则说明企业实现的利润不足以支付当期利息费用,表明企业存在较大的财务风险。到底利息保障倍数为多少才算偿付能力强,这需要根据以往经验结合行业特点进行判断。需要特别说明的是以下公式中的分子"息税前利润"根据利润总额加利息费用计算,此时"利息费用"是指计入利润表中财务费用的利息费用,而分母中的"利息费用"是指本期全部应付利息,不仅包括利润表中财务费用的利息费用,还包括计入资产负债表固定资产等成本的资本化利息。

$$利息保障倍数 = \frac{息税前利润}{利息费用} = \frac{利润总额 + 利息费用}{利息费用}$$

(5)现金负债总额比率。

现金负债总额比率是指经营活动现金净流量与负债总额的比率。该指标反映企业用经营活动产生的现金净流量偿付全部债务的能力。现金负债总额比率越高,说明企业偿还负债总额的能力越强,负债经营能力越强,偿债能力越好。

$$现金负债总额比率 = \frac{经营活动现金净流量}{负债总额}$$

上述五个指标是反映企业长期偿债能力的主要指标,在进行分析时,应注意以下几点。①上述指标各有侧重,在分析时应结合起来使用,以全面、准确地做出判断。②上述长期偿债能力指标,都是根据财务报表内的数据计算的。除此之外,一些表外因素可能对企业长期偿债能力的衡量有重大影响,如债务担保、未决诉讼等,运用偿债能力指标分析的时候必须加以关注。偿债能力指标总结起来如表9-70所示。

表 9-70 偿债能力指标参考表

指标		计算公式	参考值
短期偿债能力指标	流动比率	流动资产/流动负债	2
	速动比率	速动资产/流动负债	1
	现金比率	现金类资产/流动负债	0.3
	现金流量比率	经营活动现金净流量/流动负债	经验值
长期偿债能力指标	资产负债率	负债总额/资产总额	50%
	产权比率	负债总额/股东权益总额	1
	权益乘数	资产总额/股东权益总额	2
	利息保障倍数	息税前利润/利息费用	3
	现金负债总额比率	经营活动现金净流量/负债总额	经验值

(二)企业营运能力分析

企业的营运能力,是指企业使用资产支撑经营活动的效率。效率越高,意味着企业支撑同样规模的经营活动使用的资产越少,或是同样的资产可以支撑更大规模的销售。这种能力通常用各项资产的周转率来描述。企业营运能力直接影响企业的偿债能力和获利能力。营运能力通常用周转率和周转期表示。所谓周转率是指企业在一定时期内资产的周转额与平均余额的比率,它反映企业资产在一定时期的周转次数。周转次数越多,表明周转速度越快,营运能力越强。这一指标的反指标是周转期,用计算期(一年按 360 天计算)天数除以周转次数得出,反映资产周转一次所需要的天数。周转天数越少,表明周转速度越快,企业营运能力越强。

1. 应收账款周转率与周转期

应收账款周转率即应收账款周转次数,是指企业一定时期内营业收入(或销售收入净额,即赊销收入)与平均应收账款余额的比率,反映了企业应收账款变现速度的快慢及管理效率的高低。通常认为,应收账款周转率越高(周转期越短),说明应收账款流动性越强,质量越好,短期偿债能力也会增强。季节性经营、大量采用分期收款或现金方式结算等,都可能使该指标失真,所以,应结合企业的前后期间、行业平均水平进行综合评价。应收账款周转期,又称应收账款周转天数,从另外一个角度反映了企业的应收账款管理能力,周转期越短,说明应收账款周转越快,利用效果越好。

$$应收账款周转率(周转次数) = \frac{营业收入}{应收账款平均余额}$$

$$应收账款周转期(周转天数) = \frac{360}{应收账款周转率}$$

$$应收账款平均余额 = \frac{期初应收账款 + 期末应收账款}{2}$$

2. 存货周转率与周转期

存货周转率是指营业成本与存货平均余额的比率,有存货周转率和存货周转期两种表示方法。正常情况下,一定时期内存货周转次数越多,说明存货周转越快,存货利用效果较好;存货周转期越短,说明存货周转越快,存货利用效果越好。但是,存货周转过快,也可能说明企业管理存在一些问题,比如经营缺货、采购过于频繁等。所以在实际工作中,要深入调查企业库存构成,结合企业的销售、管理等各项政策合理分析。

$$存货周转率(周转次数) = \frac{营业成本}{存货平均余额}$$

$$存货周转期(周转天数) = \frac{360}{存货周转率}$$

$$存货平均余额 = \frac{期初存货余额 + 期末存货余额}{2}$$

3. 流动资产周转率与周转期

流动资产周转率是指营业收入与流动资产平均余额的比率。通常情况下,企业的流动资产周转率越高,说明其流动资产利用效率越高,单位流动资产创造营业收入的能力越强,支撑产生单位营业收入占用的流动资产投资越少。反之,流动资产周转率越低,说明其流动资产利用效率越低。

$$流动资产周转率(周转次数) = \frac{营业收入}{流动资产平均余额}$$

$$流动资产周转期(周转天数) = \frac{360}{流动资产周转率}$$

$$流动资产平均余额 = \frac{期初流动资产余额 + 期末流动资产余额}{2}$$

4. 固定资产周转率与周转期

固定资产周转率是指企业营业收入与固定资产平均余额的比率,它是反映固定资产利用效率的指标。固定资产周转率越高,说明企业固定资产的利用效率越高,管理水平越高。如果企业固定资产周转率与同行业平均水平相比偏低,说明企业的生产利用能力不够,可能会影响企业的获利能力。

$$固定资产周转率(周转次数) = \frac{营业收入}{固定资产平均余额}$$

$$固定资产周转期(周转天数) = \frac{360}{固定资产周转率}$$

$$固定资产平均余额 = \frac{固定资产期初净值余额 + 固定资产期末净值余额}{2}$$

5. 总资产周转率与周转期

总资产周转率是指企业一定时期营业收入与资产平均总额的比率,也称总资产利用率,反映企业全部资产的利用效率,是评价企业营运能力的综合性指标。总资产周转率是考察企业资产运营效率的一项重要指标,反映了企业在经营期间全部资产的管理质量和利用效果。比率越高,说明企业总资产周转速度越快,销售能力越强,资产利用效率越高;比率越低,说明企业资产运营效率较差,会影响企业的获利能力。实际运用这一财务比率时,可以和同行业平均水平相比较,衡量企业的资产管理水平;也可以同上期相比较,了解企业全部资产利用效率的改善情况。

$$总资产周转率(周转次数) = \frac{营业收入}{资产平均总额}$$

$$总资产周转期(周转天数) = \frac{360}{总资产周转率}$$

$$资产平均总额 = \frac{期初资产总额 + 期末资产总额}{2}$$

营运能力指标如表 9-71 所示。

表 9-71 营运能力指标参考表

指标		计算公式	参考值
应收账款周转能力指标	应收账款周转率	营业收入/应收账款平均余额	行业平均水平
	应收账款周转期	360/应收账款周转率	行业平均水平
存货周转能力指标	存货周转率	营业成本/存货平均余额	行业平均水平
	存货周转期	360/存货周转率	行业平均水平
流动资产周转能力指标	流动资产周转率	营业收入/流动资产平均余额	行业平均水平
	流动资产周转期	360/流动资产周转率	行业平均水平
固定资产周转能力指标	固定资产周转率	营业收入/固定资产平均净值	行业平均水平
	固定资产周转期	360/固定资产周转率	行业平均水平
总资产周转能力指标	总资产周转率	营业收入/资产平均总额	行业平均水平
	总资产周转期	360/总资产周转率	行业平均水平

(三)企业获利能力分析

获利能力也称盈利能力,是指企业在一定时期赚取利润、实现资金增值的能力。无论投资者还是债权人都十分关注企业获利能力,因为健全的财务状况必须由较高的获利能力来支持。企业财务管理人员也十分重视获利能力,因为要实现财务管理目标,就必须不断提高利润、降低风险。从不同的角度,获利能力指标可分为以下三种。

1. 与营业收入有关的获利能力指标

(1)营业毛利率。

营业毛利是营业收入超过营业成本的金额,营业毛利率是指企业营业毛利与营业收入的比率,也称毛利率。营业毛利率越高,说明企业营业成本低,竞争能力越强,经营业务获利能力越强;反之,则说明企业获利能力弱。另外,营业毛利率的高低还受到行业特点的影响。企业战略也是导致同一行业不同企业具有不同销售毛利率的重要原因。因此,营业毛利率的高低,一般应与同行业平均水平相比较,同时也应关注企业战略的差异。

$$营业毛利率 = \frac{营业毛利}{营业收入} \times 100\%$$

营业毛利 = 营业收入 - 营业成本

(2)营业利润率。

营业利润率是指企业一定时期营业利润同营业收入的比率,反映了企业全部经营业务的获利能力。营业利润率强调企业持续的收益。通常来说,营业利润率越高,说明企业的产品或服务产生收入的能力越强,企业的成本费用控制得越好。

$$营业利润率 = \frac{营业利润}{营业收入} \times 100\%$$

(3)营业净利率。

营业净利率是指企业一定时期净利润与营业收入的比率,反映了企业通过经营活动取得最终盈利的能力,体现了经营活动为股东获取税后利润的能力。一般来说,营业净利率越高,企业的产品或服务带来最终利润的能力越强。

$$营业净利率 = \frac{净利润}{营业收入} \times 100\%$$

2. 与资金有关的获利能力指标

(1)总资产报酬率。

总资产报酬率又称投资报酬率或资产报酬率,是企业净利润与资产平均总额的比率,反映企业利用全部资金,为股东创造收益的效率。总资产报酬率越高,说明企业利用全部资金为股东创造收益的能力越强。

$$总资产报酬率 = \frac{净利润}{资产平均总额} \times 100\%$$

(2)净资产收益率。

净资产收益率也称股东权益报酬率或权益净利率,是企业一定时期净利润与净资产平均总额的比率。净资产收益率是评价企业自有资本及其积累获取报酬水平的最具综合性与代表性的指标,反映企业资本运营的综合效益。一般认为,净资产收益率越高,企业自有资本获取收益的能力越强,运营效益越好,对企业投资人和债权人权益的保证程度越高。

$$净资产收益率 = \frac{净利润}{平均股东权益} \times 100\%$$

3. 与股票数量或股票价格有关的获利能力指标

(1)每股收益。

每股收益,也称每股利润或每股盈余,是企业普通股股东持有每一股份所能享有的企业利润和承担的企业亏损,是衡量上市公司获利能力时最常用的财务分析指标。在企业股份没有变化的情况下,每股收益越高,说明公司的获利能力越强。在分析每股收益时,可以进行公司间的比较,以评价公司的相对盈利能力;也可以进行不同时期的比较,了解公司盈利能力变化趋势;可以进行经营实绩与盈利预测的比较,掌握公司的管理能力。

$$每股收益 = \frac{净利润 - 优先股股利}{发行在外的普通股股数}$$

(2)普通股每股现金流量。

普通股每股现金流量简称每股现金流量,是公司一定时期经营活动现金净流量,扣除优先股股利之和,与该时期公司发行在外的普通股股数之比,从现金流量角度反映普通股每股获利能力。每股现金流量越高,说明公司支付现金股利的能力越强,收益质量越高。

$$每股现金流量 = \frac{经营活动现金净流量 - 优先股股利}{发行在外的普通股股数}$$

(3)普通股每股股利。

普通股每股股利简称每股股利,是公司对普通股股东分配的现金股利的总额与发行在外的普通股股数的比率。每股股利反映了上市公司每一份普通股获得现金股利的大小。每股股利越大,企业股本获利能力越强;每股股利越小,企业股本获利能力越弱。但是,上市公司每股股利的高低,不仅取决于公司的获利能力的大小,还取决于公司的股利政策,以及是否有足够的现金来支付现金股利。

$$每股股利 = \frac{现金股利总额 - 优先股股利}{发行在外的普通股股数}$$

(4)每股净资产。

每股净资产也称每股账面价值,是指企业股东权益总额与发行在外的普通股股数之间的比率。企业的净资产由股东投入和利润积累形成。如果企业没有增发,则每股净资产反映了企业通过积累利润扩大企业股东权益的规模。每股净资产越高,企业累积利润越多,股东权益规模越大。

$$每股净资产 = \frac{期末股东权益}{期末普通股股数}$$

(5)市盈率。

市盈率是资本市场常用的一个重要指标,是指上市公司普通股每股市价与每股收益的比率,反映了某一时刻投资者对企业每一元盈利所愿意支付的价格,可以用来估计股票的投资收益和风险。一般来说,市盈率高,说明投资者对该公司的发展前景看好,愿意出较高的价格购买该公司的股票,所以一些成长性较好的高科技公司的股票的市盈率通常要高些。但是需要注意,如果某只股票的市盈率过高,则意味着该股具有较高的投资风险。

$$市盈率 = \frac{每股市价}{每股收益}$$

获利能力指标如表 9-72 所示。

表 9-72 获利能力指标参考表

指标		计算公式
业务获利能力指标	营业毛利率	营业毛利/营业收入
	营业利润率	营业利润/营业收入
	营业净利率	净利润/营业收入
资产获利能力指标	总资产报酬率	净利润/资产平均总额
	净资产收益率	净利润/平均股东权益

续表

指标		计算公式
市场获利能力指标	每股收益	（净利润－优先股股利）/发行在外的普通股平均股数
	每股现金流量	（经营活动现金净流量－优先股股利）/发行在外的普通股股数
	每股股利	（现金股利总额－优先股股利）/发行在外的普通股股数
	每股净资产	期末股东权益/期末普通股股数
	市盈率	每股市价/每股收益

（四）企业发展能力分析

企业发展能力是指企业在生存的基础上，不断改善财务状况和经营业绩，扩大规模、壮大实力的潜在能力。企业的发展能力分析主要包括营业收入增长率、净利润增长率、总资产增长率和净资产增长率等。

1. 营业收入增长率

营业收入增长率是指企业本期营业收入增长额与上期营业收入总额的比率，反映企业营业收入的增减变动情况，是评价企业成长状况和发展能力的重要指标。营业收入增长率是衡量企业经营状况和市场占有能力，预测企业经营业务拓展趋势的重要指标。营业收入的不断增加，是企业生存的基础和发展条件。一般来说，营业收入增长率应大于0。具体来说，这个指标对于企业来说是否合适，应该结合行业基本情况和企业经营状况等因素进行分析。

$$营业收入增长率 = \frac{本期营业收入增长额}{上期收入总额} \times 100\%$$

2. 净利润增长率

净利润增长率是指企业当期净利润增长额与上期净利润的比率，反映企业净利润增减变动情况以及企业的发展趋势和潜力。净利润一直是一个重要的财务指标，在一定程度上反映了企业的经营效率和经营成果。

$$净利润增长率 = \frac{本期净利润增长额}{上期净利润} \times 100\%$$

3. 总资产增长率

总资产增长率是指企业当期总资产增长额与上期总资产的比率，反映企业总资产的增长速度和企业规模的发展情况。

$$总资产增长率 = \frac{本期总资产增长额}{上期总资产} \times 100\%$$

4. 净资产增长率

净资产增长率是指企业当期净资产增长额与上期净资产的比率，反映企业净资产的增长速度和企业规模的发展情况。

$$净资产增长率 = \frac{本期净资产增长额}{上期净资产} \times 100\%$$

发展能力指标如表9-73所示。

表 9-73 发展能力指标参考表

指标	计算公式	参考值
营业收入增长率	当期营业收入增长额/上期营业收入总额	行业平均水平
净利润增长率	当期净利润增长额/上期净利润	行业平均水平
总资产增长率	当期总资产增长额/上期总资产	行业平均水平
净资产增长率	当期净资产增长额/上期净资产	行业平均水平

三、杜邦财务分析体系

杜邦财务分析体系，简称杜邦分析法，是美国杜邦公司首先创立并成功运用的，故称杜邦分析法。它是利用各主要财务比例指标之间的内在联系，对企业财务状况及经济效益进行综合系统分析评价的方法。

杜邦财务分析体系各主要指标间的关系如下：

净资产收益率＝总资产报酬率×权益乘数

＝营业净利率×总资产周转率×权益乘数

其中：

营业净利率＝净利润÷营业收入

总资产周转率＝营业收入÷资产平均总额

权益乘数＝资产总额÷股东权益总额

杜邦财务分析体系如图 9-1 所示。

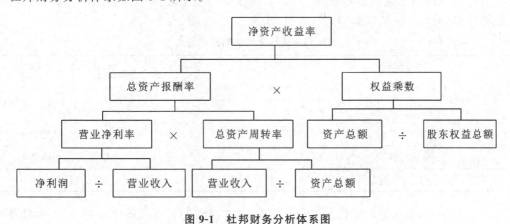

图 9-1 杜邦财务分析体系图

运用杜邦财务分析法应注意以下几点：

(1)净资产收益率是一个综合性最强的财务指标，是整个分析系统的核心。决定净资产收益率高低的因素有三个方面：营业净利率、总资产周转率和权益乘数。这三个指标分别反映了企业的获利能力和资产营运能力的高低、财务杠杆作用的大小。

(2)总资产报酬率是营业净利率与总资产周转率的乘积，是企业销售成果和资产运营的综合反映。要提高总资产报酬率，必须增加营业收入，降低资金占用额。

(3)营业净利率反映了企业净利润与营业收入的关系。要提高营业净利率，必须增加营业收入，降低成本费用。

(4)总资产周转率反映企业资产实现营业收入的综合能力。

(5)权益乘数代表了企业的负债程度。该指标越大,企业的负债程度越高,会给企业带来较大的财务杠杆作用。

通过杜邦财务分析体系自上而下的分析,不仅可以揭示企业各项财务指标间的结构关系,查明各项主要指标变动的影响因素,而且可以为决策者提高企业经营效益、优化财务状况提供思路,因此杜邦财务分析体系在实务中被广泛使用。

四、因素分析法

因素分析法是依据分析指标与其影响因素的关系,从数量上确定各因素对分析指标影响方向、影响程度的一种方法。采用因素分析法进行分析,可以衡量各项因素影响程度的大小,有利于分清变动原因和提出改进策略与措施。因素分析法有连环替代法和差额分析法两种具体分析方法。

(一)连环替代法

连环替代法,是将分析指标分解为各个可以计量的因素,并根据各个因素直接的依存关系,依次用各因素的比较值(通常为实际值)替代基准值(通常为标准值或计划值),据以测定各因素对分析指标的影响。

假设某一经济指标 M 值是由相互联系的 A、B、C 三个因素组成:

$$计划指标\ M_0 = A_0 \times B_0 \times C_0$$
$$实际指标\ M_1 = A_1 \times B_1 \times C_1$$

该指标实际值与计划值的差异 $M_1 - M_0$,可能同时受上述三个因素变动的影响。在测定各个因素变动对指标 M 的影响时可依次计算,如表 9-74 所示。

表 9-74 连环替代法的基本原理

序号	财务指标	连环替代	差异额	差异产生的原因
①	计划指标 M_0	$A_0 \times B_0 \times C_0$		
②	第1次替代	$A_1 \times B_0 \times C_0$	②-①	A 因素变动的影响
③	第2次替代	$A_1 \times B_1 \times C_0$	③-②	B 因素变动的影响
④	第3次替代	$A_1 \times B_1 \times C_1$	④-③	C 因素变动的影响
	合计		④-①	实际与计划总差异

需要注意的是,运用连环替代法进行分析时,如果将各因素替代顺序改变,则各个因素的影响程度的计算结果可能会不一致。

(二)差额分析法

差额分析法是连环替代法的一种简化形式,是利用各个因素的比较值与基准值之间的差额,来计算各因素对分析指标的影响。运用差额分析法时,依然要遵循连环替代法的替代顺序和分析规则,只是分析哪个因素,就将哪个因素的变动差额代入公式计算即可。按连环替代法,则有:

$$A\ 因素变动的影响 = (A_1 - A_0) \times B_0 \times C_0$$
$$B\ 因素变动的影响 = A_1 \times (B_1 - B_0) \times C_0$$

$$C\text{ 因素变动的影响} = A_1 \times B_1 \times (C_1 - C_0)$$

最后,将各因素的影响数相加就应该等于总差异 $M_1 - M_0$。

因素分析法既可以全面分析各因素对某一经济指标的影响,又可以单独分析某个因素对经济指标的影响,因而在财务分析中广泛应用。在应用因素分析法时要注意以下几个问题:

(1)因素分解的关联性。构成经济指标的各因素应确实是形成该项指标差异的内在构成原因,它们之间存在着客观的因果关系。

(2)因素替代的顺序性。替代因素时,必须按照各因素的依存关系,排列成一定顺序依次进行替代,不可随意加以颠倒,否则各个因素的影响值就会得出不同的计算结果。在实际工作中,往往先替代数量因素,后替代质量因素;先替代实物量、劳动量因素,后替代价值量因素;先替代原始的、主要的因素,后替代派生的、次要的因素。

(3)顺序替代的连环性。计算每个因素变动的影响数值时,都是在前一次计算的基础上进行的,并采用连环比较的方法确定因素变化的影响结果。只有保持这种连环性,才能使各因素影响之和等于分析指标变动的总差异。

(4)计算结果的假定性。由于因素分析法计算的各个因素变动的影响值会因替代计算顺序的不同而有差别,因而,计算结果具有一定顺序上的假定性和近似性。

附表 A-1　复利

期数	1%	2%	3%	4%	5%	6%	7%	8%	9%	10%
1	1.010 0	1.020 0	1.030 0	1.040 0	1.050 0	1.060 0	1.070 0	1.080 0	1.090 0	1.100 0
2	1.020 1	1.040 4	1.060 9	1.081 6	1.102 5	1.123 6	1.144 9	1.166 4	1.188 1	1.210 0
3	1.030 3	1.061 2	1.092 7	1.124 9	1.157 6	1.191 0	1.225 0	1.259 7	1.295 0	1.331 0
4	1.040 6	1.082 4	1.125 5	1.169 9	1.215 5	1.262 5	1.310 8	1.360 5	1.411 6	1.464 1
5	1.051 0	1.104 1	1.159 3	1.216 7	1.276 3	1.338 2	1.402 6	1.469 3	1.538 6	1.610 5
6	1.061 5	1.126 2	1.194 1	1.265 3	1.340 1	1.418 5	1.500 7	1.586 9	1.677 1	1.771 6
7	1.072 1	1.148 7	1.229 9	1.315 9	1.407 1	1.503 6	1.605 8	1.713 8	1.828 0	1.948 7
8	1.082 9	1.171 7	1.266 8	1.368 6	1.477 5	1.593 8	1.718 2	1.850 9	1.992 6	2.143 6
9	1.093 7	1.195 1	1.304 8	1.423 3	1.551 3	1.689 5	1.838 5	1.999 0	2.171 9	2.357 9
10	1.104 6	1.219 0	1.343 9	1.480 2	1.628 9	1.790 8	1.967 2	2.158 9	2.367 4	2.593 7
11	1.115 7	1.243 4	1.384 2	1.539 5	1.710 3	1.898 3	2.104 9	2.331 6	2.580 4	2.853 1
12	1.126 8	1.268 2	1.425 8	1.601 0	1.795 9	2.012 2	2.252 2	2.518 2	2.812 7	3.138 4
13	1.138 1	1.293 6	1.468 5	1.665 1	1.885 6	2.132 9	2.409 8	2.719 6	3.065 8	3.452 3
14	1.149 5	1.319 5	1.512 6	1.731 7	1.979 9	2.260 9	2.578 5	2.937 2	3.341 7	3.797 5
15	1.161 0	1.345 9	1.558 0	1.800 9	2.078 9	2.396 6	2.759 0	3.172 2	3.642 5	4.177 2
16	1.172 6	1.372 8	1.604 7	1.873 0	2.182 9	2.540 4	2.952 2	3.425 9	3.970 3	4.595 0
17	1.184 3	1.400 2	1.652 8	1.947 9	2.292 0	2.692 8	3.158 8	3.700 0	4.327 6	5.054 5
18	1.196 1	1.428 2	1.702 4	2.025 8	2.406 6	2.854 3	3.379 9	3.996 0	4.717 1	5.559 9
19	1.208 1	1.456 8	1.753 5	2.106 8	2.527 0	3.025 6	3.616 5	4.315 7	5.141 7	6.115 9
20	1.220 2	1.485 9	1.806 1	2.191 1	2.653 3	3.207 1	3.869 7	4.661 0	5.604 4	6.727 5
21	1.232 4	1.515 7	1.860 3	2.278 8	2.786 0	3.399 6	4.140 6	5.033 8	6.108 8	7.400 2
22	1.244 7	1.546 0	1.916 1	2.369 9	2.925 3	3.603 5	4.430 4	5.436 5	6.658 6	8.140 3
23	1.257 2	1.576 9	1.973 6	2.464 7	3.071 5	3.819 7	4.740 5	5.871 5	7.257 9	8.954 3
24	1.269 7	1.608 4	2.032 8	2.563 3	3.225 1	4.048 9	5.072 4	6.341 2	7.911 1	9.849 7
25	1.282 4	1.640 6	2.093 8	2.665 8	3.386 4	4.291 9	5.427 4	6.848 5	8.623 1	10.834 7
26	1.295 3	1.673 4	2.156 6	2.772 5	3.555 7	4.549 4	5.807 4	7.396 4	9.399 2	11.918 2
27	1.308 2	1.706 9	2.221 3	2.883 4	3.733 5	4.822 3	6.213 9	7.988 1	10.245 1	13.110 0
28	1.321 3	1.741 0	2.287 9	2.998 7	3.920 1	5.111 7	6.648 8	8.627 1	11.167 1	14.421 0
29	1.334 5	1.775 8	2.356 6	3.118 7	4.116 1	5.418 4	7.114 3	9.317 3	12.172 2	15.863 1
30	1.347 8	1.811 4	2.427 3	3.243 4	4.321 9	5.743 5	7.612 3	10.062 7	13.267 7	17.449 4

附表 A-1 复利终值系数表

终值系数表

11%	12%	13%	14%	15%	16%	20%	24%	28%	30%
1.110 0	1.120 0	1.130 0	1.140 0	1.150 0	1.160 0	1.200 0	1.240 0	1.280 0	1.300 0
1.232 1	1.254 4	1.276 9	1.299 6	1.322 5	1.345 6	1.440 0	1.537 6	1.638 4	1.690 0
1.367 6	1.404 9	1.442 9	1.481 5	1.520 9	1.560 9	1.728 0	1.906 6	2.097 2	2.197 0
1.518 1	1.573 5	1.630 5	1.689 0	1.749 0	1.810 6	2.073 6	2.364 2	2.684 4	2.856 1
1.685 1	1.762 3	1.842 4	1.925 4	2.011 4	2.100 3	2.488 3	2.931 6	3.436 0	3.712 9
1.870 4	1.973 8	2.082 0	2.195 0	2.313 1	2.436 4	2.986 0	3.635 2	4.398 0	4.826 8
2.076 2	2.210 7	2.352 6	2.502 3	2.660 0	2.826 2	3.583 2	4.507 7	5.629 5	6.274 9
2.304 5	2.476 0	2.658 4	2.852 6	3.059 0	3.278 4	4.299 8	5.589 5	7.205 8	8.157 3
2.558 0	2.773 1	3.004 0	3.251 9	3.517 9	3.803 0	5.159 8	6.931 0	9.223 4	10.604 5
2.839 4	3.105 8	3.394 6	3.707 2	4.045 6	4.411 4	6.191 7	8.594 4	11.805 9	13.785 8
3.151 8	3.478 5	3.835 9	4.226 2	4.652 4	5.117 3	7.430 1	10.657 1	15.111 6	17.921 6
3.498 5	3.896 0	4.334 5	4.817 9	5.350 3	5.936 0	8.916 1	13.214 8	19.342 8	23.298 1
3.883 3	4.363 5	4.898 0	5.492 4	6.152 8	6.885 8	10.699 3	16.386 3	24.758 8	30.287 5
4.310 4	4.887 1	5.534 8	6.261 3	7.075 7	7.987 5	12.839 2	20.319 1	31.691 3	39.373 8
4.784 6	5.473 6	6.254 3	7.137 9	8.137 1	9.265 5	15.407 0	25.195 6	40.564 8	51.185 9
5.310 9	6.130 4	7.067 3	8.137 2	9.357 6	10.748 0	18.488 4	31.242 6	51.923 0	66.541 7
5.895 1	6.866 0	7.986 1	9.276 5	10.761 3	12.467 7	22.186 1	38.740 8	66.461 4	86.504 2
6.543 6	7.690 0	9.024 3	10.575 2	12.375 5	14.462 5	26.623 3	48.038 6	85.070 6	112.455 4
7.263 3	8.612 8	10.197 4	12.055 7	14.231 8	16.776 5	31.948 0	59.567 9	108.890 4	146.192 0
8.062 3	9.646 3	11.523 1	13.743 5	16.366 5	19.460 8	38.337 6	73.864 1	139.379 7	190.049 6
8.949 2	10.803 8	13.021 1	15.667 6	18.821 5	22.574 5	46.005 1	91.591 5	178.406 0	247.064 5
9.933 6	12.100 3	14.713 8	17.861 0	21.644 7	26.186 4	55.206 1	113.573 5	228.359 6	321.183 9
11.026 3	13.552 3	16.626 6	20.361 6	24.891 5	30.376 2	66.247 4	140.831 2	292.300 3	417.539 1
12.239 2	15.178 6	18.788 1	23.212 2	28.625 2	35.236 4	79.496 8	174.630 6	374.144 4	542.800 8
13.585 5	17.000 1	21.230 5	26.461 9	32.919 0	40.874 2	95.396 2	216.542 0	478.904 9	705.641 0
15.079 9	19.040 1	23.990 5	30.166 5	37.856 8	47.414 1	114.475 5	268.512 1	612.998 2	917.333 3
16.738 6	21.324 9	27.109 3	34.389 9	43.535 3	55.000 4	137.370 6	332.955 0	784.637 7	1 192.533 3
18.579 9	23.883 9	30.633 5	39.204 5	50.065 6	63.800 4	164.844 7	412.864 2	1 004.336 3	1 550.293 3
20.623 7	26.749 9	34.615 8	44.693 1	57.575 5	74.008 5	197.813 6	511.951 6	1 285.550 4	2 015.381 3
22.892 3	29.959 9	39.115 9	50.950 2	66.211 8	85.849 6	237.376 3	634.819 9	1 645.504 6	2 619.995 6

附表 A-2 复利

期数	1%	2%	3%	4%	5%	6%	7%	8%	9%	10%
1	0.990 1	0.980 4	0.970 9	0.961 5	0.952 4	0.943 4	0.934 6	0.925 9	0.917 4	0.909 1
2	0.980 3	0.961 2	0.942 6	0.924 6	0.907 0	0.890 0	0.873 4	0.857 3	0.841 7	0.826 4
3	0.970 6	0.942 3	0.915 1	0.889 0	0.863 8	0.839 6	0.816 3	0.793 8	0.772 2	0.751 3
4	0.961 0	0.923 8	0.888 5	0.854 8	0.822 7	0.792 1	0.762 9	0.735 0	0.708 4	0.683 0
5	0.951 5	0.905 7	0.862 6	0.821 9	0.783 5	0.747 3	0.713 0	0.680 6	0.649 9	0.620 9
6	0.942 0	0.888 0	0.837 5	0.790 3	0.746 2	0.705 0	0.666 3	0.630 2	0.596 3	0.564 5
7	0.932 7	0.870 6	0.813 1	0.759 9	0.710 7	0.665 1	0.622 7	0.583 5	0.547 0	0.513 2
8	0.923 5	0.853 5	0.789 4	0.730 7	0.676 8	0.627 4	0.582 0	0.540 3	0.501 9	0.466 5
9	0.914 3	0.836 8	0.766 4	0.702 6	0.644 6	0.591 9	0.543 9	0.500 2	0.460 4	0.424 1
10	0.905 3	0.820 3	0.744 1	0.675 6	0.613 9	0.558 4	0.508 3	0.463 2	0.422 4	0.385 5
11	0.896 3	0.804 3	0.722 4	0.649 6	0.584 7	0.526 8	0.475 1	0.428 9	0.387 5	0.350 5
12	0.887 4	0.788 5	0.701 4	0.624 6	0.556 8	0.497 0	0.444 0	0.397 1	0.355 5	0.318 6
13	0.878 7	0.773 0	0.681 0	0.600 6	0.530 3	0.468 8	0.415 0	0.367 7	0.326 2	0.289 7
14	0.870 0	0.757 9	0.661 1	0.577 5	0.505 1	0.442 3	0.387 8	0.340 5	0.299 2	0.263 3
15	0.861 3	0.743 0	0.641 9	0.555 3	0.481 0	0.417 3	0.362 4	0.315 2	0.274 5	0.239 4
16	0.852 8	0.728 4	0.623 2	0.533 9	0.458 1	0.393 6	0.338 7	0.291 9	0.251 9	0.217 6
17	0.844 4	0.714 2	0.605 0	0.513 4	0.436 3	0.371 4	0.316 6	0.270 3	0.231 1	0.197 8
18	0.836 0	0.700 2	0.587 4	0.493 6	0.415 5	0.350 3	0.295 9	0.250 2	0.212 0	0.179 9
19	0.827 7	0.686 4	0.570 3	0.474 6	0.395 7	0.330 5	0.276 5	0.231 7	0.194 5	0.163 5
20	0.819 5	0.673 0	0.553 7	0.456 4	0.376 9	0.311 8	0.258 4	0.214 5	0.178 4	0.148 6
21	0.811 4	0.659 8	0.537 5	0.438 8	0.358 9	0.294 2	0.241 5	0.198 7	0.163 7	0.135 1
22	0.803 4	0.646 8	0.521 9	0.422 0	0.341 8	0.277 5	0.225 7	0.183 9	0.150 2	0.122 8
23	0.795 4	0.634 2	0.506 7	0.405 7	0.325 6	0.261 8	0.210 9	0.170 3	0.137 8	0.111 7
24	0.787 6	0.621 7	0.491 9	0.390 1	0.310 1	0.247 0	0.197 1	0.157 7	0.126 4	0.101 5
25	0.779 8	0.609 5	0.477 6	0.375 1	0.295 3	0.233 0	0.184 2	0.146 0	0.116 0	0.092 3
26	0.772 0	0.597 6	0.463 7	0.360 7	0.281 2	0.219 8	0.172 2	0.135 2	0.106 4	0.083 9
27	0.764 4	0.585 9	0.450 2	0.346 8	0.267 8	0.207 4	0.160 9	0.125 2	0.097 6	0.076 3
28	0.756 8	0.574 4	0.437 1	0.333 5	0.255 1	0.195 6	0.150 4	0.115 9	0.089 5	0.069 3
29	0.749 3	0.563 1	0.424 3	0.320 7	0.242 9	0.184 6	0.140 6	0.107 3	0.082 2	0.063 0
30	0.741 9	0.552 1	0.412 0	0.308 3	0.231 4	0.174 1	0.131 4	0.099 4	0.075 4	0.057 3

现值系数表

12%	14%	15%	16%	18%	20%	24%	28%	32%	36%
0.892 9	0.877 2	0.869 6	0.862 1	0.847 5	0.833 3	0.806 5	0.781 3	0.757 6	0.735 3
0.797 2	0.769 5	0.756 1	0.743 2	0.718 2	0.694 4	0.650 4	0.610 4	0.573 9	0.540 7
0.711 8	0.675 0	0.657 5	0.640 7	0.608 6	0.578 7	0.524 5	0.476 8	0.434 8	0.397 5
0.635 5	0.592 1	0.571 8	0.552 3	0.515 8	0.482 3	0.423 0	0.372 5	0.329 4	0.292 3
0.567 4	0.519 4	0.497 2	0.476 1	0.437 1	0.401 9	0.341 1	0.291 0	0.249 5	0.214 9
0.506 6	0.455 6	0.432 3	0.410 4	0.370 4	0.334 9	0.275 1	0.227 4	0.189 0	0.158 0
0.452 3	0.399 6	0.375 9	0.353 8	0.313 9	0.279 1	0.221 8	0.177 6	0.143 2	0.116 2
0.403 9	0.350 6	0.326 9	0.305 0	0.266 0	0.232 6	0.178 9	0.138 8	0.108 5	0.085 4
0.360 6	0.307 5	0.284 3	0.263 0	0.225 5	0.193 8	0.144 3	0.108 4	0.082 2	0.062 8
0.322 0	0.269 7	0.247 2	0.226 7	0.191 1	0.161 5	0.116 4	0.084 7	0.062 3	0.046 2
0.287 5	0.236 6	0.214 9	0.195 4	0.161 9	0.134 6	0.093 8	0.066 2	0.047 2	0.034 0
0.256 7	0.207 6	0.186 9	0.168 5	0.137 2	0.112 2	0.075 7	0.051 7	0.035 7	0.025 0
0.229 2	0.182 1	0.162 5	0.145 2	0.116 3	0.093 5	0.061 0	0.040 4	0.027 1	0.018 4
0.204 6	0.159 7	0.141 3	0.125 2	0.098 5	0.077 9	0.049 2	0.031 6	0.020 5	0.013 5
0.182 7	0.140 1	0.122 9	0.107 9	0.083 5	0.064 9	0.039 7	0.024 7	0.015 5	0.009 9
0.163 1	0.122 9	0.106 9	0.093 0	0.070 8	0.054 1	0.032 0	0.019 3	0.011 8	0.007 3
0.145 6	0.107 8	0.092 9	0.080 2	0.060 0	0.045 1	0.025 8	0.015 0	0.008 9	0.005 4
0.130 0	0.094 6	0.080 8	0.069 1	0.050 8	0.037 6	0.020 8	0.011 8	0.006 8	0.003 9
0.116 1	0.082 9	0.070 3	0.059 6	0.043 1	0.031 3	0.016 8	0.009 2	0.005 1	0.002 9
0.103 7	0.072 8	0.061 1	0.051 4	0.036 5	0.026 1	0.013 5	0.007 2	0.003 9	0.002 1
0.092 6	0.063 8	0.053 1	0.044 3	0.030 9	0.021 7	0.010 9	0.005 6	0.002 9	0.001 6
0.082 6	0.056 0	0.046 2	0.038 2	0.026 2	0.018 1	0.008 8	0.004 4	0.002 2	0.001 2
0.073 8	0.049 1	0.040 2	0.032 9	0.022 2	0.015 1	0.007 1	0.003 4	0.001 7	0.000 8
0.065 9	0.043 1	0.034 9	0.028 4	0.018 8	0.012 6	0.005 7	0.002 7	0.001 3	0.000 6
0.058 8	0.037 8	0.030 4	0.024 5	0.016 0	0.010 5	0.004 6	0.002 1	0.001 0	0.000 5
0.052 5	0.033 1	0.026 4	0.021 1	0.013 5	0.008 7	0.003 7	0.001 6	0.000 7	0.000 3
0.046 9	0.029 1	0.023 0	0.018 2	0.011 5	0.007 3	0.003 0	0.001 3	0.000 6	0.000 2
0.041 9	0.025 5	0.020 0	0.015 7	0.009 7	0.006 1	0.002 4	0.001 0	0.000 4	0.000 2
0.037 4	0.022 4	0.017 4	0.013 5	0.008 2	0.005 1	0.002 0	0.000 8	0.000 3	0.000 1
0.033 4	0.019 6	0.015 1	0.011 6	0.007 0	0.004 2	0.001 6	0.000 6	0.000 2	0.000 1

附表 A-3 年金

期数	1%	2%	3%	4%	5%	6%	7%	8%	9%	10%
1	1.000	1.000	1.000	1.000	1.000	1.000	1.000	1.000	1.000	1.000
2	2.010	2.020	2.030	2.040	2.050	2.060	2.070	2.080	2.090	2.100
3	3.030	3.060	3.091	3.122	3.153	3.184	3.215	3.246	3.278	3.310
4	4.060	4.122	4.184	4.246	4.310	4.375	4.440	4.506	4.573	4.641
5	5.101	5.204	5.309	5.416	5.526	5.637	5.751	5.867	5.985	6.105
6	6.152	6.308	6.468	6.633	6.802	6.975	7.153	7.336	7.523	7.716
7	7.214	7.434	7.662	7.898	8.142	8.394	8.654	8.923	9.200	9.487
8	8.286	8.583	8.892	9.214	9.549	9.897	10.260	10.637	11.028	11.436
9	9.369	9.755	10.159	10.583	11.027	11.491	11.978	12.488	13.021	13.579
10	10.462	10.950	11.464	12.006	12.578	13.181	13.816	14.487	15.193	15.937
11	11.567	12.169	12.808	13.486	14.207	14.972	15.784	16.645	17.560	18.531
12	12.683	13.412	14.192	15.026	15.917	16.870	17.888	18.977	20.141	21.384
13	13.809	14.680	15.618	16.627	17.713	18.882	20.141	21.495	22.953	24.523
14	14.947	15.974	17.086	18.292	19.599	21.015	22.550	24.215	26.019	27.975
15	16.097	17.293	18.599	20.024	21.579	23.276	25.129	27.152	29.361	31.772
16	17.258	18.639	20.157	21.825	23.657	25.673	27.888	30.324	33.003	35.950
17	18.430	20.012	21.762	23.698	25.840	28.213	30.840	33.750	36.974	40.545
18	19.615	21.412	23.414	25.645	28.132	30.906	33.999	37.450	41.301	45.599
19	20.811	22.841	25.117	27.671	30.539	33.760	37.379	41.446	46.018	51.159
20	22.019	24.297	26.870	29.778	33.066	36.786	40.995	45.762	51.160	57.275
21	23.239	25.783	28.676	31.969	35.719	39.993	44.865	50.423	56.765	64.002
22	24.472	27.299	30.537	34.248	38.505	43.392	49.006	55.457	62.873	71.403
23	25.716	28.845	32.453	36.618	41.430	46.996	53.436	60.893	69.532	79.543
24	26.973	30.422	34.426	39.083	44.502	50.816	58.177	66.765	76.790	88.497
25	28.243	32.030	36.459	41.646	47.727	54.865	63.249	73.106	84.701	98.347
26	29.526	33.671	38.553	44.312	51.113	59.156	68.676	79.954	93.324	109.182
27	30.821	35.344	40.710	47.084	54.669	63.706	74.484	87.351	102.723	121.100
28	32.129	37.051	42.931	49.968	58.403	68.528	80.698	95.339	112.968	134.210
29	33.450	38.792	45.219	52.966	62.323	73.640	87.347	103.966	124.135	148.631
30	34.785	40.568	47.575	56.085	66.439	79.058	94.461	113.283	136.308	164.494
40	48.886	60.402	75.401	95.026	120.800	154.762	199.635	259.057	337.882	442.593
50	64.463	84.579	112.797	152.667	209.348	290.336	406.529	573.770	815.084	1 163.909
60	81.670	114.052	163.053	237.991	353.584	533.128	813.520	1 253.213	1 944.792	3 034.816

终值系数表

12%	14%	15%	16%	18%	20%	24%	28%	32%	36%
1.000	1.000	1.000	1.000	1.000	1.000	1.000	1.000	1.000	1.000
2.120	2.140	2.150	2.160	2.180	2.200	2.240	2.280	2.320	2.360
3.374	3.440	3.473	3.506	3.572	3.640	3.778	3.918	4.062	4.210
4.779	4.921	4.993	5.066	5.215	5.368	5.684	6.016	6.362	6.725
6.353	6.610	6.742	6.877	7.154	7.442	8.048	8.700	9.398	10.146
8.115	8.536	8.754	8.977	9.442	9.930	10.980	12.136	13.406	14.799
10.089	10.730	11.067	11.414	12.142	12.916	14.615	16.534	18.696	21.126
12.300	13.233	13.727	14.240	15.327	16.499	19.123	22.163	25.678	29.732
14.776	16.085	16.786	17.519	19.086	20.799	24.712	29.369	34.895	41.435
17.549	19.337	20.304	21.321	23.521	25.959	31.643	38.593	47.062	57.352
20.655	23.045	24.349	25.733	28.755	32.150	40.238	50.398	63.122	78.998
24.133	27.271	29.002	30.850	34.931	39.581	50.895	65.510	84.320	108.437
28.029	32.089	34.352	36.786	42.219	48.497	64.110	84.853	112.303	148.475
32.393	37.581	40.505	43.672	50.818	59.196	80.496	109.612	149.240	202.926
37.280	43.842	47.580	51.660	60.965	72.035	100.815	141.303	197.997	276.979
42.753	50.980	55.717	60.925	72.939	87.442	126.011	181.868	262.356	377.692
48.884	59.118	65.075	71.673	87.068	105.931	157.253	233.791	347.309	514.661
55.750	68.394	75.836	84.141	103.740	128.117	195.994	300.252	459.449	700.939
63.440	78.969	88.212	98.603	123.414	154.740	244.033	385.323	607.472	954.277
72.052	91.025	102.444	115.380	146.628	186.688	303.601	494.213	802.863	1 298.817
81.699	104.768	118.810	134.841	174.021	225.026	377.465	633.593	1 060.779	1 767.391
92.503	120.436	137.632	157.415	206.345	271.031	469.056	811.999	1 401.229	2 404.651
104.603	138.297	159.276	183.601	244.487	326.237	582.630	1 040.358	1 850.622	3 271.326
118.155	158.659	184.168	213.978	289.494	392.484	723.461	1 332.659	2 443.821	4 450.003
133.334	181.871	212.793	249.214	342.603	471.981	898.092	1 706.803	3 226.844	6 053.004
150.334	208.333	245.712	290.088	405.272	567.377	1 114.634	2 185.708	4 260.434	8 233.085
169.374	238.499	283.569	337.502	479.221	681.853	1 383.146	2 798.706	5 624.772	11 197.996
190.699	272.889	327.104	392.503	566.481	819.223	1 716.101	3 583.344	7 425.699	15 230.275
214.583	312.094	377.170	456.303	669.447	984.068	2 128.965	4 587.680	9 802.923	20 714.173
241.333	356.787	434.745	530.312	790.948	1 181.882	2 640.916	5 873.231	12 941	28 172.3
767.091	1 342.025	1 779.090	2 360.757	4 163.213	7 343.858	22 728	69 377	*	*
2 400.018	4 994.521	7 217.716	10 435.649	21 813.094	45 497.191	*	*	*	*
7 471.641	18 535.133	29 219.992	46 057.509	*	*	*	*	*	*

注：* > 99 999

附表 A-4 年金

期数	1%	2%	3%	4%	5%	6%	7%	8%	9%	10%
1	0.9901	0.9804	0.9709	0.9615	0.9524	0.9434	0.9346	0.9259	0.9174	0.9091
2	1.9704	1.9416	1.9135	1.8861	1.8594	1.8334	1.8080	1.7833	1.7591	1.7355
3	2.9410	2.8839	2.8286	2.7751	2.7232	2.6730	2.6243	2.5771	2.5313	2.4869
4	3.9020	3.8077	3.7171	3.6299	3.5460	3.4651	3.3872	3.3121	3.2397	3.1699
5	4.8534	4.7135	4.5797	4.4518	4.3295	4.2124	4.1002	3.9927	3.8897	3.7908
6	5.7955	5.6014	5.4172	5.2421	5.0757	4.9173	4.7665	4.6229	4.4859	4.3553
7	6.7282	6.4720	6.2303	6.0021	5.7864	5.5824	5.3893	5.2064	5.0330	4.8684
8	7.6517	7.3255	7.0197	6.7327	6.4632	6.2098	5.9713	5.7466	5.5348	5.3349
9	8.5660	8.1622	7.7861	7.4353	7.1078	6.8017	6.5152	6.2469	5.9952	5.7590
10	9.4713	8.9826	8.5302	8.1109	7.7217	7.3601	7.0236	6.7101	6.4177	6.1446
11	10.3676	9.7868	9.2526	8.7605	8.3064	7.8869	7.4987	7.1390	6.8052	6.4951
12	11.2551	10.5753	9.9540	9.3851	8.8633	8.3838	7.9427	7.5361	7.1607	6.8137
13	12.1337	11.3484	10.6350	9.9856	9.3936	8.8527	8.3577	7.9038	7.4869	7.1034
14	13.0037	12.1062	11.2961	10.5631	9.8986	9.2950	8.7455	8.2442	7.7862	7.3667
15	13.8651	12.8493	11.9379	11.1184	10.3797	9.7122	9.1079	8.5595	8.0607	7.6061
16	14.7179	13.5777	12.5611	11.6523	10.8378	10.1059	9.4466	8.8514	8.3126	7.8237
17	15.5623	14.2919	13.1661	12.1657	11.2741	10.4773	9.7632	9.1216	8.5436	8.0216
18	16.3983	14.9920	13.7535	12.6593	11.6896	10.8276	10.0591	9.3719	8.7556	8.2014
19	17.2260	15.6785	14.3238	13.1339	12.0853	11.1581	10.3356	9.6036	8.9501	8.3649
20	18.0456	16.3514	14.8775	13.5903	12.4622	11.4699	10.5940	9.8181	9.1285	8.5136
21	18.8570	17.0112	15.4150	14.0292	12.8212	11.7641	10.8355	10.0168	9.2922	8.6487
22	19.6604	17.6580	15.9369	14.4511	13.1630	12.0416	11.0612	10.2007	9.4424	8.7715
23	20.4558	18.2922	16.4436	14.8568	13.4886	12.3034	11.2722	10.3711	9.5802	8.8832
24	21.2434	18.9139	16.9355	15.2470	13.7986	12.5504	11.4693	10.5288	9.7066	8.9847
25	22.0232	19.5235	17.4131	15.6221	14.0939	12.7834	11.6536	10.6748	9.8226	9.0770
26	22.7952	20.1210	17.8768	15.9828	14.3752	13.0032	11.8258	10.8100	9.9290	9.1609
27	23.5596	20.7069	18.3270	16.3296	14.6430	13.2105	11.9867	10.9352	10.0266	9.2372
28	24.3164	21.2813	18.7641	16.6631	14.8981	13.4062	12.1371	11.0511	10.1161	9.3066
29	25.0658	21.8444	19.1885	16.9837	15.1411	13.5907	12.2777	11.1584	10.1983	9.3696
30	25.8077	22.3965	19.6004	17.2920	15.3725	13.7648	12.4090	11.2578	10.2737	9.4269
35	29.4086	24.9986	21.4872	18.6646	16.3742	14.4982	12.9477	11.6546	10.5668	9.6442
40	32.8347	27.3555	23.1148	19.7928	17.1591	15.0463	13.3317	11.9246	10.7574	9.7791
45	36.0945	29.4902	24.5187	20.7200	17.7741	15.4558	13.6055	12.1084	10.8812	9.8628
50	39.1961	31.4236	25.7298	21.4822	18.2559	15.7619	13.8007	12.2335	10.9617	9.9148
55	42.1472	33.1748	26.7744	22.1086	18.6335	15.9905	13.9399	12.3186	11.0140	9.9471

现值系数表

12%	14%	15%	16%	18%	20%	24%	28%	32%
0.892 9	0.877 2	0.869 6	0.862 1	0.847 5	0.833 3	0.806 5	0.781 3	0.757 6
1.690 1	1.646 7	1.625 7	1.605 2	1.565 6	1.527 8	1.456 8	1.391 6	1.331 5
2.401 8	2.321 6	2.283 2	2.245 9	2.174 3	2.106 5	1.981 3	1.868 4	1.766 3
3.037 3	2.913 7	2.855 0	2.798 2	2.690 1	2.588 7	2.404 3	2.241 0	2.095 7
3.604 8	3.433 1	3.352 2	3.274 3	3.127 2	2.990 6	2.745 4	2.532 0	2.345 2
4.111 4	3.888 7	3.784 5	3.684 7	3.497 6	3.325 5	3.020 5	2.759 4	2.534 2
4.563 8	4.288 3	4.160 4	4.038 6	3.811 5	3.604 6	3.242 3	2.937 0	2.677 5
4.967 6	4.638 9	4.487 3	4.343 6	4.077 6	3.837 2	3.421 2	3.075 8	2.786 0
5.328 2	4.946 4	4.771 6	4.606 5	4.303 0	4.031 0	3.565 5	3.184 2	2.868 1
5.650 2	5.216 1	5.018 8	4.833 2	4.494 1	4.192 5	3.681 9	3.268 9	2.930 4
5.937 7	5.452 7	5.233 7	5.028 6	4.656 0	4.327 1	3.775 7	3.335 1	2.977 6
6.194 4	5.660 3	5.420 6	5.197 1	4.793 2	4.439 2	3.851 4	3.386 8	3.013 3
6.423 5	5.842 4	5.583 1	5.342 3	4.909 5	4.532 7	3.912 4	3.427 2	3.040 4
6.628 2	6.002 1	5.724 5	5.467 5	5.008 1	4.610 6	3.961 6	3.458 7	3.060 9
6.810 9	6.142 2	5.847 4	5.575 5	5.091 6	4.675 5	4.001 3	3.483 4	3.076 4
6.974 0	6.265 1	5.954 2	5.668 5	5.162 4	4.729 6	4.033 3	3.502 6	3.088 2
7.119 6	6.372 9	6.047 2	5.748 7	5.222 3	4.774 6	4.059 1	3.517 7	3.097 1
7.249 7	6.467 4	6.128 0	5.817 8	5.273 2	4.812 2	4.079 9	3.529 4	3.103 9
7.365 8	6.550 4	6.198 2	5.877 5	5.316 2	4.843 5	4.096 7	3.538 6	3.109 0
7.469 4	6.623 1	6.259 3	5.928 8	5.352 7	4.869 6	4.110 3	3.545 8	3.112 9
7.562 0	6.687 0	6.312 5	5.973 1	5.383 7	4.891 3	4.121 2	3.551 4	3.115 8
7.644 6	6.742 9	6.358 7	6.011 3	5.409 9	4.909 4	4.130 0	3.555 5	3.118 0
7.718 4	6.792 1	6.398 8	6.044 2	5.432 1	4.924 5	4.137 1	3.559 2	3.119 7
7.784 3	6.835 1	6.433 8	6.072 6	5.450 9	4.937 1	4.142 8	3.561 9	3.121 0
7.843 1	6.872 9	6.464 1	6.097 1	5.466 9	4.947 6	4.147 4	3.564 0	3.122 0
7.895 7	6.906 1	6.490 6	6.118 2	5.480 4	4.956 3	4.151 1	3.565 6	3.122 7
7.942 6	6.935 2	6.513 5	6.136 4	5.491 9	4.963 3	4.154 2	3.566 9	3.123 3
7.984 4	6.960 7	6.533 5	6.152 0	5.501 6	4.969 7	4.156 7	3.567 9	3.123 7
8.021 8	6.983 0	6.550 9	6.165 6	5.509 8	4.974 7	4.158 5	3.568 7	3.124 0
8.055 2	7.002 7	6.566 0	6.177 2	5.516 8	4.978 9	4.160 1	3.569 3	3.124 2
8.175 5	7.070 0	6.616 6	6.215 3	5.538 6	4.991 5	4.164 4	3.570 8	3.124 8
8.243 8	7.105 0	6.641 8	6.233 5	5.548 2	4.996 6	4.165 9	3.571 2	3.125 0
8.282 5	7.123 2	6.654 3	6.242 1	5.552 3	4.998 6	4.166 2	3.571 4	3.125 0
8.304 5	7.132 7	6.660 5	6.246 3	5.554 1	4.999 5	4.166 6	3.571 4	3.125 0
8.317 0	7.137 6	6.663 6	6.248 2	5.554 9	4.999 8	4.166 6	3.571 4	3.125 0

参 考 文 献

[1] 吴虹,刘建华. 连锁企业财务管理[M]. 北京:科学出版社,2008.
[2] 孔德兰. 财务管理[M]. 上海:立信会计出版社,2017.
[3] 孔焱,李爱香,刘占强. 财务管理[M]. 北京:中国人民大学出版社,2017.
[4] 财政部会计资格评价中心. 财务管理[M]. 北京:经济科学出版社,2020.
[5] 张玉英. 财务管理[M]. 6版. 北京:高等教育出版社,2019.
[6] 孔德兰. 财务管理实务[M]. 北京:高等教育出版社,2015.
[7] 李郁明. 财务管理专业实验(实训)指导书[M]. 大连:东北财经大学出版社,2021.
[8] 乔宏. 财务管理[M]. 成都:西南财经大学出版社,2008.
[9] 金佳,陈娟. 财务管理实务[M]. 2版. 北京:中国人民大学出版社,2018.
[10] 斜志斌. 财务管理实务[M]. 大连:东北财经大学出版社,2019.
[11] 常叶青,等. 财务管理[M]. 成都:西南交通大学出版社,2010.
[12] 秦志林,张轲. 财务管理项目化教程[M]. 2版. 南京:南京大学出版社,2019.
[13] 江涛. 财务预算与控制[M]. 成都:西南财经大学出版社,2017.
[14] 王化成,支晓强,王建英. 财务报表分析[M]. 北京:中国人民大学出版社,2018.
[15] 张新民,钱爱民. 财务报表分析[M]. 北京:中国人民大学出版社,2008.
[16] 王化成,佟岩. 财务管理[M]. 6版. 北京:中国人民大学出版社,2020.